탈냉전과 진보적 민주주의론

"시민사회론"과 "제3의 길"

탈냉전과 진보적 민주주의론

"시민사회론"과 "제3의 길"

채장수

한국학술정보㈜

필자가 이 글을 작성하고 있는 지금, 멀리 아프가니스탄의 황폐한 사막에 버려진 한국 인질의 주검을 전하는 영상과 함께, 나머지 인질의 석방이 요원하다는 소식이 뉴스를 통하여 긴박하게 전해지고 있다. 'New Millenium'의 열망과 기대가 시나브로 잦아진 2007년 7월 현재에도 '야만의 시대'는 지속되고 있다. 한 전쟁 연구의 결과에 의하면, 이집트와 메소포타미아, 황하 등에서 인간이 문명을 건설한 이래로 지난 3,400년 동안 전쟁이 없이 지나간 기간은 268년 정도에 불과하다. '야만'은 '문명'과 늘 동행하였다고 보는 것이 역사에 대한 보다 정확한 판단이라면 과장일까?

그렇다면 현실사회주의의 'KO패'로 냉전적 대립이 종료된 소위 '세계화'의 시대에서 민주주의는 '야만'의 위협에 대하여 얼마나 견고한가? Hannah Arendt에 따르면, 제2차 세계대전의 대표적인 전범인 Karl Adolf Eichmann은 특별히 사악하거나 유태인을 증오하지도 않았으며, 단지 관료주의적인 의무를 기계적으로 수행한 인물이었다. Robert O. Paxton의 분석에 의하면, 파시즘은 민주주의에 이미 내재된 도전요소이며 민주주의가 사회적 요구와 갈등의 통합에 실패할 때 등장하는 일상적인 위험요인이다. 우리는 민주주의의 미래 역시 장담할 수만은 없다는 사실을 이미 잘 알고 있다.

정치적 근대가 시작된 이후 민주주의는 정치적 '절대정신'(absoluter

Geist) 혹은 '일반의지'(general will)의 반열에 올라섰지만, 늘 '문제영역'으로 존재하고 있다. 모두가 민주주의를 연호하지만, 언제나 민주주의는 부족하거나 엇나갔다. 한국 민주화의 기념비인 '6월 항쟁' 20주년의 화려한 기념식과 함께, 유례가 없는 양극화의 고된 현실을 동시에 마주하고 있는 한국의 오늘도 이와 크게 다르지 않다.

필자는 한국사회의 민주적 변혁을 지향하는 대학생들의 에너지가 비정상적으로 응축·분출되었던 시기라고 한 연구자가 적절하게 묘사한 '1980년대'에 대학을 다녔다. 이후에는 '정치학'이라는 학문의 전업 연구자가 되었다. 그래서인지, 필자에게 민주주의는 보다 각별한 의미로 다가온다.

대학 시절 치기와 열정으로 시작된 민주주의에 대한 관심은 10여년이 지난 지금까지도 지속되고 있지만, 短見의 필자에게 민주주의는 여전히 모호하다. 어쩌면 민주주의는 그 자체가 분명하지 않은 실체일 수 있다는 생각도 해본다. 이를 테면, 지배하는 동시에 지배당하는 이중적 주체로서 '民'이라는 개념은 모순적이다. 또한 '民主', 즉 '민은 주권의 주인이다'는 '형식적 승인'과 '민은 주권의 주인이 되어야 한다'는 '당위적 승인'의 불안한 결합 역시 정치적 현실을 구성하는 다양한 요인들에 의해서 다양하게 변주되어 왔다.

이 책은 '시민사회론'과 '제3의 길', '자유', '평등', '국가' 등 민주주의와 직접적인 연관을 가지고 있는 소재를 중심으로, 이데올로기적 대립이 어느 정도 정리된 탈냉전 이후 전개되고 있는 민주주의의 '현재성'에 대한 필자의 관심과 고민을 담고 있다. 책의 내용은 주로 필자의 학위논문에 기초하여 작성을 하였는데, 효과적인 업데이트를 위하여 집필 과정에서 적지 않은 분량을 생략하였고 또한 보충하였다.

불분명한 문제의식과 깔끔하지 못한 주장이 도처에 포진(?)되어 있음을 잘 알고 있기에, 세상에 내놓기에 앞서 솔직히 마음이 무겁다. 다만 '민주주의의 지체'가 도처에서 목격되고 있으며 오히려 이것이 정당화되고 있는, 또한 '주몽은 알아도 이한열은 모르는' 역설의 상황에서, '더 많은 민주주의'를 위해서 미력하나마 일조할 수 있기를 바랄 뿐이다.

많은 분들께 감사의 마음을 전한다. 이 책의 내용적 토대가 된 필자의 학위논문을 지도해주신 윤순갑 교수님을 비롯하여, 지도를 위해서 몇 갑절의 노고가 요구되는 鈍筆을 여기까지 이끌어주신 경북대학교 정치외교학과 교수님들께 감사를 전한다. 그리고 어언 20년 동안 '안식처'를 내어준 경북대학교에도 감사를 전한다. 부모님과 아내 이부영, 정민이와 효민이에게 미안함과 함께 감사를 전한다. 拙稿를 기다리고 다듬어주신 한국학술정보(주)의 임직원께 감사를 전한다

2007년 8월 채 장 수

|차 례|

I. 들어가며

　'탈(脫, post) 담론'의 전성시대이다. 현재 우리는 '탈이데올로기'가 이데올로기'가 되어버린 '탈냉전', '탈근대'의 시대에 살고 있다. 시장권력이 일상을 촘촘히 지배하고 있는 지금, 어쩌면 우리는 '탈민주주의'의 시대에 살고 있는지도 모르겠다. 민주주익의 가치가 점차 탈각되고 있다는 것은 결코 긍정적인 현상이 아니다. 이것은 '민주주의의 공동화'(空洞化)를 의미하기 때문이다.

　'민주주의의 공동화'는 이념적 · 제도적으로 민주주의가 제대로 작동이 되지 않음을 의미한다. 민주주의의 가장 기본적인 원칙이 참여와 발언을 통한 '인민주권'의 유지라는 점을 감안한다면, '민주주의의 공동화'는 '정치의 공동화'를 의미하는 것이 된다. 물론 이러한 일련의 '공동화'들은 편연적으로 다음과 같은 '정치허무주의'를 동반한다. "어린 시절에 순진하게 믿었던 것과는 달리 정의는 결코 승리하지 못한다. 권력이 늘 이기는 것이다. 또 비록 권력자는 바뀌어도 정치제도는 영원하다. 현실이 정치제도는 블랙홀이다. 그것은 인간적인 모든 것을 빨아 삼킨다. 단지 거기에 대해 욕을 퍼붓는 것만이 가능하다."(이재현 1996, 53)

　'공동화' 현상들은 '사익 지향적인 도구적 정치관'을 강화시키기도 한다. 강정인(1998, 203-204)은 이러한 도구적 정치관을 '정치의 사사화'(私事化, privatization)1)라는 개념을 통해서 설명하였다. 그에 따르면, '정치의 사사화'는 현대 자유민주주의적 정치가 직면한 현실을 규정하는 핵심적인 요소인 '정치적 무관심과 비참여의 팽배', '정치문제의 사사화', '정치 영역을 사적인 이익 추구 정신이 잠식하는 것'이라는 세 가지 상황이 상호 연관되어 나타나는 현상을 의미한다.

'체제로서의 사회주의'가 붕괴하면서 자유민주주의로 인류의 역사가 수렴되고 있는 지구촌에서나 6월 항쟁 20주년을 맞이하는 한국에서나, 민주주의는 여전히 '불행'하다. 이 글은 민주주의의 위기가 심화되고 있는 상황에서, 민주주의적인 가치에 보다 친화적인 태도를 보인다고 평가할 수 있는 '진보적 담론'이 제시하는 대표적인 민주주의론을 구체적으로 검토하여 이것의 '현재적 민주성'을 분석하고자 하는 목적을 가지고 있다.

이 글은 탈냉전의 국면에서 부각되고 있는 대표적인 진보적 민주주의론인 '시민사회론'과 '제3의 길'의 '민주주의 이론'으로서 이론적인 경향성과 현실적인 의미에 체계적으로 접근하겠다. 이를 통하여 이 글은 이상의 민주주의론에 내포된 현재적인 '진보성'과 '민주성'을 객관적으로 평가하여, 탈냉전 시대의 민주주의를 진전시킬 동력으로서 '시민사회론'과 '제3의 길'이 가지는 현실적인 가능성에 대하여 검토하겠다.

'시민사회론'과 '제3의 길'을 중심으로 탈냉전 이후 진보적 민주주의론을 평가하려는 이 글은 기본적으로 '탈냉전 이후'라는 '시간적 범위'와 '진보적 민주주의론'이라는 '대상적 범위'를 가진다. 먼저 '시간적 범위'에 대하여 살펴보겠다. 이 글은 '탈냉전 이후'라는 시간적 범위를

---

1) '정치의 사사화'라는 개념은 토크빌(Alexis de Tocqueville)이 정치체제의 '민주적인 전제(democratic tyranny)화 경향'의 원인을 '자유와 평등의 갈등', '자유와 질서의 갈등', '개인주의와 다수의 횡포', '정치의 사사화'로 제시하면서 등장하였다.

'1990년대에서 현재'까지로 규정하겠다.

흔히 '탈냉전 이후'는 '1970년대에서 현재'까지로 규정할 수 있다. 실제로 1970년대 중후반은 민주주의의 현실에 중대한 영향을 미치는 요인인 세계화와 신자유주의의 등장, 현실 사회주의 체제의 전반적인 쇠퇴와 이데올로기의 극한적 대립의 점진적 해소, 그리고 이에 따른 냉전체제의 이완 등이 현실화된 시기이다. 그러나 좁게 정의하면, '탈냉전 이후'는 '1990년대 이후에서 현재'로 규정할 수 있다. 현실 사회주의 체제의 붕괴로 인한 냉전체제의 '실질적인 종결'과 '지구경영의 원칙'으로 등장한 신자유주의적 세계화의 본격화 등 탈냉전을 상징하는 대표적인 현상들은 대개 1990년대를 거치면서 '명백한 사실'로 굳어졌기 때문이다.

이제 이 글의 '대상적 범위'에 대하여 살펴보겠다. 이 글은 탈냉전 이후 진보적 민주주의론의 대표적 사례를 '시민사회론'과 '제3의 길'로 설정하고, 이를 중심으로 진보적 민주주의론의 이론적 경향성과 현재성에 대한 논의를 진행하겠다. 비록 상대적으로 위축되어 있지만 여전히 다양한 이름표를 달고 제시되고 있는 진보적 민주주의론 중에서 이상의 두 가지 사례를 선택한 이유는 진보적 민주주의론의 현재적 지형 속에서 이것들이 가지는 현실적인 영향력과 독특한 위상에 주목하기 때문이다. 먼저 '시민사회론'은 오늘날 민주주의와 거의 동의어로 인식되고 있을 정도로 영향력이 큰 민주주의 이론이다. 또한 현실 사회주의 체제의 붕괴원인을 '시민사회의 부재'에서 구하는 것을 감안한다면, '시민사회론'은 탈냉전적 상황을 설명하는 주요한 논리이기도 하다. 한편 '제3의 길'은 현실 사회주의 체제의 붕괴로 급속히 위축된 좌파의 새로운 입지점으로, 유럽 선진국의 주류적 좌파가 제시하는 민주주의론의 현재 태를 이론적·정책적으로 반영하고 있다.

이 글은 다음과 같은 구성과 순서를 통하여 논의를 진행할 것인데, 우선 '민주주의 일반'에 대한 이론적인 정리에 기초하여 연구를 위한 기준을 포함한 '분석틀'을 제시하겠다. 그리고 탈냉전을 전후하여 발생하는 민주주의 환경의 다양한 변화를 두 가지 유형으로 분류하여 그 의미를 분석하겠다. 이후 연구의 분석틀에 의거하여 진보적 민주주의의 대표적 사례인 '시민사회론'과 '제3의 길'의 '진보성'과 '민주성'을 객관적으로 평가하겠다. 결론에서는 연구의 결과를 종합하여 제시하겠다.

이를 좀더 구체적으로 나타내면, '제Ⅰ장'에서는 이 글의 문제의식과 연구의 대상, 연구의 구성을 설명하겠다. '제Ⅱ장'에서는 본격적인 논의에 앞서 이론적인 문제들을 논의하겠다. 여기에서는 민주주의의 개념적 원리와 냉전 시대 민주주의론의 주요한 경향에 대하여 정리하면서, '자유'와 '평등'에 대한 현재적 해석을 중심으로 이 연구의 평가기준과 분석틀을 제시하겠다. '제Ⅲ장'에서는 탈냉전 이후 변화된 민주주의의 환경을 '이데올로기적 맥락'과 '시간-공간적 맥락'으로 구분하여 그 의미를 분석하겠다. 여기에서 '이데올로기적 맥락'은 '현실 사회주의 체제의 붕괴'와 '신자유주의'로, '시간-공간적 맥락'은 '세계화'로 각각 설정할 것이다. '제Ⅳ장-제Ⅴ장'에서는 제Ⅱ장에서 설정한 '평등', '시장', '국가'라는 평가기준에 의거하여, '시민사회론'과 '제3의 길'의 이론적 경향성과 현실적 의미성에 대해서 각각 비판적으로 분석하겠다. 결론인 '제Ⅵ장'에서는 '더 많은 민주주의'의 필요성을 언급하면서 연구의 결과를 최종적으로 정리하겠다.

II. 개념과 방법

1. 민주주의

현실적으로 민주주의는 'XX 민주주의', '## 민주주의', '** 민주주의'와 같이 다양한 형용과 함께 존재하지, 사실상 현실적으로 '순수한 민주주의'는 존재하지 않는다. 민주주의는 다양한 집단들의 구체적인 이해관계와 정치적인 지향들이 맞물리면서 현실적으로는 '하나의 민주주의'가 아닌 '다수의 민주주의들'로 존재하는 본질적으로 불확정적이고 논쟁적인 개념(Levin 1989, 1-5)이기 때문이다. 여기에서는 본격적인 논의에 앞서, 민주주의에 대한 이론적인 정리를 중심으로 연구의 기본적인 개념과 방법을 제시하겠다.

1) 개념적 원리

민주주의가 보편화되면서 오히려 민주주의의 의미와 위상이 약화되는 상황, 다시 말해서 모두가 민주주의를 이야기함으로써 민주주의의 의미가 희화화되는 역설적인 상황[1]에서도 민주주의에 대한 진지한 논

---

1) 쿠데타와 유혈신압을 삼행하나 민주주의를 근간에서 피괴히었던 제5공화국

의는 여전히 필요하다. 민주주의를 언급하는 것만으로도 정치권력에 대한 도전으로 간주되었던 '투쟁의 시대'가 지나가고 이제 모두가 민주주의를 이야기함으로써 오히려 민주주의와 멀어지는 '역설의 시대'가 도래하였다. '역설의 시대'는 민주주의에 대한 성찰의 기회를 제공한다.

민주주의라는 개념은 2400여 년 전 고대 그리스의 정치제도에서 기인하는 것으로, 이를 최초로 사용한 사람은 헤로도토스(Herodotus)라고 알려져 있으며, 이 용어는 헤로도토스의 저술 번역판에서 처음으로 나타났다. 그의 저술에서 왕정이나 과두제에 대비되는 데모스(demos) 혹은 '다수의 지배하에 있는 정체'를 발견할 수 있는데, 그는 이러한 '데모스의 지배'를 '평등한 법'과 연관시켜 고찰하였다.[2] (Sartori 1992, 383) 한국의 경우 민주주의라는 이념을 소개한 최초의 인물은 19세기 중반의 실학자인 최한기라고 알려져 있다. 그는 1857년의 『地球典要』라는 저서에서 영국의 의원내각제와 미국의 대통령중심제를 긍정적으로 소개하였다. 그러나 그는 당시 조선 민중의 수준이 민주주의를 수용할 정도로 높지 않다는 점을 지적하면서, 민주주의를 조선에 도입하는 것에 대해서는 부정적인 견해를 나타냈다.(안외순 1999)

대부분의 사회과학 개념이 그러하듯이, 민주주의도 그 개념적 원리

의 집권자 역시 나름의 '확고한 민주주의론'을 피력하였다는 사실은 민주주의라는 것이 얼마나 남용될 수 있는 개념인지를 증명하고 있다. 다음은 전두환이 말하는 '민주주의론'이다. 다소 거칠지만 그대로 인용하겠다. "나가 본 민주주의는 국민이 주인이라는 뜻이야. 그러나 국민 모두가 자기가 주인이라 캐서 자기주장만 하게 되면 생명, 재산, 그리고 신변의 보전이 안돼. 그래서 이런 거는 안 되고 저런 거는 된다 카는 약속이 필요한데 이 약속이 바로 법이야. 따라서 민주주의는 법치주의고 법치주의가 잘돼야 생명과 재산이 보장이 돼".(일요신문 00/10/01)

2) 러자이(M. Rejai)는 헤로도토스의 민주주의 개념을 ① 법 앞에서의 평등, ② 시민들의 토론정신, ③ 정치지도자에 대한 견제원칙으로 정리하였다.(Rejai 1967, 2)

와 의미를 쉽게 정의하거나 합의할 수 있는 '만만한 개념'이 아니다. 오히려 민주주의는 다른 사회과학 개념보다도 그 의미를 구체적으로 규정하기 어려운 개념 중 하나이다. 어원을 추적하면 민주주의(democracy)라는 단어는 그리스어에서 연유된 것으로, '인민'(people)을 의미하는 '데모스'(demos)와 '지배'(rule)를 의미하는 '크라토스'(kratos)의 합성어이다. 따라서 민주주의가 어원적 차원에서 의미하는 것은 '인민에 의한 지배'(rule by the people)가 된다. 이에 의거하면 민주주의는 모든 정치적 결정 과정에 시민들이 직접 참여하여 결정하고 통치하는 형태 즉 '직접민주주의' 유형에 국한되는 개념으로 축소된다. 그러나 이는 현실적인 맥락을 고려하지 않은 접근법이다. 현실에서 작동하는 민주주의는 민주주의라고 불려온 여러 가지 이론들과 민주적이라고 불려온 많은 나라들에서 수세기의 변용[3]을 거쳐서 다양하게 규정(Sargent 1990, 37)되고 있기 때문이다.

'인민에 의한 직접적인 통치'라는 제한된 개념적 원리만으로 민주주의를 정의하면, '직접민주주의의 유토피아'인 '아테네의 민주주의'도 구성원 모두가 정치에 참여할 수 없었다는 점에서 '반(半)민주주의' 혹은 '반(反)민주주의'이다. 실제로 아테네의 직접민주주의에 참여하는 주체인 시민은 노예와 외국인, 여성이 제외된 '선택된 특권층'으로 구성되었다.[4] 이와 관련하여, 민주주의의 개념적 의미와 원리에 관한

---

3) 현실의 다양함을 전제하면서, 사젠트(Lyman Tower Sargent)는 현존하는 민주주의의 메신저인 요소 혹은 민주주의를 고려하는 데 있어서 저어도 중요하게 다루어져야 할 규범적인 요소를 다음과 같이 지적하였다. ① 정책결정 과정에서 시민의 참여, ② 대의체제, ③ 법의 지배, ④ 선거제도-다수제, ⑤ 일정 정도의 평등, ⑥ 일정 정도의 자유(liberty or freedom), ⑦ 교육.(Sargent 1990, 37-71)

4) 당시의 대표적인 사상가였던 플라톤(Platon)과 아리스토텔레스(Aristoteles)는 '반(反)민주적인 노예제도나 여성차별에 대하여 어떤 문제제기도

사르토리(Giovanni Sartori)의 견해를 살펴보겠다.

사르토리(1992, 64)는 민주주의를 문자 그대로의 기준에 따라서 접근할 때 범하게 되는 오류는 개념의 차원보다 실제의 차원에서 발생한다고 주장하였다. 어원에 기초하여 민주주의를 '인민의 권력'이라고 제한적으로 정의하면, 현존하는 모든 민주주의는 잘못된 것이며 또한 함축적으로 이를 부정해야 한다고 추론할 수 있다. 그러나 현실의 민주주의는 구성원들이 권력의 남용으로부터 보호받고 사회적으로 주요한 문제의 결정과정에 실질적으로 참여하고 '누가 무엇을 얻을까?'라는 문제를 결정하는 과정에 참여하는 것을 보장하는 정치체제로 존재하였으며, 현재도 그렇게 존재하고 있다는 사실에 주목할 필요가 있다.

사르토리는 "'인민의'(of the people), '인민에 의한'(by the people), '인민을 위한'(for the people) 정부"라는 링컨(Abraham Lincoln)의 '민주주의 공식'에 대한 분석을 통해서 민주주의에 내포되어 있는 개념적 원리와 의미의 불명확성을 구체적으로 지적하였다. 먼저 '인민의 정부'를 검토하겠다. '인민의 정부'에서 '의'(of)라는 토씨는 행위의 주체를 지칭하는 동시에 반대로 객체를 지칭하는데, 이에 따라서 다음과 같은 추측이 가능해진다. ① 인민의 정부는 '스스로 통치하는 인민' 즉 '직접민주주의'를 의미하지만, 반대로 ② 인민은 '통치의 객체'로서 '피치자'를 의미한기도 한다. 또한 ③ 정부가 정통성을 국민의 합의로부터 찾는다

하지 않았으며, 오히려 민주정을 비판하는 입장이었다. '무지한 대중에 의한 통치'는 무질서를 초래하여 사회를 혼란에 빠뜨리는 '폭민정치'(暴民政治, mobocracy)로 귀결될 뿐이라고 비판하면서, 그들은 민주정에 대한 대안으로 전문적 지식을 가진 소수의 현인(賢人)들의 안정적인 통치를 주장하였다(Barker 1958, 110-115). 우민(愚民)들의 정치참여가 초래할 부작용에 대한 플라톤이나 아리스토텔레스의 비판은 후술할 슘페터(Joseph A. Shumpeter)를 비롯한 '최소주의적 민주주의론자'에 의해 새롭게 '현대화'되었다.

는 의미에서 '인민으로부터 파생되는 정부'를 의미하기도 하며, ④ '인민에 의해 선택된 정부'를 의미하기도 한다. 한편 ⑤ '인민에 의해 지도되는 정부'를 의미할 수도 있다. 결국 '인민의 정부'가 의미하는 바는 정치의 모든 영역을 포함하는 것이 되어버린다.

또한 두 번째 요소인 '인민에 의한 정부'는 '의한다'(by)는 것의 의미가 지나치게 모호하기 때문에, 사실상 어떤 추론도 가능하지 않게 된다. 마지막으로 '인민을 위한 정부'를 보면, 인민을 위한다는 것은 인민의 이익, 권리 등을 위한다는 것이기 때문에 상대적으로 가장 명백한 뜻을 가지고 있는 것으로 볼 수 있다. 그러나 과거부터 지금까지 스스로를 민주적이라고 주장하지 않았던 정치권력들 역시 '인민을 위한 정부'라고 선언해 왔으며 적어도 '인민에 반하는 정부'라고 공공연하게 주장하지 않았다는 점을 고려하면, 이 개념도 현실적으로 이미가 불명확하다.

'the people'이 어떤 형태로든 정치적 결정과정에 참여하여 자신들의 의사를 반영하는 것이 민주주의라고 하면, 'the people'의 구체적인 의미가 무엇인가라는 문제는 민주주의의 개념적 원리와 의미를 이해하기 위한 핵심이 될 수 있다. 그러나 'the people'의 의미를 규정하는 것 역시 간단한 일이 아니다. 'the people'이라는 영어 단어에 대한 합의된 번역어가 없이 연구자의 정치적 지향이나 이념적 가치에 따라서 '국민'5) 혹은 '시민', '민중' 등으로 번역되고 있는 한국의 현실에서는 더욱 그러하다.

이와 관련하여 임효선(1990, 165-166)은 민주주의의 개념에 포섭

---

5) 한국 사회에서는 일반적으로 '민'(民)은 '국민'이며 따라서 민주주의는 '국민'주권으로 이해된다. 그러나 기본적으로 민주주의는 국가를 전제하지 않아도 성립될 수 있는 '사회적 동물'의 기본권이라는 점을 고려하면, '민=국민'의 등식에는 이론이 제기될 여지가 있다.

되는 'the people'의 의미를 세 가지로 구분하였다. 첫째, 고대 그리스의 경우 'demos'는 '가난한 이들'을 지칭하였다. 이에 의거하면 민주주의는 '가난한 이들의 지배'를 의미하게 되며, 이것은 'the people'을 '프롤레타리아트'와 동일시하고 민주주의를 노동계급에 의한 지배로 규정하는 마르크스주의적 경향과 유사하다. 둘째, 'the people'은 지배 엘리트와 구별되는 의미에서 '피지배 대중'을 지칭한다. 예를 들어 로크(John Locke)가 '전제적인 정부가 the people과 적대적인 상황에 처해 있다'고 주장했을 때, 'the people'의 의미가 그러하다. 셋째, 'the people에 의한 자치(self-rule)'라고 표현할 때의 'the people'은 '성숙한 시민의식을 함양한 교양 있는 시민'을 지칭하게 된다. 이는 매우 윤리적인 성격이 강한 개념이라고 볼 수 있다.

민주주의가 표방하는 가치의 추상성과 현실에서의 다양성으로 인하여, 모두가 쉽게 동의할 수 있을 정도로 명확하고 일반적인 민주주의의 개념과 원리를 설정하는 것은 사실상 불가능한 작업이라고 볼 수도 있겠다. 그러나 민주주의의 의미가 불명확하다는 것은 이것이 현실적으로 그리 중요하지 않다는 것을 의미하지는 않는다. 왜냐하면 민주주의의 개념적 원리는 권력이 인민에 속한다는 '권력의 원천과 정통성의 원칙'을 규정하여서 민주주의의 바탕과 윤곽을 제시하기 때문이다.

'권력의 원천과 정통성의 원칙'이라는 관점에서 보면, 민주주의 개념이 시사하고 있는 것은 적어도 '인민이 국가에 대해 우선' 즉 '데모스가 크라시(cracy)에 우선'하는 것을 요구하고 기대하는 것이라고 볼 수 있다. 따라서 '민주주의'라는 것이 성립되기 위한 최소의 원리이자 조건은 "인민이 국가에 봉사하는 것이 아니라 국가가 인민에 봉사하고 정부가 인민을 위해 존재하는 것이지, 그 역은 성립하지 않는다" (Sartori 1992, 64)는 원칙에서 벗어나지 않는 것이다.

2) 냉전 시기 민주주의론

냉전 시기 민주주의론은 '마르크스주의적 접근'과 '자유주의적 접근'의 대립으로 크게 대별되는데, 이 글에서는 이를 민주주의에 대한 '절차중심모델'과 '계급중심모델' 사이의 대립이라는 관점에서 접근하겠다. 냉전 시기 민주주의론의 경향은 '절차' 대 '계급'이라는 비교적 명확한 대립구도를 형성하였으며, 여타의 다양한 모델들은 대부분 이러한 대립구도에 각각 포섭되었다고 볼 수 있다.

20세기 초반 소련을 필두로 현실 사회주의 체제가 성립되면서, '자본주의 체제' 대 '사회주의 체제'라는 양 진영의 냉전적 대립질서가 형성되었다. 이후 절차중심모델과 계급중심모델은 이러한 대립구도 속에서 자신의 존재가치를 확인하고 그 내용을 강화히는 '적대적 공존'의 경로를 밟아왔다. 즉 절차중심모델은 이미 계급중심모델을 전제하였으며, 역으로 계급중심모델은 이미 절차중심모델을 전제하였다. 서로를 배제하는 동시에 전제하는 '대립물의 투쟁과 통일의 법칙'이 냉전 시기 양 모델 사이에 내장되어 있었다는 것이다. 여기에서는 냉전 시기 민주주의론의 유형을 '절차중심모델'과 '계급중심모델'로 양분하여 규정하고, 이를 중심으로 냉전 시기 민주주의론에 대한 논의를 진행하겠다.

(1) 절차중심모델

적극적으로 평가할 때, '절차중심모델'은 '구성원의 직접적인 참여에 의한 권력의 통제'로 규정할 수 있는 '직접민주주의'는 현실적으로는 실현이 불가능하다는 사실을 인정하면서, 제한된 범위에서나마 민주주의의 원칙을 실현하려는 모델이라 할 수 있다. 이것은 구성원의 직접

참여가 아니라 정치적 대표자에 의하여 구성원의 의사를 정치적 결정 과정에 반영하는 '대의메커니즘'에 주목하면서, 이것의 민주성을 보장하기 위한 절차의 투명성과 공정성, 책임성에 주로 천착하는 민주주의 모델이다.

이러한 '절차중심모델'은 자유민주주의, 형식적(formal) 민주주의(Rueschemeyer, Huber Stephens and D. Stephens 1992, 10), 혹은 부르주아 민주주의(Therborn 1977, 4) 등으로 다양하게 명명되고 있다. 다알(Robert Alan Dahl)은 서구의 자유민주주의 체제와 권위주의 또는 전체주의 체제를 구분하기 위해서 '다두정'(多頭政, polyarchy)이라는 용어로 이를 개념화하였다. 그에 따르면 다두정은 첫째, 효과적인 시민권이 대다수의 성인들에게 확대되어 있고, 둘째, 시민들이 시민권의 행사를 통해 정부의 최고 공직자들에게 반대할 수 있으며, 나아가 투표를 통하여 이들의 권력을 박탈할 수 있는 기회를 포함하는 체제이다.(Dahl 1989, 221)

유사한 맥락에서 뤼슈마이어 등(Rueschemeyer, Huber Stephens and D. Stephens 1992, 43-44)은 민주주의의 개념적인 구성요소로서 다음의 세 가지를 강조하였다. 첫째, 정규적이고 자유로우며 공정한 선거에서 보통·평등 선거권의 행사를 통한 국민 대표자의 선출, 둘째, 선출된 의회에 대한 정부의 책임(가급적 행정부의 최고 수반을 직접 선거에 의해 선출할 것), 셋째, 자의적인 국가권력의 행사로부터 개인의 기본권과 표현 및 결사의 자유의 보장이 그것이다. 이에 따르면 이상의 민주주의의 개념적인 구성요소 중에서 '보통선거권'과 '책임정부'는 민주주의의 핵심을 정의한 것이고, '시민적 기본권 보장'은 그 자체로서 민주적 권력의 행사를 구성하는 것은 아니지만 안정된 민주주의와 국가 권력의 제한을 위한 필요조건으로 규정된다.

윌슨(Frank L. Wilson)은 절차중심모델의 성공조건과 관련하여, 선출된 대표자들을 통한 민주주의 즉 '대의민주주의'가 원활하게 운용되기 위해서 확산되어야 할 조건을 다음과 같이 제시하였다. 첫째, 선거는 정기적으로 시행되어야 한다. 둘째, 선거는 주요 정책의 결정에 실질적으로 책임을 지는 중추적인 정치인들을 선택하는 수단이 되어야 한다. 셋째, 선거는 경선에서 승리할 수 있는 실질적인 기회를 제공하면서 복수 후보나 후보 집단 중에서의 선택이 보장되어야 한다. 또한 모든 정파들은 자신들의 견해를 유권자들에게 알릴 수 있는 기회를 가져야 한다. 넷째, 투표자들은 후보자 사이의 의미 있는 차이를 인식할 수 있어야 하며, 이러한 차이는 사회계층에 각기 상응해야 한다. 다섯째, 투표결과는 정직하게 집계되어야 하며 또한 존중되어야 하다.

여기서 윌슨은 이상의 조건들의 현실적인 적용을 위하여 상당한 정도의 '유연성'을 부여하였다. 그는 사실상 이러한 조건들은 상당히 이상적인 것이며 따라서 대의민주주의를 따르는 국가들은 최소한 이러한 기준들 중 하나 이상을 결여하고 있다고 주장하면서, 이것의 구체적인 사례로 미국을 언급하였다. 그에 따르면 미국은 높은 선거비용과 후보자들의 불균등한 정치자금으로 인하여 모든 정파들이 선거 기간에 그들의 주장을 제시할 공정한 기회를 갖는지가 명백하지 않으며, 또한 선거부정의 문제로 인하여 정기적으로 어려움을 겪는다. 물론 이러한 상황이 대의민주주의의 원활한 운용을 가로막는 걸림돌로 작용한다는 것은 자명한 사실이다. 이외에도 윌슨은 쟁점에 관한 정치인들의 입장과 투표자들의 선호에 따라서 후보를 선택하는 투표자의 능력이나 자발성의 문제가 이러한 대의민주주의의 이상적인 조건의 현실화를 가로막는 요인이라고 지적하였다. 그러나 그는 이러한 이상적인 조건들이 현실세계에서 완전히 성취되지 않는다는 이유만으로 대의민주주의가 기만적인 성격을 갖는다고 말할 수는 없다고 지적하면서, 대의민주주의의 기준들에 대체로 근접한 국가들은 민주주의 체제로 인정될 수 있다고 주장하였다.(Wilson 1995, 23)

슘페터의 민주주의론은 '형식적 절차성'에 대한 강조를 통해서 민주주의를 규정하려는 절차중심모델의 전형적인 논리를 보여주었다. 그는 민주주의를 '하나의 객관적인 정치적 기제 혹은 절차'로 파악할 것을 제안하였다. 그에 따르면 민주주의는 "정치적 결정에 도달하기 위해 국민의 표를 얻기 위한 경쟁을 통해 결정권을 얻고자 하는 것을 그 협의내용으로 하는 하나의 제도상의 협정이며 제도적 장"이다.(Shumpeter 1992, 217) 따라서 민주주의의 원리는 상호 경쟁하는 모든 개인이나 단체 중에서 가장 많은 지지를 받고 있는 개인이나 집단에게 정부의 지배권이 인도되어야 한다는 것을 의미하는 정도로 그 범위가 제한된다.(Shumpeter 1992, 221) 따라서 민주주의를 수용한다는 것은 "최대의 동의를 획득한 자, 더 분명히 말하면 자신이 득표에 의해서 내지는 동맹자와 함께 다수파를 형성할 수 있는 자라는 원칙을 받아들이는 것"(Bobbio 1992a, 65)과 동일한 것이 된다.[6]

슘페터의 민주주의론은 고전적 민주주의가 상정하는 '인민'에 대한 회의와 비판에 근거하고 있다. 그에 따르면 고전적 민주주의 이론의 핵심적인 난점은 인민을 지나치게 과대평가하고 있다는 사실이다. 고

---

6) 비담(David Beetham)은 민주주의를 '집단적인 구속력을 갖는 규칙과 정책에 관해 인민이 통제를 행사하는 의사 결정의 양식'으로 이해하였다. 즉 가장 민주적인 장치란 집단의 모든 구성원이 의사 결정에 직접 참여할 수 있는 효과적이고 평등한 권리를 향유하는 것, 즉 통제의 행사에 있어서 상상할 수 있는 최대의 '인민적 통제'(popular control)의 원리와 평등의 원리를 실현하는 장치(Beetham 1994, 149)라는 것이다. 비담의 이러한 견해는 슘페터의 견해와 뚜렷하게 대비된다.

전적 민주주의 이론에서 인민은 모든 개개의 문제에 관하여 명백하고 합리적인 의견을 가지고 있는 이성적인 존재로서, 민주주의 정치체제에서 인민은 이들의 의견이 정책으로 집행될 수 있도록 노력할 '대표자'를 선출하여 자신들의 의견을 실행하고자 하는 합리적인 행위자로 설정되어 있다. 따라서 고전적 민주주의 이론에서 민주적인 협정의 근본적인 목적은 정치문제의 결정권을 인민에게 귀속시키는 것에 있으며, 정치적 대표자를 선출하는 행위는 이를 위한 부차적인 문제가 된다. 그러나 슘페터는 로마인의 기독교도 박해, 중세의 마녀 처형, 그리고 반유대주의 등의 역사적인 사례들에서 나타난 그들의 '우둔성'과 '죄악성'을 통해서 증명되듯이, 인민에 대한 긍정적인 인식은 극히 잘못된 견해라고 주장하였다.[7]

인민에 대한 비관론은 자연스럽게 민주주의에 대한 비판으로 연결되었다. 슘페터는 인민의 주권을 실현하려는 민주주의는 그 자체가 고귀한 이상이거나 목적이 될 수 없으며 단지 일종의 '정치적 방식'(a p

---

7) 고전적 민주주의 이론의 전통에서 주권의 주인으로 설정되는 '이성적 인민'에 대한 비판적인 평가는 토크빌의 주장에서도 나타난다. 토크빌은 정치적·법적 평등뿐만 아니라 사회적·경제적 평등까지 포함하여 모든 측면에서의 평등화를 지향하는 '민주화 경향'은 역사의 불가피한 추세임을 기본적으로 인정하였다. 그러면서도 그는 이러한 경향을 지지하지는 않았으며, 이것을 자유와 조화시켜서 '순화'할 필요가 있음을 강력하게 주장하였다. 그가 이제 인류는 '민주적 자유'(democratic liberty)와 '민주적 전제'(democratic tyranny) 중 하나를 선택해야 하는 기로에 서 있다(Tocqueville 1969, xiii-xiv)고 주장하였을 때, 또한 인간의 마음은 평등에 대해 저급한 욕망을 키우기도 하는데 이것은 약자로 하여금 강자를 그들과 같은 수준으로 끌어내리도록 하며 사람들로 하여금 '자유 속에서의 불평등'보다는 '예종 속에서 평등'을 선호하도록 만들 것(Tocqueville 1969, 57)이라고 주장하였을 때, 그리고 프랑스혁명 과정에서 나타났던 인민에 의한 지배를 '민주적 전제'로 인식하고 이를 거부하였을 때, 인민에 대한 토크빌의 인식은 명백한 '비관론'이라고 볼 수 있다.

olitical method)에 불과하다는 주장을 제시하였다. 슘페터에게 민주주의는 정치적 -입법적이고 행정적인 -결의에 도달하기 위한 대표자들의 제도상의 협정으로 한정되었으며, 따라서 그 자체만으로 '목적'이 될 수 없는 민주주의는 일정한 역사적 조건에서 어떠한 훌륭한 결의를 만들어내는가의 문제와 분리되어 존재할 수 없는 것이었다.

이러한 절차중심모델에 대한 비판은 다양한 관점에서 제기되고 있다. 바칼룰리스(Michel Vakaloulis)는 오늘날 자유민주주의의 또 다른 표현인 대의제 민주주의의 운명은 매우 비관적이라고 주장하였다. 그 이유는 첫째, 정치적 대의의 상징성과 연극적 장치는 '무'(無)로 변해가고 있다. 이러한 경향은 '미디어적 신기루'의 효과에 의해 더욱 강화되고 있으며 이제 시장경제로 환원된 '경제적인 것'은 더 이상 토론의 소재를 제공하지 못하고 있다. 둘째, 당파적 열정의 평정(平靜)이 민주적 성숙함의 상징으로 찬양되고 있으며 이데올로기적인 갈등들은 기술적으로 해결 가능한 문제들로 대치되고 있다. 셋째, 모든 정치는 긴급사항에 대한 대처라는 것으로 귀착되며 사회운동을 위한 어떤 역사적 프로젝트도 정치의 지평을 확대하지 못하고 있다.(Vakaloulis 1998, 136)

임효선(1990, 160 -165)은 '비윤리성' 내지 '반도덕성'이야말로 과정적 민주주의의 가장 핵심적이며 근본적인 취약점이라는 주장을 통해서 절차중심모델의 문제점을 비판하였다. 그에 따르면 과정적 민주주의 이론은 민주주의에 대한 경험적·서술적 접근을 중시한다. 따라서 이것은 정치적 방법 내지 제도적 장치를 의미하며, 여기서 민주적이라는 것은 본질적으로 '엘리트들의 경쟁의 민주주의'에 지나지 않는다.

민주주의를 '엘리트 간의 경쟁'으로 정의할 경우, 여기서 의미하는 정치적 '평등'이란 보통 선거권과 집권 엘리트에게 영향력을 행사할 수 있는 정도의 형식적인 기회균등을 의미한다. 그리고 정치참여라는 개념도 일반 대중의 경우에는 기껏해야 정책결정권자를 선출하는 투표에 참여하는 정도로 국한된다. 또한 일반 대중에게 허용된 이러한 제한된 의미의 정치참여의 기회마저도 체계의 '안정'을 유지하기 위해서는 이른바 '최소의 투입'과 '최대의 산출'의 원리에 의해 정해질 필요가 있다. 물론 여기에서 최소의 투입이란 일반 대중에 의한 정치참여를 의미하며, 최대의 산출이란 집권 엘리트에 의한 정책결정권을 의미한다.(임효선 1990, 162)

민주주의의 주체인 '인민'을 불신한다는 점에서, 슘페터의 논리 역시 비판의 핵심적인 대상이다. 슘페터는 자신의 민주주의론은 가정의 타당성과 주장의 정연함이라는 점에서 민주주의 이론의 전진에 크게 기여하였다고 자평(自評)하였다.(Shumpeter 1992, 211–221) 이러한 '자화자찬'에도 불구하고 슘페터의 논리는 민주주의 이론으로서의 논리적 한계를 다양하게 비판받았다. 민주주의에 대한 슘페터의 정의가 타당성을 획득하기 위해서는 우선 "19세기의 철학자들이 그토록 걱정했던 다수의 횡포는 거의 신화에 불과하였다. 실제 일어나는 것은 사회적 타락을 이용하여 테러와 선전을 독점한 소수의 횡포"(Sabine 1994, 79)라는 주장에 대한 적절한 해명이 제시되어야 한다. 또한 슘페터의 민주주의 이론의 핵심인 '우매한 인민론'에 내포된 역설도 해명이 필요한 부분이니. 슘페터의 '우매한 인민'은 시대저으로 합당한 리더십을 가진 대표자를 선출할 능력이니 현재의 리더십이 마음에 들지 않는다고 그들을 투표로서 심판할 수 있는 능력도 보유하고 있지 못하는 존재이다. 그러나 슘페터는 스스로 비합리적이고 우매하다고 설정한 인민에게 이러한 능력을 부여함으로써 결과적으로 엘리트지배의 정치적 정당성을 확보하는 논리를 전개하였다.[8) 이것은 모순이며 이러한 모순이 해결되지 않으면 슘페터의 민주주의 이론은 부르주아 엘리트의 지배를 정당화시키는 불완전한 논리라는 비판을 면하기 어려울 것이다. 보다 궁극적으로는 슘페터의 논리가 인민주권이라는 민주주의의 이상향을 부정하는 민주주의 즉 '민주주의를 거부하는 민주주의'라는 비판에서 벗어나기 어려울 것이다.

비판론의 입장에서 보면 절차중심의 민주주의는 민주주의의 본래적 가치나 이상과는 거리가 먼 상황을 야기하여 결과적으로 일반 국민에게 정책결정 과정으로부터의 소외감이나 정치적 무관심을 유발시켰으며, 또한 이것은 오늘날 서구적 민주주의가 직면하고 있는 딜레마의 근본적인 원천으로 작용하였다. 이와 관련하여 그로스만(Lawrence K. Grossman)은 민주주의의 위기상황을 다음과 같이 정리하였다.

> 민주주의는 환경, 무역, 의료제도 그리고 이민정책 등과 같은 복잡한 문제들에 대하여 찬성/반대를 결정하는 단순한 투표행위보다 더욱 많은 것을 내포하고 있다. 사회에 유익한 올바른 결정을 내리기 위해서는 사안에 대한 깊은 사고만이 아니라, 다양한 이해 사이의 갈등관계를 해결하면서 타협과 조절과정이 필요하다. 그러나 많은 대중들은 투표조차 하지 않고 있으며, 더욱이 중요한 문제들을 이해하고 합리적인 결정을 내리기 위하여 자신이 소유한 시간과 자원을 기꺼이 투자할 생각도 하지 않는 실정이다. 그 결과 '성숙된 민주주의를 구가하고 있는' 미국에서조차 대중의 판단에 대한 신뢰와 평가가 별로 높지 않은 것이 현실이다.(Grossman 1995, 172)

---

8) 밀스(C. Wright Mills)는 엘리트주의적 사회구성이라는 현실을 인정하면서도, 슘페터와는 달리 이를 강하게 비판하였다.(Mills 1994)

(2) 계급중심모델

'계급중심모델'에 따르면 '민주주의는 계급의 문제'이다. 계급으로 분할된 사회에서 민주주의는 어떤 의미에서든 결국 '계급적 민주주의'라는 것이 계급중심모델의 기본적인 시각이다. 이러한 관점에서 보면 자본주의 사회의 민주주의는 소수의 부르주아지에 의해 지배되는 '부르주아계급의 민주주의'이다. 이것은 사회적으로 보다 다수를 차지하는 '프롤레타리아트의 민주주의'에 의해서 대체되어야 하며, 이러한 프롤레타리아계급의 배타적 민주주의는 인민주권이라는 민주주의의 기본적 원칙에 좀 더 부합한다.

이처럼 '다수의 민주주의'를 추구하는 계급중심모델은 '계급'을 키워드로 내세운다. 근대적 의미의 계급은 프랑스혁명 이후 그동안 사회적 계층화를 이루고 있던 기본단위로서 '신분'을 대신하여 사회구조의 기본 편성단위를 지칭하는 개념으로 사용되기 시작하였다.[9] 이러한 근대의 계급은 봉건시대의 '신분제'(estates)를 비롯하여 노예제도나 '카스트'(caste) 등 과거의 불평등체계와 다른 것으로, 이것과는 다음과 같은 차이가 있다.

첫째, 다른 체계들과는 달리 계급은 법이나 종교, 관습에 의해 정해진 세습적 지위가 아니다. 계급이라는 불평등체계는 다른 체계들에 비해 훨씬 유동적이며 계급 간의 구분도 명확하지가 않다. 둘째, 다른 체계와는 달리 계급적 불평등체계 내부에서 한 개인이 속한 계급은 태어나면서부터 '주어진 것'이 아니라 부분적으로는 '성취된 것'이다. 실제로 '카스트'에서는 개인의 신분 이동이 불가능한 데 반해서, 계급구조 내에서 상승하거나 혹은 하강하는 계급 간의 이동은 다른 어떤

---

9) '계급의 역사성'에 관해서는 Ossowski(1984, 25 28)를 참고.

불평등체계에서 보다 많이 발견된다. 셋째, 계급은 집단 사이의 '경제적 차이'에 의해서 결정된다. 여기에서 불평등은 소유와 물적 자원의 통제에 의해서 생겨난다. 한편 다른 불평등체계에서는 경제 이외의 요소들('카스트'의 경우 종교)이 일반적으로 더 중요하게 작용한다. 넷째, 다른 체계에서 불평등은 무엇보다도 농노와 영주, 노예와 주인, 낮은 카스트와 높은 카스트 사이와 같이 개인들 사이의 의무관계로 나타난다. 그러나 계급체계는 '비개인적(impersonal)인 광범위한 연계망'을 통해 움직인다.(Giddens 1996, 222–223)

계급중심모델의 '계급'은 일상적인 사회적 '계층'(stratum)과는 상이한 '경제적 계급'이다.[10] 주로 마르크스주의에 기초하는 경제적인 관계에 의거한 계급의 개략적인 의미는 다음과 같다. 일차적으로 계급이란 '사회의 생산체제에서 차지하는 지위에 의해서 구분되는 인간집단'이다. 인류 역사의 전개과정에서 지위의 차이는 생산관계 안에서 이들이 차지하는 차이에서 기인하는 것이며, 이는 주로 '생산수단의 소유 여부'에 의해서 규정된다. 따라서 계급은 정치적·사회적인 체제에서 형성되는 인간의 지위가 아니라 '경제제도 혹은 생산의 사회적 체제에서 형성되는 인간의 지위'를 의미한다.

여기서 생산수단의 사적 소유로 인하여 생산수단을 소유한 집단들은 이를 소유하지 못한 집단들의 노동을 점유하고 착취하며, 이것은 '계급투쟁'이라는 계급 사이의 갈등을 유발하게 된다. 이처럼 계급 사이의 착취와 피착취와 이로 인한 계급투쟁은 생산수단의 소유관계에서 발생하게 되는데, 이것이 바로 계급관계의 본질적인 측면이다. 계

---

10) 마르크스주의자들은 포괄적으로 사용되는 계층 개념에는 생산과정에서 나타나는 착취 및 억압의 관념이 희석되어 있기 때문에 사회의 구조적 성격을 파악하는 데 부적절하다는 입장을 견지하고 있다.(김승현 외 1999, 185)

급 사이의 관계는 일종의 '영합(zero-sum)관계'로서 상호 모순적이며 적대적이다. 이와 관련하여 캘리니코스(Allex Callinicos)는 마르크스주의적 계급의 특징을 다음과 같이 정리하였다.

우선 그것은 계급을 하나의 **관계**로 간주한다. 한 사람의 계급 위치는 …… 계급에 대한 '등급적' 개념이 가정하듯이 사회적 분배질서에서 그가 차지하는 위치에 의존하는 것이 아니라, 오히려 사회적 집단의 일부로서 그(또는 그녀)가 다른 사회적 집단들과 맺는 관계에 달려 있다. 둘째로 이 관계는 **적대적**이다. 말하자면 그것은 무엇보다도 생산수단을 통제하는 소수의 지배계급이 직접적 생산자들한테서 잉여가치를 추출하는 것에 달려 있다. 결론적으로 말해서 계급은 착취자와 피착취자가 싸워나가는 과정인 **계급투쟁**과 분리될 수 없는 것이다. 셋째로 이 적대적 관계는 **생산**의 과정에서 형성된다. 다시 말해 착취와 계급투쟁은 생산수단과 직접생산자의 노동 그 자체에 대한 통제권을 확보하기 위한 지배계급의 노력에서 생성된다. 끝으로 계급은 하나의 **객관적** 관계이다. …… 한 사람의 계급 위치는 주관적 태도에 달려 있는 것이 아니라 그(또는 그녀) ─ 또는 그 어느 누구든지 ─ 가 무엇을 생각하는지와 무관하게, 그들이 생산관계 내부에서 차지하는 실질적 위치에 달려 있다.(Callinicos 2001, 30-31)

레닌(V. I. Lenin)은 마르크스주의적 계급론에 입각히여, 계급을 "역사적으로 규정된 사회적 생산 속에서 차지하는 그들의 지위, 생산수단에 대한 그들의 관계(대부분 법률로서 성문화되어 있다), 사회적 노동조식에서의 그들의 역할, 이에 띠리 사회식 부(富) 송에시 그늘이 저분하는 몫의 취득양식 및 양에 의해 구별되는 인간의 집단"이며, "사회의 일정한 경제제도에 있어서 지위의 차이에 따라 한편이 다른 편의 노동을 점유히는 인간 집단"(편집부 편 1987, 177)이리고 정의히었다.

유사한 맥락에서 크루아(Geoffrey de Ste Criox)는 레닌의 계급론에 다음과 같은 해설을 부가하였다. "본질적으로는 하나의 관계인 **계급**은 착취의 집단적 표현이며, 이러한 착취가 사회구조 속에서 내재되는 방식이다. 또한 **착취**는 타인의 노동생산물 일부에 대한 전유를 의미한다. …… 특정 **계급**은 전체 사회의 생산체계에서 차지하는 지위에 의해 결정되는 특정 공동체에 소속된 사람들의 집단이다. 이는 주로 생산수단과 생산노동, 즉 생산조건에 대한 인간들의 관계(무엇보다도 소유나 통제의 수준에 따른)에 의한 다른 계급들에 대한 관계에 의해서 결정"(Criox 1981, 43)된다. 따라서 로빈슨 크루소와 같은 예외적인 상황을 제외하면 사회생활을 영위하는 모든 인간은 종교의 본질을 인간의 본질로 해소하려는 '어설픈 유물론자' 포이에르바흐(Ludwig Feuerbach)가 주장하는 것처럼 단지 '유(類, genus)적 본질'로서 파악되는 '추상적인 존재'가 아니라, "현실에 있어서 생산관계를 중심으로 하는 사회적 관계의 총체(ensemble)"(Marx 1977, 157) 즉 '계급적 인간'이다.

계급은 마르크스주의의 핵심적인 개념이며, 민주주의에 대한 계급중심모델은 주로 마르크스주의에 기초한다. '계급적 관점'에 기초하여 마르크스는 민주주의를 이중적으로 이해하였다. 첫째, 민주주의는 각 개인의 형식적 평등성에 기초한 '권력행사 내지는 통치방식'으로서의 민주주의이며, 둘째, 민주주의는 특정 역사 시기의 계급관계에 조응하는 정치적 상부구조, 즉 '계급지배'로서의 민주주의이다. 물론 마르크스주의에서 강조되는 것은 '계급지배로서의 민주주의'이다. 마르크스주의적 민주주의론의 관점에 서면, 현실에 존재하는 모든 민주주의는 '계급민주주의'이다. 부르주아지가 지배하는 자본주의에서 성립 가능한 유일한 민주주의 모델은 '부르주아 민주주의'이며, 역으로 프롤레타리아가 지배하는 사회주의에서 성립 가능한 유일한 민주주의 모델은 '프롤레타리아트 민주주의'라는 것이다. 그리고 현실의 민주주의는 '사회구성체'(social formation)의 혁명적 전환으로 지배계급의 교체가 발생하지 않는 한 영속된다. 경제적 지배계급은 국가권력을 항상 배타적으로 장악하고 있으며 이것을 다른 어떤 계급과도 공유하지 않으며,[11] (Balibar 1990, 42–43), 따라서 동일한 사회구성체가 유지되는 동안에는 이를 지배하는 계급의 배타적인 계급민주주의는 와해되지 않기 때문이다.

이러한 논리는 결국 '부르주아 국가장치의 혁명적 파괴'로 연결된다. 이러한 입장에서 분석하면 지배계급의 국가권력은 상비군이나 경찰, 행정 또는 관료제와 같이 물질화된 억압적 국가장치의 발전 및 작용 속에서만 유지될 수 있다. 따라서 새로운 민주주의를 위한 프롤레타리아트의 혁명은 부르주아지 국가권력의 물질적 형태인 기존의 국가장치의 파괴 없이는 불가능해진다.(Balibar 1990, 43–45) 이러한 의미에서 보면, 1871년 '파리코뮌'은 프롤레타리아트가 자신의 권력을 창출하기 위해서는 기존의 국가기관을 단지 그 수중에 장악하는 것만으로는 가능하지 않으며 이를 혁명적으로 분쇄해야 함을 증명하는 역사적 사건(Conpers 1989, 128–129)이었다.

마르크스의 민주주의론은 레닌에 의해서 더욱 정교해졌다. 국가권력의 문제를 특별히 강조[12]하는 레닌은 "모든 부르주아 국가는 그들

---

11) 손호철(1991a, 304)은 '국가는 일반적으로 가장 강력한 경제적 지배계급이 국가이며 국가의 매개를 통해 이 지배계급은 정치적 지배계급이 된다.'는 엥겔스(Friedrich Engels)의 주장을 근거로, 지배계급이 국가권력을 배타적으로 장악하고 있는 상황을 '국가권력통일성'이라는 테제로 정식화하였다

12) 레닌에 의하면, 모든 혁명의 근본적인 문제는 '국가권력의 문제'이며, 이 문제를 이해하지 못하면 혁명의 시도는 밀릴 것도 없고 혁명에의 슬기

의 형태가 아무리 다양하더라도 그 본질은 동일하다. 궁극적으로 그것은 반드시 부르주아의 독재이다. 자본주의에서 공산주의로의 이행은 분명히 매우 풍부하고 다양한 정치형태를 산출하게 되지만, 그것의 본질은 필연적으로 동일하다. 즉 프롤레타리아트의 독재"(Lenin 1978, 34)이며, "상이한 계급이 존재하는 한 '순수한 민주주의'를 말할 수 없다. 우리는 오직 계급적 민주주의를 말할 수 있을 뿐"(Lenin 1988b, 28)이라는 주장에서 확인할 수 있는 것처럼, (계급)독재와 민주주의를 대립적인 것으로 파악하지 않았다.

이러한 관점에서 레닌은 '국가유형'(state-type)과 '국가형태'(state-form)를 구분하였다. '국가유형'이란 생산양식의 각 발전단계에 조응하는 국가권력의 계급적인 본질규정으로, 하나의 생산양식에는 오직 하나의 국가유형이 있다. 한편 '국가형태'는 국가유형의 하위차원의 개념으로, 동일한 생산양식 속에 존재하는 다양한 종류의 정치제도형태를 구분하기 위한 개념이다.(윤석구 1990, 19-20) 따라서 자본주의에서 민주주의는 '파시즘'이나 '보나파르티즘'과 같이 부르주아 독재라는 국가유형의 하위개념으로 자본주의의 상황과 계급관계에 의해서 부르주아계급에 의해 선택되는 하나의 구체적인 정치제도형태 즉 국가형태로 그 개념이 규정된다.

사회주의에서의 민주주의도 이와 마찬가지이다. 사회주의라는 '제한적인 상황'에서는 프롤레타리아 독재라는 유일한 국가유형만이 허용되며, 이 범위에서 당시의 상황과 계급 간의 역관계에 기초한 특정한 국가형태가 현실화된다. 러시아혁명 이후 전개된 내전 시기에 나타났던 농민에 대한 억압정책과 이후의 'NEP'(New Economy Policy), 중국의 '신민주주의', 동구의 '인민민주주의'가 이것의 사례이다.

로운 참여도 있을 수 없다.(Lenin 1991, 39)

한편 이러한 관점에서 '절차중심모델'을 평가하면, 절차중심모델이 표방하는 민주주의의 형식적·절차적인 주장은 거의 '신기루'에 가깝다. 계급론적 관점에서 보면, 부르주아 민주주의 혹은 자유민주주의는 신분적인 차별을 해소하고 주로 '기회의 평등'을 부여하는 여러 장치들을 통하여 프롤레타리아의 정치적 지평을 다소간 확장시켰지만 이것은 단지 부차적인 결과에 지나지 않는다. 예를 들어 '법에 의한 지배'라는 민주주의의 교리는 비합리적이고 신분적인 지배에서 모든 계급을 해방시켰지만, 법은 현실적으로 '질서의 유지'라는 명분으로 궁극적으로는 지배계급에게 유리하도록 구성되어 있으며 법을 제정하고 집행하는 주체역시 지배계급의 일부이다. 그러므로 '법에 의한 지배'라는 민주주의적 기제의 본질은 한편으로는 피지배계급의 형식적인 참여를 보장하고 있지만 이것이 지배계급이나 정치권력에 대한 실질적인 통제로 나아가지는 못하며, 오히려 피지배계급에 대한 실질적인 통제에 정당성을 부여하는 지배계급의 '명분'에 불과한 것이 된다.

이러한 관점에서 보면, 민주주의를 형식적인 장치나 절차적인 제도에 한정하여 정의하는 '절차중심모델'은 민주주의에 대한 구성원의 실질적인 접근을 구조적으로 배제하는 경제적 계급관계에 대한 고려를 의도적으로 배제함으로써 결국은 민주주의를 축소시키고 있다. 민주주의의 형식적인 제도와 장치는 민주주의의 '형식적인 가능성'만을 제공할 뿐이며, 이러한 가능성이 '실질적인 현실성'으로 전화하기 위해서는 권력과 이러한 권력에 의해서 결정되는 주요한 정책에 대한 인민의 효과적인 통제가 확보되어야 한다. 그러나 이러한 사실을 의도적으로 배제하는 절차중심모델은 궁극적으로는 부르주아의 계급지배를 정당화하고 원활하게 하는 역할을 할 따름이라는 것이 계급중심모델의 입장이다. 따라서 민주주의에 대한 계급중심모델은 '헌법', '투표', '정치적 경쟁의 자유'와 같은 절차중심모델의 핵심적인 장치들을 '부르주아 지배에 정당성을 부여하는 기제' 정도로 이해하고 있다. 이와 관련하여 마르크스는 다음과 같이 주장하였다.

> 1848년에 외쳐진 자유의 변함없는 보장책, 즉 인신의 자유, 언론·출판·집회·결사의 자유, 교육과 종교의 자유 등은 헌법상의 제복을 부여받았으며, 이로써 침해할 수 없는 것이 되었다. 하지만 여기에는 '타인의 동등한 권리와 공공의 안전' 혹은 개인 상호 간의 조화 및 공공안전과의 조화를 조정하도록 되어 있는 법률에 의해 제한받는다는 방주가 붙는다. 헌법이 타인들에 대해서 이 자유의 향유를 금지시키고 경찰의 규제를 허용할 때, 이는 언제나 헌법에서 규정하는 '공공의 안전' 즉 부르주아지의 계급적 이해를 위해서이다.(Marx 1987, 70)

한편 계급중심모델은 절차중심모델의 형식성을 비판하면서 인민에 의한 직접적 통제와 연결되는 '직접민주주의의 기제'를 보다 주목하였다. 이와 관련하여 마르크스와 엥겔스(Friedrich Engels)는 1870년 프랑스와 프로이센의 전쟁 이후 등장한 1871년 파리코뮌의 경험을 강조하였다. 마르크스는 과거의 국가장치가 파괴되고 새롭게 창출된 국가장치의 전형을 파리코뮌을 통해서 제시하였다.[13] 당시 파리코뮌의 국가장치와 운영방법의 개략은 다음과 같다.

---

13) 마르크스는 파리코뮌을 건설한 파리 노동자의 봉기를 처음부터 찬성하지는 않았다. 오히려 마르크스는 정세가 불리함을 지적하면서 이를 전적으로 반대하였다. 그러나 일단 코뮌이 수립되자, 마르크스는 이를 대중의 '혁명적 창의'로 규정하고 열렬히 환영하게 되었다. 마르크스의 입장이 전환된 이유는 노동자의 봉기가 지배계급의 탄압에 의해 강제되었으며, 대중 자신의 교육과 장래의 투쟁에 대비하기 위해서 역사의 어떤 시기에는 '절망적인 대의'를 위해서라도 대중의 격렬한 투쟁이 필요하다는 인식 때문이었다. (김영순·이용우 1991, 20-21)

프랑스 공화정에 대한 '반명제'(anti-these)로서 코뮌은 상비군을 폐지하고 이를 무장인민으로 대체하였다. 그리고 권력기구로서의 코뮌은 관료제와 의회제를 파괴하고 기존의 입법부와 행정부의 기능을 동시에 수행하는 등 기존의 대의기구를 변모시켰다. 각 '구'(區)에서 보통선거로 선출되어 시민에게 직접 책임을 지면서 언제라도 소환 가능한 시의원들로 구성된 코뮌은 구성원의 대다수가 노동자로 구성된 노동자계급의 공인된 대표였으며, 임금 또한 일반 노동자의 임금수준을 넘지 않도록 규정하였다.

이처럼 파리코뮌의 기본적인 운영원칙은 보다 '직접민주주의'에 가까운 형태였다. 한편 파리코뮌의 경험을 통해서 마르크스가 제시하고자 하였던 새로운 민주주의의 전형은 바로 이러한 것이었으며, 엥겔스 역시 "프롤레타리아트 독재가 어떤 모습인지 알고 싶으면, 파리코뮌을 보라"(Engels 1987, 275)고 주장하였다.

레닌은 1917년 '임시정부'와 노동자 및 병사 '소비에트'가 동시에 러시아를 지배하는 상황을 '이중권력'이라고 설명하면서, 노동자 및 병사 '소비에트'는 유럽 등의 선진국에 존재하는 평범한 유형의 의회제 부르주아 민주주의 권력과는 전적으로 상이한 내용의 권력이라고 주장하였다. 부르주아적인 의회권력과는 달리 소비에트 권력은 인민의 직접적인 주도에 기초하고 있다는 것이 그 이유이다. 레닌은 이러한 소비에트 권력은 1871년의 파리코뮌과 동일한 유형이라고 주장하면서, 그 특징을 다음과 같이 제시하였다.

(1) 권력의 원천은 의회가 사전에 토의하여 제정한 법률이 아니라, 지역별로 아래로부터 인민의 직접 주도권 — 요즘 유행하는 표현을 사용하자면, 직접 '장악' — 이다. (2) 인민으로부터 이탈하여 인민과 대립하는 기관들인 경찰과 군대를 인민의 직접 무장으로 대체 …… (3)

공무원, 관료는 마찬가지로 인민의 직접 통치로 대체되거나, 적어도 특별한 통제하에 놓인다. 그들은 선출된 공무원들이 되며, 또한 인민의 1차적 요구인 소환에 복종한다. 그들은 단순한 대리인들의 지위로 격하된다. 높은, 부르주아적 수준의 급료를 받는 '직업'을 차지한 특권적 집단에서, 그들의 급료는 유능한 노동자의 일반적인 급료를 넘지 않는 특수한 '서비스 부문'의 노동자들이 된다.(Lenin 1964, 39)

파리코뮌에 대한 레닌의 분석은 마르크스의 분석과 거의 일치하였다. 그가 제시하는 새로운 민주주의의 전형도 경찰이나 군대, 관료제를 포함한 국가장치에 대하여 인민이 직접적으로 참여하고 이를 관리·통제하는 '직접민주주의적 기제'를 강조하였기 때문이다.

한편 '계급중심모델'에 대한 비판은 다양한 관점에서 제기되고 있다. 이 중에서도 계급중심모델의 내적인 대립과 분화를 야기한 좌파에 의한 '내부적 비판'은 더욱 날카로웠다. 이에 대한 대표적인 사례는 '제2차 인터내셔널' 당시 독일의 사회민주당에서 벌어졌던 '수정주의 논쟁'이다.

레닌의 '프롤레타리아트 계급독재이론'에 대한 반론은 레닌과 동시대를 살았던 베른슈타인(Eduard Bernstein)에 의해서 일찌감치 제기되었다. 그는 독재와 민주주의를 대립적인 관계로 보지 않는 레닌의 계급독재이론에 대한 비판을 제기하였으며, 이러한 주장은 일대 논쟁을 야기하였다. 독일 사회민주당의 노선 논쟁은 전후 유럽 사회민주주의 체제의 이론적인 근거를 제공하는 1890년대 말 베른슈타인의 '수정주의 논쟁'을 통하여 본격화되었다.[14]

14) '수정주의 논쟁' 이후 독일 사회민주당은 1910년 러시아혁명의 충격 속에서 벌어졌던 '대중파업 논쟁'을 계기로 세 개의 분파로 분열된다. 베른슈타인의 논리를 옹호하는 '개량주의파', '자본주의 자동붕괴론' 등 전통적인 마르크스주의를 고수하면서도 실천적으로는 노동계급의 투쟁을 유보하는 '정숙주

베른슈타인은 실증적인 자료를 동원하여 금융의 원활화와 신속화, 카르텔의 독점적 관리 등으로 자본주의 경제의 무정부성이 현저히 감소되었으며, 이에 따라 자본주의는 생산과 소비의 불균형에 따른 파국을 극복할 수 있는 '자기조절능력'을 갖게 되었다고 보았다. 또한 그는 생산의 증대와 더불어 실질임금의 상승과 대중소비의 확대가 이루어짐으로써 노동계급의 생활도 부르주아적으로 되었다고 주장하면서 '프롤레타리아트 궁핍화론'을 비판하는 한편 중간계급이 증대되고 '주식회사'라는 기업형태가 자본의 집중화 경향에 상쇄작용을 함으로써 '계급양극화' 경향 역시 실현되지 않았다고 주장하였다.(Bernstein 1991, 85-148)

'수정된 자본주의관'은 '수정된 민주주의관'으로 연결되면서, 베른슈타인은 '사회주의로의 점진적·의회주의적인 이행전략'을 제시하였다. 그에게 있어서 민주주의는 '계급정치가 제거된 상태' 즉 '정치적 특권이 특정한 계급에 배타적으로 귀속되지 않는 사회 상태'를 의미하였다. 이러한 민주주의는 사회의 모든 구성원의 권리평등이라는 정의의 관념이 포함되어 있으며, 이것이 확대되면 될수록 민주주의는 더욱더 가능한 최고 수준의 자유와 동일한 의미가 되는 것이었다. 또한 민주주의는 수단이자 목적으로서, 사회주의 획득의 수단인 동시에 사회주의 실현의 형태가 되는 것이었다.

이러한 관점에서 베른슈타인은 레닌 식의 민주주의 개념은 소수에 대한 무효규정을 배기하고 있어서 다수의 전제를 보장해 주는 의도하지 않은 역할을 할 수 있는 불완전한 것이라고 평가하였다. 또한 계급

의'(靜肅主義) 혹은 '대기주의'(待期主義)적 경향을 보이는 카우츠키(Karl Kaustsky)의 '중앙파', 룩셈부르크로 대표되는 '급진 좌파'가 그것이다.(박호성 1989, 274)

독재는 지극히 저급한 문화에 속하는 것으로 자본주의에서 사회주의로 이행하는 현대적 방법인 이른바 '민주적 방법'이 발전되지 못한 후진사회에나 적용될 수 있는 것이라고 주장하였다. 이상의 논리적 귀결이 '프롤레타리아트 독재론'의 폐기로 나아가는 것은 자연스러운 것이다. 주지하다시피 이러한 베른슈타인의 논리는 사회주의를 자본주의적 생산관계 자체의 변혁이 아닌 분배구조의 개혁으로 간주하는 그의 이행론과 더불어 이후 사회민주주의에 커다란 영향을 주었다.

한편 '중앙파'의 카우츠키는 '개량주의파' 베른슈타인의 수정된 자본주의관을 비판하면서 마르크스의 『자본론』을 옹호하였다. 그러면서 그는 '마르크스와는 다르게' 독재의 방법과 민주주의의 방법을 대립시키고 독재적 통치방법을 비판하면서, 프롤레타리아트는 민주적 수단에 의해 권력을 장악할 수 있고 또 그래야만 한다고 주장하였다. 그는 민주주의를 '다수의 지배를 의미하지만 관료제와는 달리 시민적 자유와 소수의 보호도 의미하는 것'이라고 규정하면서, 모든 계급적 이해관계가 계급 사이의 역관계에 조응하여 통치체제에 반영되는 것은 진정한 민주주의의 '보통선거'에 의해서 가능하다고 주장하였다. 또한 그는 계급지배를 의미하는 '조건으로서의 독재'와 자코뱅적인 폭력적 통치방식을 의미하는 '통치형태로서의 독재'를 구분하면서, 진정한 프롤레타리아트 독재인 '조건으로서의 프롤레타리아트 독재'를 가능케 하는 기준은 프롤레타리아의 '숫자'라고 단정하였다. 따라서 진정한 프롤레타리아트의 독재가 실현하기 위해서는 우선 프롤레타리아트가 인구의 다수가 되어야 한다고 주장하였다. 이러한 논리에 따르면 프롤레타리아트가 소수인 상황에서 프롤레타리아트가 권력을 장악하는 것은 '통치형태로서의 독재' 즉 프롤레타리아트 정당에 의한 폭력적 통치만을 가져올 뿐이었다.(김영순 1991, 93-94)

'급진 좌파' 로자(Rosa Luxemburg)는 프롤레타리아는 외부의 개입이 없이 자신의 계급적 본질을 인식하고 실천할 수 있음을 의미하는 '자발성 이론'을 통해서, '계급의식은 외부로부터 주입'됨을 강조한 '의식성 이론'과 '전위당 이론'(Lenin 1988a)의 레닌과 대립하였다. 독일 사회민주당 논쟁에서 가장 '마르크스적인 인물'로 평가받고 있는 로자는 '마르크스의 후계자'로서 "사회주의적 민주주의는 프롤레타리아트 독재와 같은 것"(Luxemburg 1988, 99)이라는 주장을 통해서 확인할 수 있듯이 독재의 개념을 철저하게 국가유형의 수준에서 파악하였다.

그러면서도 그녀는 대중에 대한 믿음에 기초하여 레닌과 달리 민주주의를 그 자체로 강조하였다. "우리가 형식적 민주주의를 우상화하지 않는다는 것은 부르주아 민주주의의 사회적 본질과 정치적 형태를 항상 구별해 왔다는 것을 의미하며, 프롤레타리아트의 역사적 사명은 모든 형태의 민주주의를 파괴하는 것이 아니라 부르주아 민주주의 대신 사회주의적 민주주의를 창조하는 것"(Luxemburg 1988, 98-99)이라는 주장에서 나타나듯이 그녀는 민주주의에 대한 계급적 관점을 견지하면서도 부르주아 민주주의가 가지는 역사적인 가치 역시 일정부분 인정하였다. 이러한 관점에서 로자는 민주주의를 위한 대중의 자발성보다는 계급독재를 위한 전위당의 역할을 지나치게 강조하는 레닌을 비판하였다. 비판의 핵심은 프롤레타리아트 독재와 사회주의적 민주주의는 동일하며, 프롤레타리아트 독재가 '당의 독재'로 대신 될 수 없다는 내용이었다.

> 공공통제는 꼭 필요하다. …… 레닌보다 이것을 더 잘 알고, 철저히 기술하고, 반복해서 주장했던 사람은 없다. 그러나 그는 수단을 선택하는 데서 완전히 실수를 서질렀다. 협녕, 공상 삼독관의 독새적 힘, 가혹한 치벌, 공포에 의한 지배, 이 모든 것은 고식적 수단일 뿐이다. 부활을

위한 유일한 길은 가장 제한받지 않고 광범위한 민주주의와 여론, 공공
생활 자체의 가르침 등이다. 붕괴시키는 것은 공포에 의한 지배이다.(L
uxemburg 1988, 90-91)

또한 그녀는 정치적 자유와 민주주의의 권력을 장악한 이후의 문제
로 미뤄둘 수 없다고 강조하면서, 사회주의적 민주주의는 생산자 민주
주의의 확장 및 이외의 모든 민주주의적 형태들을 재구성하는 능력으
로부터 출발하여야 하며 동시에 개인적·집단적 자유를 보장하는 데
서 출발하여야 함을 주장하였다. 그녀에게 있어서 광범위한 대중의 자
발적인 혁명성을 보장하는 민주주의 없는 프롤레타리아트 독재는 프
롤레타리아트 독재일 수가 없기 때문이다.(박영수 1992, 180-181) 이
러한 맥락에서 로자는 자유의 의미를 강조하였다. 즉 "친정부 인물만
을 위한, 일당의 당원만을 위한 자유는―그들의 수가 아무리 많다고
하더라도―전혀 자유가 아니며 생각이 다른 사람들의 자유도 인정하
는 것이 진짜 자유이기에, '자유'가 어떤 특권이 된다면 자유의 효용성
은 없어진다."(Luxemburg 1988, 88)는 것이 로자의 입장이었다.[15]

계급중심모델에 대한 비판은 현실 사회주의 체제의 붕괴 이후 더욱
전면적으로 제기되고 있다. 실제로 소위 '포스트(post) 증후군'으로 설
명되는 '다양성 과잉'의 현재적 상황을 '계급결정론'(determinism)적인
접근법으로 충분히 설명하기에는 많은 무리가 따르는 것이 사실이다.
무엇보다도 민주주의에 대한 계급중심모델의 기본적인 준거인 경제적
계급개념의 근거가 약화되고 있는 상황은 민주주의에 대한 계급중심

---

15) 베른슈타인 역시 민주주의의 확대와 자유의 확대를 동일시하면서 자유
의 의미를 강조하였지만, 로자의 자유와는 개념적으로 상이하였다. '베른
슈타인의 자유'는 보편적 의미의 자유였다면, '로자의 자유'는 프롤레타
리아트의 민주적 독재를 보장하기 위한 '계급적 자유'이기 때문이다.

모델의 전반적인 위기를 야기하고 있다.

단순히 수적인 측면만 보더라도, 육체 노동계급의 급격한 감소현상은 1970~1980년대 이후부터 현재에 이르기까지 경제적 계급개념에 기초하고 있는 민주주의에 대한 계급중심모델이 직면한 가장 큰 딜레마 중 하나이다.[16] 실제로 서구의 노동계급이 유권자 중에서 차지하는 비중은 대체로 30~40%를 정점으로 점차 감소하여 지금은 국민의 소수를 형성하고 있다.[17] "협의의 노동계급 개념이 안게 되는 최대의 현실적 문제점은 노동계급이 국민의 소수이고, 따라서 프롤레타리아 독재는 다수의 독재가 아니라 소수의 독재로 되어버린다"(이병천 1992, 38)는 지적 앞에서 전통적인 계급중심모델은 무기력해진다.

그러나 프롤레타리아트 계급의 '숫자' 문제가 해결된다고 해서 계급중심모델이 지면하고 있는 위기상황이 해소되는 것은 아니다. 중간계층의 확대와 프롤레타리아트 내부의 분화가 가속화되어 계급적 응집력(凝集力)이 현저히 저하되고 있는 현재의 상황을 고려하면, 어떤 식으로든 노동자계급의 숫자가 확보된다고 하더라도 '집합적 행위주체'

---

16) '노동계급의 수적인 감소'와 이에 근거한 '프롤레타리아트 중심노선'의 폐기에 반대하는 논거는 켈록(Paul Kelloc) 등 일련의 〈국제사회주의자그룹〉의 주장에서 발견된다. 켈록은 '홉스봄주의자' 등이 프롤레타리아트의 절대적·상대적인 크기의 감소를 근거로 하여 노동자계급을 중심으로 하는 혁명적 변혁의 전략을 무용지물로 만들고 있으며, 좌파의 핵심적 지향을 '신중간계급'과의 동맹으로 변경시키고 있다고 비판하였다. 그러면서 그는 동일한 시기에 산업 노동자 고용비의 상대적 감소는 '총 노동인구의 절대적 증가'라는 메리 인에서 일어났다는 사실과 자본주의는 명백히 국제적인 체제이기에 산업 노동자 계급의 감소와 증대에 대한 모든 평가는 반드시 선진 자본주의 나라들 이상의 지역을 대상으로 삼아야만 한다는 점을 지적하면서, 노동자계급에 대하여 안녕을 선언하는 소위 '안녕 학파'들의 주장을 반박하였다.(Kelloc 2001)
17) 프랑스, 독일 등 유럽에서 노동계급이 차지하는 인구분포의 시기적 변화 상황은 Przeworski(1985, 23-24)를 참고.

로서 프롤레타리아트의 의미가 상당히 약화된 것이 현실이기 때문이다.

한편에서는 '손노동계급'과 '지식프롤레타리아' 사이 노동계급으로서의 동일성을 강조하는 '지식프롤레타리아트론'과 같은 광의의 노동계급론이 제기되고 있지만, 이 역시 현대 자본주의의 구조적 특성을 간과하고 있다는 평가가 가능하다. 왜냐하면 고도로 분화되고 분절된 현대 자본주의의 노동과정을 고려하면, 임노동자라는 사실만으로는 동일한 계급적 이해를 공유하는 '집합적 행위주체'로서 프롤레타리아트를 설정할 수 없기 때문이다. 즉 더 이상 '임노동'은 사회집단을 구분하는 획일적인 기준으로서의 의미를 이미 상실했거나 점차 상실하고 있다는 것이다.(이병천 1992, 39)

2. 준거점: '자유'와 '평등'

민주주의가 하나의 가능한 정치체제로 등장한 이후 민주주의의 '의미'(meaning)에 관한 논쟁은 다양하게 제기되고 있다. 이것의 내용을 짧게 정리하면 다음과 같다.

> 민주주의의 의미에 관한 논쟁은, 개념상의 불일치에 관한 것이라고 하지만 실제로는 얼마나 많은 민주주의가 바람직한가 또는 실천 가능한가에 관한 논쟁이다. 즉 어디에서 민주주의적 가치와 다른 가치들 사이의 취사 선택적 교환(trade-off)이 이루어질 것인가에 관한 논쟁이거나, 스펙트럼의 어느 지점에서 평등한 시민들에 의한 지배의 원리를 실현하기 위한 주어진 일련의 제도적 장치들이 실제적으로 유지될 수 있는가에 관한 논쟁이다.(Beetham 1994, 149)

이처럼 민주주의는 '평등한 시민들에 의한 지배'라는 틀에서 이루어지는 다양한 가치와 이들 사이의 교차와 교환을 함께 사고해야 하는 그야말로 복합적인 과정이다. 이를 반영하듯 민주주의는 '개념의 여행용 가방'이라고 불릴 정도로 이것의 의미는 다양하게 정의되고 있다.

물론 민주주의의 개념을 둘러싼 논쟁은 현재에도 지속되고 있으며, 맥퍼슨(C. B. Macpherson)은 '현 시기 민주주의 이론의 핵심은 무엇인가?'라는 문제에 다음과 같이 답하였다.

> 민주주의가 단지 정부를 선택하고 정부에게 권한을 위임하는 것이 아니라 '일종의 사회'(a kind of society)로 인식하는 순간, 민주주의에 내재된 평등주의적 원칙은 '일인 일표'(one man, one vote)의 신조뿐 아니라 '개인은 각자 그가 원하는 정도의 완전히 인간적으로 살아갈 수 있는 공정하고 효과적인 권리를 소유한다'는 권리까지를 요구한다. 이제 민주주의는 …… 단지 통치체제로서가 아니라, 개인들 사이의 관계들의 복합체인 일종의 사회로 인식된다.(Macpherson 1973, 51)

민주주의의 현재적 의미에 대한 톰슨(John B. Thomson)의 입장도 민주주의를 '통치체제'의 차원을 넘어서 '사회적 삶'의 차원으로 확대하고 있다는 점에서 맥퍼슨의 입장과 유사하다.

> 첫째, 사람들의 생활에 영향을 미치는 문제들을 주체적으로 토론할 수 있는 세계이며, 둘째, 특정 문제와 관련된 모든 사람은 그것에 대해 소소고의 의사를 표현할 수 있는 권리를 보유하는 세계이고, 셋째 결정은 서로 밀접하게 연관되어 있는 사람들의 동의에 기반을 두어 이루어지는 세계이다. …… 그것은 모든 개인들이 자신의 신념을 위해 책임을 지는 평등하고 자율적인 행위자로서 인정받는 것이며, 차이를 해결하기 위한 수단으로 물리적 폭력이나 강제력이 우선되기보다는 대화와 논쟁의 중요성을 강조하는 것이다.(Thomson 1995, 253-254)

이에 의하면 정치적 결정에 대한 일반 국민의 참여가 법적·제도적으로는 거의 완벽하게 보장되어 있는 상황에서, '오늘날의 민주주의'는 구성원의 사회적인 삶의 방식과 그 내용도 포함해야 한다. 또한 이러한 인식은 '민주주의의 민주화'에 대한 요구로 연결된다. 즉 법적·절차적 수준에서는 이미 상당 수준 제도화되어 있는 상황에서, 이제 민주주의는 단순히 형식적 권리에 대한 승인 정도로 그 개념이 국한되어서는 곤란하다는 것이다. 따라서 민주주의는 자신이 만족하는 정도의 생활에 대한 보장과 이를 성취하기 위한 제반의 적극적인 요구와 참여행위가 사회적으로 타당한 권리임을 인정할 수 있을 정도로 개념이 확장되어야 할 것이다.

> 우리 시대에서 민주주의의 유지와 발전을 증명하고 설명하려는 어떤 이론들도 민주주의에 관한 기본적인 기준을 확보해야 한다. 그것은 자신들이 원하는 정도의 삶을 영위하기 위한 공정하고 효과적인 개인들의 권리이다. 이는 모두가 자신에 대해서 최대한 만족하거나, 자신의 능력을 최대한 활용할 수 있어야 한다는 기본적인 원칙일 뿐이다. 나는 자유민주주의로 전화한 전(前) 민주주의 시기인 19세기 자유주의의 원칙일 뿐만 아니라, 이제 모든 민주주의적인 이론의 기본적인 원칙으로 인정되고 있는 것을 이야기하고 있다. 또한 나는 인간을 단지 실리의 소비자로 개념화하기보다는, 밀과 그린이 그러했듯이 적어도 잠재적으로는 자신의 능력에 대한 '행위자'(doer), '발휘자'(exerter), '개발자'(developer), '향유자'(enjoyer)로 개념화해야 함을 주장하고 싶다.(Macpherson 1973, 51)

이 글은 현재의 민주주의는 더욱 민주화되어야 한다는 인식을 공유하는 관점에서 탈냉전 이후 진보적 민주주의론에 내장된 '민주성'을 비판적으로 분석하겠다. 이를 위해서 이 글은 우선 '자유'와 '평등'이라는 민주주의의 가장 기본적인 가치에 주목하겠다.

자유와 평등은 민주주의의 '추상적인 이념'인 동시에 '구체적인 현실'이다. 달리 표현하면 자유와 평등이라는 사회적인 가치를 지속시키고 확장시키기 위한 가장 효과적인 정치적 장치가 바로 민주주의이다. 따라서 민주주의는 자유와 평등이라는 가치와 분리될 수가 없으며, 또한 분리되어서도 안 된다. 물론 이러한 가치와 분리된 채로 민주주의라는 구호가 주창될 수도 있고, 또한 역사적으로 보면 그렇게 되기도 하였다. 그러나 이것이 민주주의가 아니라는 사실은 한국의 근현대 정치사만 보더라도 충분히 이해할 수 있을 것이다.

자유와 평등이라는 가치와 민주주의 사이의 불가분성을 인정하면, 자유와 평등을 매개로 하여 탈냉전 이후 진보적 민주주의론이 가지는 민주적 경향을 검토하는 것은 비교적 효과적인 전략이 될 수 있다. 탈냉전 이후 진보적 민주주의론이 내장하고 있는 자유와 평등의 구체적 내용을 분석함으로써, 이것의 '현재적 민주성'을 보다 분명하게 분석할 수 있기 때문이다. 좀 더 구체적으로 말하면, 민주주의의 이념이자 내용인 자유와 평등이 추구해야 할 '현재적 지향점'을 설정하고 이를 근거로 하여 탈냉전 이후 진보적 민주주의론에 내포되어 있는 민주적 경향성을 평가한다면, 민주주의 이론으로서 이것의 '진정성'과 '허위성'을 충분하게 검토할 수 있을 것이다. 이러한 관점에서 여기에서는 탈냉전 이후 진보적 민주주의론의 민주적 경향을 평가하기 위한 준거점의 마련을 위하여, 민주주의의 본원적 가치인 자유와 평등에 대한 체계적인 논의를 바탕으로 이것들의 '현재적 지향점'을 설정하겠다.

1) 자 유

(1) 일반적 의미

가장 기본적인 의미에서 자유는 '남의 이익을 해치지 않는 범위 내에서 자기 마음대로 행위할 수 있는 권리'이다. 또한 이것은 '개인이나 집단, 정부 등의 제약조건에 의해서 부과되는 외적인 규제로부터 벗어남'을 의미한다.(김우태 1992, 310) 따라서 자유는 주로 '개인적인 차원'과 연관되는 개념으로서, 자유는 주관적이어야만 진정한 의미가 발생한다. 즉 세상이 다 자유로워도 또는 한 사회가 자유로운 개방사회라고 주장해도 "어떤 순간, 어떤 공간에서 내가 자유롭지 않으면 자유라는 개념은 그야말로 무의미"(윤혜준 1996, 89)하기 때문이다. 그러나 인간의 권리로서 자유가 아무리 강조되더라도 인간은 '동물'이자 '사회적 존재'라는 근본적이고 회피할 수 없는 이유 때문에, 자유는 기본적으로 다음과 같은 현실적인 제약을 받고 있다.

> 전적으로 완전한 자유 같은 것은 존재하지 않는다. 첫째, 인간은 신체와 생명을 유지하기 위하여 반드시 핵심적인 몇 가지의 작업을 수행해야 한다. 인간은 먹고 마시고 잠을 자는 것의 횟수를 선택할 수는 있겠지만, 이러한 것들을 아주 오랫동안 선택하지 않을 수는 없다. 둘째, 자신 이외에도 타인이 존재한다. 타인은 자신의 완전한 삶을 영위하기 위해서 필수적인 존재이지만, 동시에 타인은 자신의 자유를 제한하는 존재이기도 하다.(Sargent 1990, 53)

자유는 현실적으로 제한적인 개념이며, 자유를 제한하는 환경에 따라서 자유의 실질적인 내용도 역사적으로 다양하게 구성되어 왔다. 그리스인들은 자유를 '법 앞에서의 만인의 평등'으로 이해하여 개인의 시민권을 누릴 수 있는 의미로 해석하였는데, 이러한 의미에서 자유와 평등은 거의 동일한 것으로 인식되었다. 이후 자유는 시민혁명을 거치면서 '봉건적인 강제와 절대주의로부터의 해방'이라는 의미로 이해되면서, 그 내용이 '종교적 자유', '언론·출판·결사의 자유', '경제적 자유'의 순서로 점차 확대되었다.

개인의 자유가 극단적으로 강조되었던 19세기 '자유방임주의'(laissez-faire) 시대에는 최소의 국가가 개인의 자유를 극대화한다는 논리에 기초하여 국가의 '불간섭 원칙'이 강조되었다. 이 당시 국가는 말 그대로 '야경국가'(夜警國家: night-watchman state)였으며, 동시에 '필요악'이었다.[18] 그러나 최소한의 사회적인 안전장치도 없는 자유의 극단화는 자본주의 시장경제의 발전과 결합되면서 '승자만의 자유' 현상을 야기하였으며, 그 결과 빈곤의 문제, 계급 사이의 갈등, 경제적인 공황과 같은 다양한 사회적 문제가 발생하였다.

이것들은 민주주의뿐만 아니라 사회 전체의 전반적인 위기를 야기하였고, 이러한 상황을 배경으로 '사회복지국가'라는 개념이 등장하게 되었다. 이를 통하여 법적·제도적인 수단을 통해서 국가가 승자에 의해서 '독점된 자유'에 개입하여 '패배한 집단'을 비롯하여 사회전반에 자유를 재분배하는 정책과 제도가 현실화되었다. 이처럼 자유의 개념

---

18) 현재에도 '최소정부론'은 자유주의적 정치의 핵심적인 주장이다. 이와 관련하여 노직(Robert. Nozick)은 '소유권리론'(entilement. theory)이라는 자유지상주의적 관점에 입각하여 국가의 역할을 다음과 같이 규정하였다. "국가에 관한 우리의 결론들은 첫째, 강압, 절도, 사기로부터의 보호, 계약의 집행 등등의 좁은 기능들에 국한된 최소국가(minimal state)는 정당화되며, 둘째, 그 이상으로 확장된 국가는 특정한 것을 하도록 강요당하지 않을 개인의 권리를 침해할 것이므로 부당하다는 것"(Nozick 1983, 11)이다.

은 19세기 '국가로부터의 자유' 혹은 '개인본위의 방임적 자유'에서 '국가에 의한 자유' 혹은 '사회본위의 책임적 자유'로 전환하게 되었다. 그러나 '사회본위의 책임적 자유'는 20세기 중·후반 복지국가의 실패와 현실 사회주의 체제의 붕괴 그리고 세계화와 같은 요인과 결합하면서, '개인본위의 방임적 자유'를 재흡수한 신자유주의의 형태로 전환되어 현재에 이르고 있다. 보비오는 '장구한 세월 동안 천천히 그리고 힘들게 획득한 그저 자유주의적이라고 부를 수도 있는' 자유의 중요성을 주장하면서, 현대를 살아가는 인간에게 필수적인 자유를 아래와 같이 제시하였다.

> 개인적 자유, 혹은 독단적으로 구속되지 않을 권리와 명확한 배심원과 법적인 규칙에 따라 재판을 받을 권리, 언론과 의견 개진의 자유, 집회의 자유, …… 그리고 마지막으로 가장 쟁취하기 어려운 결사의 자유, 이 결사의 자유에서 자유로운 노조와 정당이 탄생하며, 결사의 자유가 존재하지 않는 민주주의에서는 다원주의적 사회가 존재하지 않는다. 이러한 장구한 과정의 완수란 정치적 자유, 혹은 모든 시민들이 그들과 관계된 사안에 대한 집합적인 의견 창출 과정에 참여할 수 있는 권리의 획득을 의미한다.(Bobbio 1989, 38)

한편 자유는 흔히 세 가지의 핵심을 가진다고 볼 수 있다. '도덕적 핵심'과 '정치적 핵심', 그리고 '경제적 핵심'이 그것이다. 먼저 '도덕적 핵심'은 인간의 본성에서 기인하는 기본적인 가치와 권리에 대한 확신을 그 내용으로 한다. 주로 대의제 민주주의와 관계가 있는 '정치적 핵심'은 선거권과 참정권, 그리고 어떤 종류의 정부를 선택할 것인가와 어떤 정책에 동의할 것인가를 결정하는 권리와 같은 기본적인 정치적 권리를 포함하고 있다. 마지막으로 '경제적 핵심'은 '경제적 개인주의', '자유기업체

제', 혹은 '자본주의'와 연관된 경제적 권리와 재산권을 의미한다.(Macridis 1986, 23-38)

이와 유사한 관점에서 버커(Ernest Barker)는 자유의 유형을 '시민적 자유', '정치적 자유', '경제적 자유'로 구분하였다. 첫째, '시민적 자유'는 시민혁명 이후 나타난 생명과 재산, 신앙, 언론, 결사, 집회 등에 관한 개인의 기본적인 권리와 자유를 의미한다. 이것은 다시 '신체적 자유'와 '정신적 자유', 그리고 '계약과 재산의 자유'로 구분할 수 있다. 이 중 언론과 결사의 자유를 포함하는 '정신적 자유'는 민주주의의 지주가 되는 핵심적인 시민적 자유로 간주된다. 둘째, '정치적 자유'는 국가의 의사 형성과정에 참여할 국민의 권리로서의 참정권을 의미한다. 시민적 자유가 국가권력의 강제로부터의 자유 혹은 '국가로부터의 자유'라고 한다면, 정치적 자유는 국가권력에 참여하는 '국가에의 자유'라고도 할 수 있다. 이러한 정치적 자유는 시민적 자유나 경제적 자유를 획득하는 데 필수적인 자유이기도 하다. 셋째, '경제적 자유'는 '개인 노동의 결과로 획득된 재산에 대한 소유와 처분의 자유' 즉 '사유재산제도'를 의미한다. 이것은 자본주의 경제체제의 핵심적인 원동력이며, 로크는 '생명권'과 '자유권'과 더불어 '재산권'을 개인의 '불가의적(不可議的) 권리'의 하나로 포함시켰다.(이범준·신승권 1990, 279-280)

(2) 현재적 지향점: '사회를 전유하는 자유'

이 글은 '민주주의의 민주화'를 모색하는 관점에서, 자유가 지향해야 할 현재적 지향점을 '사회를 전유(專有)하는 자유'(liberty[19]) occup

---

19) '자유'는 영어 단어 'freedom'과 'liberty' 그리고 'right'와 호환이 가능하지만, 각각의 의미는 다소 상이하나. 면서 'freedom'은 가장 일반적인 의

ying a society)로 규정하겠다. '사회를 전유하는 자유'는 자유가 기본적으로는 개인적 영역과 결합되는 개념이지만, 그렇다고 자유가 '공적 영역(public sphere)의 사적 영역화'를 정당화할 정도로 확장되어서는 곤란하다는 관점에 기초하고 있다. 즉 자유는 분명 개인이나 사적 영역과 결합되는 개념이지만, 자유가 전제하는 개인이나 사적 영역은 사회나 공적 영역과 대립되는 개념이 아니라 이미 '사회적 개인과 공적 영역을 고려하는 사적 영역'이어야 한다는 것이 '사회를 전유하는 자유'의 핵심적인 내용이다.

'사회를 전유하는 자유'는 자신이 원하는 수준의 삶과 자신의 계발을 위한 자원의 요구와 이것의 달성을 위한 행위에 대한 적극적인 보장을 포함하는 개념화로서, '정치적 자유'와 '시민적 자유'의 기본적인 내용에 기초하고 있으나 상대적으로 '경제적 자유'에 대해서는 비판적인 입장을 취한다. '사회를 전유하는 자유'가 경제적 자유를 비판한다는 것은 경제적 자유 그 자체를 부정하거나, 획일적인 계획경제의 정당성을 주장하는 것을 의미하지 않는다. 여기에서 비판하고자 하는 경제적 자유는 개념 자체가 아니라 자본주의적 시장경제의 상황에서 현실화된 경제적 자유에 관한 것이다. 민주주의의 기본 이념인 자유의 현실적인 내용이 '경제적 자유주의'에 의해서 지배를 받는다면, 자유는 민주주의를 확장하는 힘으로 작용하기보다는 오히려 민주주의를 제한하는 힘으로 작용할 것이기 때문이다.

자유는 한편으로 '사적 자율성'(private autonomy)의 실현을 위한 '경제적 자유방임주의'와 다른 한편으로 '공적 자율성'(public autonomy)

미를 가지고 있는 개념이며, 'liberty'는 보통 사회적·정치적 자유를 의미한다. 주로 법적으로 보장된 자유를 가리키는 'right'는 기본적인 인권이나 자연권을 포함하는 것으로 그 의미가 규정된다.(Sargent 1990, 53) 이를 고려하면, 이 글의 자유 개념은 'liberty'의 의미와 가장 유사하다.

의 확보를 위한 '정치적 민주주의'를 기축으로 하면서, 근대성의 역사적 전개를 정당화하는 가장 강력한 동력으로 작용하여 왔다.(유홍림 2000, 404) 그러나 봉건적 예속과 절대주의적 강제를 거부하는 '해방의 논리'였던 자유는 자본주의의 발전과정에서 점차 시장사회를 지탱하는 '체제의 논리'로 전환되는데, 이 과정에서 자유의 핵심적인 축은 '정치적 자유주의'에서 '경제적 자유주의'로 이동하게 되었다. 이후 '경제적 자유주의'는 자본주의 시장경제와 맞물리면서 정치적 자유와 공적 영역을 유지·발전시키는 동력인 '정치적 자유주의'를 압도하였다.

경제적 자유주의의 과잉은 다양한 측면에서 민주주의를 저해할 수 있다. '소유적 개인주의'(possesive individualism)에 근거하는 경제적 자유주의의 기초를 제공한 로크에 따르면, 정부는 시민의 생명과 자유 그리고 소유를 보호하는 도구로 한정되어야 하며 또한 개인의 정치활동도 최소화되어야 한다. 이러한 관점에 의하면 '사적 영역의 사회화'는 합리적인 개인의 이익추구 과정에서 발생하는 자연스러운 결과이며, 반면 공적 영역인 국가는 사적 영역의 자유를 보호하기 위한 최소한의 도구에 불과하다. 이를 바탕으로 경제적 자유주의는 '정치의 축소와 사적 자유의 확대'라는 자신의 기치를 실현하려 한다.(이병천·백영현 1999, 27-28) 즉 경제적 자유주의는 사적 이익의 극대화를 위하여 정치적 자유와 공적 영역의 확장을 저해하여 결과적으로는 사회의 '공적 가치'를 약화시킨다는 것이다.

이러한 상황에서 민주주의는 상당 부분 제한될 수밖에 없다. 더욱이 경제적 자유주의가 '과잉 헤게모니'를 유지하는 사회에서는 민주주의의 확장이 오히려 불필요하다. 공공성이 개인의 자유로운 이익의 추구에 방해가 된다면, 공공성의 속성을 가질 수밖에 없는 민주주의는 확장이 아니라 더욱 축소되어야 하기 때문이다. 따라서 '민주주의의 민주화'를 모색하는 관점에서 자유의 현재적 지향점으로 설정된 '사회를 전유하는 자유'는 필연적으로 경제적 자유에 대한 비판적 시각을 유지하게 된다.

이제 '사회를 전유하는 자유'의 구체적인 의미에 대해서 논의하겠다. 이것은 자신의 사회적 생활과 자아의 계발을 위해서 요구되거나 필요한 다양한 자원, 예를 들어 의식주를 포함한 교육, 문화, 환경 등과 관계되는 다양한 자원을 사회에 적극적으로 요구하며 이의 실현을 위한 참여행위가 적극적으로 보장되는 자유라는 의미를 가진다. 민주주의는 개인이 각자 원하는 정도의 완전히 인간적으로 살아갈 수 있는 공정하고 효과적인 권리까지를 요구하고 있으며, 오늘날 민주주의의 기초는 자신들이 원하는 정도의 삶을 영위하기 위한 공정하고 효과적인 개인들의 권리를 포함해야 한다는 맥퍼슨의 주장은 이러한 자유의 맥락과 결합된다.

'사회를 전유하는 자유'는 '적극적 자유'(positive liberty)와 연관하여 설명할 수 있다. 일반적으로 '소극적 자유'(negative liberty)는 '외부의 강제로부터의 자유', 즉 "외부의 간섭이 없이 자신이 할 수 있거나 되고 싶은 것을 할 수 있도록 또는 될 수 있도록 내버려두는 것"(Berlin 1969, 121-122)을 의미한다. 이에 반해 '적극적 자유'는 개인들이 스스로의 운명을 통제할 수 있는 기회를 가지며 여러 대안들 중에서 자신에게 가장 적당한 대안을 선택할 수 있는 능력을 의미한다. 따라서 이것은 '합리적인 자기통제 혹은 자율'이라는 개념으로도 정의할 수 있는데, 중요한 것은 이를 위해서 정부는 개인이 자신의 완전한 발전을 도모할 수 있는 환경을 제공할 의무가 있다(Sargent 1990, 55)는 것이다.

또한 '사회를 전유하는 자유'는 프리드릭(Carl. J. Friedrich)의 '인간적 자유'와도 그 의미가 상통한다. 프리드릭의 개념 중에서 주목하는 부분은 '자기계발적 권리로서 인간적 자유'인데, 그는 사회적 안전과 교육 그리고 휴식을 포함하여 풍부한 문화적 생활 및 사회 내적인 질서에 대한 요구까지도 이제 자유의 한 부분이 되었다고 주장하였다. 프리드릭(1982, 9-22)에 따르면, 자유는 '자연권'(개인적 자유)에서 시작하여 '시민적 자유'를 거쳐 '인간적 자유'에로 발전하였다. 인권의 이념이 표방된 1215년 '대헌장'(Magna Charta)에서 처음으로 선언된 '자연권'은 기독교적 전통에 뿌리를 둔 종교의 자유와 신앙의 권리에서 그 기원을 찾을 수 있다. 그리고 '시민적 자유'는 19세기에 대두되는데, 이는 미국의 민주주의가 진전됨에 따라서 정치적 참여에 관련된 자유개념에 근거하고 있다.

한편 자연권에서 시민적 자유로의 전환을 포함한 자유의 전환이 가지는 의미는 '차원(次元)의 변화'라는 관점에서 설명이 가능하다. 그에 따르면 정부가 침범할 수 없는 개인적인 영역을 가지고 있음을 의미하는 자연권은 정부에 반대하는 권리와 독립의 자유를 가리킨다. 반면에 시민적 자유는 인간이 어떻게 시민정부에 참여할 수 있느냐에 관련된 자유의 차원을 지적한다. 이러한 차원의 자유는 고립된 인간에 관계된 것이 아니라, 정치행동의 과정 내부에 있는 시민에 관계된 것이다.

프리드릭은 '시민적 자유'에 이은 '인간적 자유'의 개념을 미국의 루즈벨트(Franklin Roosevelt) 대통령이 선언한 '4개의 자유' 중 '결핍으로부터 자유'와 '공포로부터 자유'에서 구하였다. 그에 따르면 소위 '위대한 사회(great society)의 추구'로 요약할 수 있는 '결핍으로부터 자유'는 단순하게 재산을 소유하는 권리가 아니라 기본적으로 경제적인 안정을 제공하는 것이다. 전쟁의 공포로부터의 자유를 의미하는 '공포로부터 자유'는 정부가 전쟁의 위험을 감소시키기 위한 전 세계적인 조직을 마련할 것을 요구하는 자유이다. 이상의 두 개의 자유는 자연권에서처럼 인간이 혼자서 또는 시민적 자유에서처럼 정부에 참여해서 구할 수 있는 것이 아니라, 구성원이 공포로부터 또는 결핍으로부터 안전하게 보호되어야 한다는 것을 의미한다. 이러한 자유의 새로운 차원은 1949년의 '세계인권선언'을 통해서 나타나고 있는데, 이것은 개성을 발휘할 창조성의 발전이나 효율적인 능력을 사회로부터 제공받을 권리를 의미한다.

이처럼 인간이 '자기 자신이 될 수 있는 자유'를 의미하는 자유의 새로운 차원은 사회적 안전, 교육 및 휴식의 권리와 풍부한 문화적 생활 및 사회 내적인 질서를 요구하는 것이다. 프리드릭은 이러한 세 가지 차원의 자유를 '자기보존적(自己保存的) 권리', '자기주장적(自己主張的) 권리', '자기계발적(自己啓發的) 권리'로 표현하였다. 개인과 연관되는 '자연권'은 '자기보존적 권리'에, '참여의 자유권'은 '자기주장적 권리'에, 마지막으로 '개인의 창조와 혁신의 자유'는 '자기계발적 권리'에 결합된다는 것이다.

'사회를 전유하는 자유'와 관련하여, 국가의 역할에 대해서 재고할 필요가 있다. 주지하다시피 고전적인 의미에서의 자유는 국가의 간섭으로부터 벗어나는 것을 의미하였으며, 정치에 대한 개인의 참여도 개인의 자유를 보장받기 위한 수단으로 이해되었다. 그러나 '사회를 전유하는 자유'의 관점에서 보면, '적극적 자유'와 '인간적 자유'의 조건을 제공하기 위해서 국가는 자유의 차원에 적극적으로 결합해야 한다. 더욱 다원화되고 있는 사회에서 '적극적 자유'와 '인간적 자유'처럼 보다 폭넓은 자유의 조건을 마련할 수 있는 물질적 토대와 정당성을 가진 유일한 기구는 현실적으로 국가뿐이기 때문이다.

물론 신자유주의적 비판자들은 자유와 관련하여 국가의 역할이 부각되는 것을 반대할 것이다. 그러나 엄밀하게 말하면 국가 개입에 대한 신자유주의의 비판점은 국가 개입 일반에 대한 것이 아니라 경제적 자유주의를 위축시키는 개입 즉 시장의 자율성에 대한 국가의 '과도한' 개입에 국한된다는 점을 지적할 필요가 있다. 현실적으로 사회가 다원화되고 이에 따라 구성원들이 추구하는 가치가 세분화될수록, 따라서 가치의 획득을 둘러싼 사회적인 갈등의 영역이 다각화될수록, 사회적 가치를 권위적으로 배분하여 질서를 유지하려는 국가의 개입은 시장의 보호를 위해서도 더욱 요구되고 있다.

이와 관련하여 윌슨은 20세기 후반 정부의 활동범위는 실질적으로 국민들의 모든 생활 영역으로 확장되었다는 점을 강조하였다. 그러면서 그는 이러한 정부의 확장은 '권력에 굶주린' 공직자들이 사회에 대한 통제를 확대하려는 시도의 결과가 아니라, 오히려 시민들의 요청에 의한 것이라는 사실을 함께 지적하였다. 즉 정부의 성장에 대한 명백한 반대자를 포함한 모든 구성원들은 실질적으로는 특정한 선호 영역에 있어서 국가의 개입을 더 많이 원한다는 것이다.(Wilson 1995, 28-29)

국가개입에 대하여 노골적인 반감을 나타내는 신자유주의 역시 특정한 선호 영역에 있어서는 국가의 개입을 더 많이 원한다. 신자유주의는 자본과 시장에 대한 정부의 '과도한 개입'에 기초하는 '복지국가'로부터 명백한 퇴행인 동시에, 통합된 세계시장에서 자본의 이윤율을 유지하고 상승시키기 위한 '새로운 형태의 국가개입'(최갑수 2001)이기 때문이다. 실제로도 신자유주의 지향의 정부는 더욱 선택적이고 직접적인 개입정책을 유지하고 있으며, 그 개입은 주로 첨단 과학기술에 대한 투자, 노조활동억압, 자치제도 폐지 등 자본의 운동을 더욱 원활하게 하는 데 초점을 맞추고 있다.(이나미 2001, 25)

따라서 현대 사회에서 국가 개입과 관련된 문제의 핵심은 '범위의 문제'가 아니라, '대상의 문제'라고 평가할 수 있다. '사회를 전유하는 자유'는 국가 개입은 '범위'가 아니라 '대상'의 문제라고 인식하면서, 국가의 개입이 어떤 영역에서 행해지는지에 주목한다. 즉 '사회를 전유하는 자유'는 사회적 분배를 위해서 시장에 개입하는가, 아니면 시장의 자율을 위해서 복지 영역에 개입하는가를 중심으로 국가 개입의 문제를 고려한다. 이는 다원화된 사회에 대하여 공적 기관으로서 국가의 개입범위가 확대되는 현실을 인정하면서, 국가의 개입이 어떤 목적을 가지고 어떤 영역에서 행해지는가에 주목하겠다는 것을 의미한다.

2) 평　등

(1) 일반적 의미

　평등은 근대 이후 개인주의의 등장으로 하나의 이념체계로 성장한 자유보다 더 오랜 역사성을 가지고 있다. 또한 평등은 다수에 의존하는 개념이기 때문에 개인과 결합하는 자유보다는 정당화가 훨씬 용이하다는 특성을 가지고 있다. 이러한 평등은 오랜 기간에 걸쳐 '평범한 인간에 대한 믿음'(belief in the commom man)을 의미하면서, 상식적인 수준에서 '공평'(公平)의 의미로 통용되고 있다. 평등에 대한 이러한 인식은 평등이 관계하고 있는 다른 어떤 영역에서보다 정치권력의 영역에서 더욱 그러하였다.(Fredrich 1981, 156)

　개인의 가치와 능력을 강조하는 자본주의적 시장경제의 관점에서 보면, 평등에 대한 이러한 개념화는 시장원리를 저해하는 것으로 주요한 비판의 대상이 된다. 이처럼 정치적·법적인 영역에서뿐만 아니라 경제적인 영역을 포함한 사회의 모든 영역에서 '좀 더 많은 평등'을 내재적으로 요구하는 경향을 가진 민주주의가 현실적인 정당성을 획득하고 있는 상황에서, 평등은 언제나 중요한 쟁점이 되고 있다.

사회과학적 개념의 대부분이 그러하듯이 평등 역시 다양하게 정의되고 있는 개념이다.[20] 평등의 의미를 포괄할 수 있는 일반적인 의미가 있다면, 이는 아마도 '적절한 수준에서의(in relevant aspects) 동일함' 정도가 될 것이다. 그러나 이것만으로는 부족하다. '동일함'이라는 의미를 제한하고 있는 '적절한 수준에서의'라는 문구에 대한 해석에 따라서, 평등의 의미는 상이하게 때로는 극단적인 대립의 양상으로 규정될 수 있기 때문이다.(Sargent 1990, 48)

일반적으로 평등은 네 가지 정도의 유형으로 구분할 수 있다. 평등의 첫 번째 유형은 '법적 평등'이다. 이는 법 앞에서의 동등한 대우와 균등한 기회의 보장을 의미하는 것으로서, 적어도 형식적으로는 대부분의 근대국가에서 실현되고 있다. 평등의 두 번째 유형은 '정치적 평등'이다. 이는 정치 참여의 평등한 기회를 말하는데, '일인 일표'(one person, one vote)의 원리에 입각한 보통선거권의 확립을 통하여 구성원의 정치적 참여의 평등성이 현실화되었다. '사회적 평등'은 평등의 세 번째 유형에 속한다. 이는 신분상의 평등개념으로서 출생과 계급, 빈부와 지위, 인종에 관계없이 기회와 자유가 부여된다는 의미이다. 평등의 마지막 유형은 '경제적 평등'이다. 이는 부의 분배와 경제적 기회의 평등을 의미하는데, 다수 노동의 결실을 소수의 손에 독점시키는 것이 아니라 공평한 부의 분배를 지향하는 평등 개념이다.(이범준 · 신승권 1990, 283-284) 여기에서 '법적 평등'과 '정치적 평등' 그리고 '사회적 평등'은 현대 자본주의 사회에서 일반화된 평등의 유형이다.

---

20) 평등에 대한 다양한 주장에 대해서는 Connolly(1983, 10 44)를 참고.

'경제적 평등'은 주로 사회주의적 가치와 결부되는 평등인데, 현실 사회주의 체제가 붕괴하고 신자유주의가 대세를 이루는 현실에서는 과거와 같은 설득력을 상실하였다고 볼 수 있다.

한편 터너(Bryan S. Turner)는 평등의 유형을 '기회의 평등'(equality of opportunity), '조건의 평등'(equality of condition), '결과의 평등'(equality of outcome)으로 분류하였다. 첫째, 오늘날 자본주의 시장경제와 자유민주주의 체제에서 가장 널리 퍼져 있는 평등의 유형인 '기회의 평등'은 자신의 소질과 능력을 자유롭게 계발할 권리와 기회를 가질 뿐만 아니라 동일한 업적에 대해서는 동일한 보상이 주어짐을 의미한다. 즉 모든 사회적 제도와 기회에 대한 접근을 모든 사람에게 균등하게 개방한다는 것을 나타낸다. 이러한 평등은 평등을 '사회적 기회에 대한 개방' 정도로 한정함으로써, 결과적으로 기회를 적극적으로 활용하여 타인보다 우월한 결과를 산출하는 개인의 주관적인 능력을 강조하는 동시에 '자유경쟁'이라는 이름으로 이를 정당화한다. 둘째, '조건의 평등'은 기회만 제공하는 기회의 평등과는 달리, 사회적 기회를 획득하려는 자유경쟁의 조건을 평등하게 정비하고자 노력한다. 즉 이러한 평등은 개인이 사회적 기회에 참여하는 비용을 사회가 지불하거나 소년가장, 장애인 등 상대적으로 불리한 조건을 가진 참여자의 상황을 효과적으로 정비함으로써, 개인적인 능력 부족을 방치하는 것이 아니라 사회적으로 메워주는 작업과 연관된다. 셋째, '결과의 평등'은 주로 법적인 조치나 정치적인 수단을 이용하여 최종적 결과의 균등한 분배에 주목한다.(Turner 1986, 34-56)

(2) 현재적 지향점: '균형으로서 평등'

평등의 현재적 지향점을 설정하기 위하여 먼저 '평등의 개념사'를 살펴보겠다. 평등의 개념사는 아리스토텔레스부터 시작된다. 아리스토텔레스는 평등을 두 가지 유형으로 구분하였다. '수적인(numerical) 평등'과 '가치적인(of value) 평등'이 그것이다. 여기서 '수적인 평등'은 '크기나 양'에서 평등하고 동일한 것을 의미하고, '가치적인 평등'은 '비율적으로'(by ratio) 평등한 것을 의미한다. 이러한 아리스토텔레스의 평등 개념은 '산술적 평등'(arithmetical equality)과 '비례적 평등'(propotionate equality)이라는 개념으로 발전하여 현재에 이르고 있다.

아리스토텔레스는 본질적으로 수적인 차이보다는 질적인 차이를 중시하였는데, 이를 바탕으로 '배분적 정의'(distributive justice)와 '가치적인 평등'의 체계를 정립하였다. 아리스토텔레스는 '완벽하고 자족적인(self-sufficient) 삶'의 실현이라는 국가 목적에 기여한 각자의 질적인 차이에 따라 권력분배의 몫이 비례적으로 달라지는 것은 평등을 위배하지 않는 것이며, 오히려 정의로운 것이라고 생각하였다. 즉 아리스토텔레스는 '평등한 것은 평등하게', '불평등한 것은 불평등하게' 다루는 것이 다름 아닌 '정의'이며, 따라서 평등의 진정한 의미는 '비례적 평등'에서 찾을 수 있다고 보았다.

이러한 아리스토텔레스의 평등관은 정치체제로서의 '혼합정'에 대한 옹호로 연결되었다. 그에 따르면 '혼합정'은 모든 자질 또는 원칙들의 좋은 점들을 골고루 취합하고 있으며 중간계급에 뿌리를 드리운 '중용의 길'이었다. 이에 반해 '민주정'은 '가난한 다수'에 의거하는 '산술적 평등'과 동일한 것이었다. 따라서 정치체제로서의 민주정은 그렇게 정당한 것은 아니었다. 이처럼 아리스토텔레스가 제시하는 '비례적 평등'

은 결과적으로 국가 안의 정치 및 사회적 역할을 통해서 나타나는 인간의 자연적 불평등을 옹호하는 측면이 강하였으며, 사회적 삶에 나타나는 인간적 불평등을 '자연적으로 주어지는 것'으로 간주하는 아리스토텔레스의 인식태도는 오랫동안 유럽의 전통으로 남았다.(박호성 1994, 29-33)

'스토아학파' 시대에 이르면, 평등의 문제는 포괄적인 세계관 체제의 본질적인 구성요소로 자리를 잡는다. 이러한 관점에서 인간은 개인적·사회적 연결고리에서 해방되어 신적인 이성이 지배하는 '코스모스'(cosmos)의 한 부분이며 덕을 추구하는 이성적 공동체의 일원으로 정의되었다. 즉 인간은 동일한 자연의 산물이며 동시에 동일한 이성의 힘을 부여받았기 때문에 결국 동일한 자연법의 지배를 받는 세계국가의 '평등한 시민'으로 인식되었다. 이로서 인간 그 자체가 평등의 원천으로 인정받았다. 이러한 평등관은 평등의 '인간 귀속성'을 정립하는 계기가 되었다. 그러나 한편으로는 키케로(Cicero)와 세네카(Seneca)에 의해 대표되는 이러한 자연법적·세계동포주의(cosmopolitaism)적 평등관은 평등의 사회적·민족적 한계를 외면하고 이를 초월한 '도덕적 정신세계로의 몰입'을 의미하는 것이기도 하였다. 따라서 이 시대의 평등은 이것의 실질적인 환경인 사회적·정치적 현실에 대한 고려를 거의 포함하지 않았다. 즉 이러한 평등관은 평등이 '인간에게 향하는 순간 인간을 벗어나게 되는 아이러니'를 내포하고 있었다.

이후 '기독교사상'은 인종과 신분을 막론하고 '인간은 신 앞에서 모두 평등'하다는 이념을 통하여 평등과 인권에 큰 기여를 하였다. 특히 종교개혁 이후 루터(Martin Luther)와 칼뱅(John Calvin)은 근대적인 평등사상의 형성에 큰 영향을 미쳤다. 그러나 중세의 기독교적 평등은 기본적으로 신과의 관계에서 이루어지는 '죄인으로서의 평등'이었다.

동일한 원죄의 담지자이면서 동시에 신의 자식으로서 똑같이 은총을 받는 평등의 복락, 이것이 니체(Friedrich Wilhelm Nietzsche)가 '노예의 도덕'이라고 비판하였던 초기 기독교를 지배한 평등의식의 실체였다. 이러한 평등관은 점차 세속적인 불평등에 대한 인식으로 확장되기도 하였지만, 본질적으로는 현실적인 사회적 불평등이나 세속적인 억압은 종교적 체념과 관용에 의한 '관념적 평등'에 의해 극복될 수 있다는 '노예의 관념'을 확산시켰다. 기본적으로 기독교적 세계관에서 평등은 세속적인 육체를 벗어난 '영혼의 평등'을 지향하였기 때문이다. '영혼의 평등'에 대한 강조를 통한 '세속적 불평등'에 대한 체념을 당연시하는 풍조는 기독교가 국교가 되면서 세속적 특권을 독점하는 단계에 이르면 더욱 강화되었다. 실제로 아우구스티누스(Augustinus), 암브로시우스(Ambrosius), 도마스 이퀴나스(Thomas Aquinas) 등은 이 당시 사회적 질서와 위계를 정당화하는 신학적 논리체계를 발전시키기도 하였다.

한편 이러한 중세적 신분사회의 사회구조적 불평등과 이를 신학적 사회이론으로 정당화하는 것에 대한 사회적 저항이 나타나기 시작하였다. 파두아의 마르실리우스(Marsilius of Padua)는 교황의 지배권에 이의를 제기하고 성직의 관점에서 모든 승려가 평등함을 역설함으로써, 신분적·위계적 사회질서에 대한 비판의 중심에 평등의 요구를 최초로 개입시켰다. 이후 이러한 흐름은 루터의 종교개혁으로 이어졌다. 루터는 마르실리우스의 주장에서 한 걸음 더 나아가 승려와 신도 사이의 평등까지 주장하였다. 이것은 기존의 위계적 교회질서에 대한 대대적인 반란이었으며, 동시에 중세적 사회질서에 대한 심각한 저항이기도 하였다.

당시 루터의 종교개혁은 봉건적 지배체제에 불만을 가진 모든 사회계층을 격동시켰고, 급기야는 농민대중의 해방전쟁으로 전개되었다. 그러나 농민전쟁을 통해서 민중의 '혁명성'을 직접 경험한 루터는 해방적 · 복음적 평등 대신에 기존 사회질서의 유지를 위한 불평등에 역점을 두기 시작하였다. 그는 모든 인간을 평등하게 만들고 그리스도의 영적 왕국을 세속적이고 외형적인 왕국으로 만드는 것은 불가능하다고 주장하였다. 인간 사이의 불평등이 내재하지 않는다면 세속적 왕국은 존재할 수 없다는 것이 루터가 밝힌 이유였다. 루터는 사회적 불평등의 필연성과 농노제의 불가피성을 인정하였으며, 더 나아가 나쁜 지배자라도 그가 신에 의해서 임명되었다면 그에게 마땅히 복종해야 한다고 주장하였다. 이처럼 중세에서의 평등은 기독교적 논리에 의해 영혼의 평등으로 국한되면서, 결국 사회적 · 세속적 삶의 영역으로는 확장되지 못하였다. 이는 '프로테스탄티즘'(protestantism)에도 영향을 주어서, 프로테스탄티즘 역시 신분적 · 귀족적 사회질서의 불평등을 신학적으로 정당화하는 입장을 보였다.(박호성 1994, 33-37)

결과에 주목하면 '종교개혁적 평등관'의 사회적 성과는 귀족적 · 부르주아적 지배계층에 의해서 독식되었다. 이들은 로마교회의 영향력에서 벗어나서 그들의 사회적 성장을 저해하는 성직자의 특권적 지위를 박탈하였으며, 결과적으로 자신들의 지배력을 강화하였기 때문이다. 여하튼 이러한 과정을 거치면서 중세 시대는 점차 종말로 향하였고, 동시에 자본주의적 근대의 시작은 더욱 가까워졌다.

근대적 평등사상은 '사회계약론'에서 찾을 수 있다. 홉스(Thomas Hobbes)와 로크는 구체적인 관점과 내용에서는 서로 상이하였지만,[21]

---

21) 홉스는 자신의 만족을 극대화하기 위한 '자기보존의 자연적 평등권'을 지키기 위해서 사회계약이 필요하다고 생각하였다. 반면 로크는 '자연상태'에서의 소유의 평등권이 노동과 화폐의 등장으로 인하여 사람들이 상호 인정하는 '불균형하고 불평등한 소유'로 전환되었으며, 이러한 상황에서 재산의 보호를 목적으로 하는 정부의 성립을 위한 사회계약이 필

시민사회의 수립과 더불어 지배-피지배 관계가 발생하였고 이로 인하여 사회적 불평등이 제도화되는 것으로 공히 인식하였다. 즉 이들은 '자연 상태'에서 평등이 사회의 성립과 더불어 인간들이 서로 동의하는 사회적 불평등으로 전환되었다는 견해를 공유하였다. 이에 기초하여 '자연권적 평등'은 시민사회의 성립을 매개로 법률적 평등, 정치적 동등권에 대한 요청으로 전환되었다. 평등에 대한 이러한 인식전환은 새롭게 등장하는 부르주아지의 물질적 이해관계를 법적·정치적으로 정당화하는 효과를 가지고 있었다. 특히 '사적 소유권'을 이론화한 로크의 견해는 이에 대한 대표적인 사례라고 볼 수 있다.

한편 역시 근대 사회계약론자의 범주에 속하는 루소(Jean-Jacques Rousseau)는 흡스나 로크와는 상이한 관점에서 평등과 불평등의 문제에 접근히였다. 그는 '자연적 불평등'과 '사회적 불평등'을 대립적인 것으로 이해하였다.

> 나는 인간에게는 두 종류의 불평등이 있다고 생각한다. 그 가운데 하나는 자연에 의해 만들어지는 것으로서, 나이, 건강, 체력, 그리고 정신적·심리적 자질의 차이에서 생기는 것인데, 나는 이것을 '자연적 또는 물리적 불평등'이라고 부른다. 다른 하나는 일종의 협약에 의하는 것으로서 인간의 동의에 의해 만들어지거나 적어도 인정받는 것인데, 이를 '도덕적 또는 정치적 불평등'이라고 부를 수 있다. 두 번째의 불평등은 어느 정도의 사람들이 타인의 손해에 힘입어 누리게 되는 여러 특권에서 비롯한다.(Rousseau 1982, 44)

루소의 관심은 '자연적 불평등'이 아니라 '사회적 불평등'에 집중되었다. 그에 따르면 자연적 불평등에서 기인하는 비교의식과 자신의 우

요하나고 주장하였나.

월성을 대중적으로 확인받기를 원하는 욕구들이 소유욕과 결합하면서 '자연적 차이'(difference)는 '사회적 차별'(discrimination)로 전환되었으며, 사유재산은 가장 극심한 사회적 폐해의 근원이었다. 사유재산은 타인의 희생을 통해 자신의 이득을 꾀하려는 은밀한 야욕으로, 경쟁과 적대감, 그리고 이해관계의 대립을 자극하기 때문이다.[22] 이러한 관점에서, 루소는 사유재산에 의해 발생하기 시작한 시민사회야말로 불평등의 출발점이라고 주장하였다. 그에 따르면 역사의 진전에 따라 사회적 불평등과 사유재산권이 더욱 발전하면서 빈부의 차별은 합법화되었고, 강자와 약자의 차별 역시 제도화되면서 마침내 '전제정'(despotism)에 이르게 된다.

이러한 불평등을 극복할 방법으로 루소가 제시하고 있는 것이 소위 '일반의지'(general will)이다. 사회구성원의 모든 권리를 전체 공동체로 전면적인 이양을 통해서 이루어지는 '일반의지'의 확립과 이것에 의해 만들어지는 법률을 통하여 사회적 불평등은 그 극복의 계기를 만날 수 있다는 것이 루소의 주장이었다.[23] 그는 절대적인 권력인 '일반의지'는 숫자의 문제가 아니라 공동의 이해이며, 이러한 공동체 속에서 각 개인들은 동일한 조건과 동일한 권리를 향유할 수 있다고 주장하였다. 이처럼 루소는 불평등을 사회구조의 관점에서 접근하면서

---

22) 그러나 루소는 사유재산제의 철폐를 요구하지 않았으며, 시민사회의 진정한 토대로서 그 의미를 인정하였다. 다만 루소는 무제한적인 재산권은 착취와 부자유의 근원이며 또 그것의 도구이기 때문에, 이에 대한 제한이 필요하다는 점을 거듭 강조하였다.

23) 인민주권의 '대의불가성'(代議不可性)을 주장하는 루소였지만, 직접민주주의를 옹호하지는 않았다. 그에 따르면 직접민주주의가 성립하기 위한 네 가지 전제조건인 '아주 작은 규모의 국가', '간단한 사안', '사회적 지위와 재산 등에서의 상당한 평등', '사치의 억제'를 충족시킬 수 없기 때문에, 현실적으로 직접민주주의의 실현은 불가능하였다.(Rousseau 1983, 67)

'일반의지'라는 개념을 통하여, 평등의 문제를 시민사회의 핵심적인 문제로 부각시켰다.

한편 자유론자인 토크빌은 평등을 '다수의 폭정'(tyranny of the majority)을 의미하는 민주주의와 동의어로 생각하면서, 평등과 민주주의를 부정적으로 인식하였다.[24] 토크빌은 평등은 사회적 생활조건의 꾸준한 평준화 또는 획일화를 의미하였으며, 민주주의의 시대는 획일화가 지배하고 생활조건의 평등이 특히 부각되는 시대라고 주장하였다. 그는 이러한 상태에 결코 호의적이지 않았다. 인간은 '자유 속의 불평등'보다 '노예상태의 평등'을 열망하는 천박한 열정을 가지고 있으며, 민주주의의 시대는 이러한 부정적인 열정이 분출하는 시기인데 평등은 이러한 민주주의의 우상이기 때문이다.

그러나 토크빌은 민주주의와 평등을 전적으로 부정하지는 않았으며, 이를 거스를 수 없는 대세로 인정하였다. 그에 따르면 민주주의적 대중사회의 도래와 평등의 확산은 현대사회의 본질이며, 역사발전의 필연적인 법칙이다. 따라서 자유론자인 토크빌의 관심은 거스를 수 없는 시대의 대세인 민주주의적 평등의 파괴적 영향을 자유적 요소의 강화를 통해 통제하고 차단하는 조치에 집중되었다. 평등의 파괴적 영향에 대한 토크빌의 자유주의적 처방책은 첫째, 자발적 연합체, 지방의 자치정부, 연방주의 및 중앙정부의 권력분립 등을 통한 정치적 자유의 증진, 둘째, 자연적 불평등의 인정 및 지원, 셋째, 종교의 활성화였다. (Lakoff 1964, 171)

이상에서 '평등의 개념사'의 몇 가지 특징적 견해를 간략하게 살펴보았

---

24) 자유와 평등, 민주주의에 관한 토크빌의 관점은 "나는 자유와 법을 열렬히 사랑하고 권리를 존중한다. 그러나 민주주의를 사랑하지 않는다"(신문수 1990, 254)라는 그의 젊은 시절 메모에 잘 나타나 있다.

다. 이 글은 이에 대한 비판적인 접근에 기초하여 평등이 지향해야 할 현재적 지향점을 '균형으로서 평등'(equality as a balance)이라는 개념으로 규정하겠다. 이러한 평등은 기본적으로 '평균'(average)이 아니라 '조절과 균형'(regulation and balance)이라는 관점에서 평등을 이해한다. 그리고 이것은 '조건의 평등' 즉 사회적 약자의 상대적인 부족을 메우기 위한 '사회적 개입'의 의미를 내포하며, 사유재산제에 대하여 일정 수준의 조절을 적극적으로 요구한다.

'균형으로서 평등'은 첫째, 평등에 대한 상대주의적 접근이라는 관점에서 아리스토텔레스의 '가치적인 평등'과, 둘째, 구조적 불평등에 대한 비판의 맥락에서 루소의 '사회적 불평등' 비판을 수용하고 있다. 또한 셋째, 평등에 관한 문제는 관념이나 영적인 문제가 아니라 현실이라는 관점에서 자연법적·기독교적 '관념의 평등'을 비판하고 있다. 마지막으로 넷째, 기회의 평등 혹은 형식적 평등의 한계를 지적하는 맥락에서 로크식의 '자유주의적 평등'에 대해서 비판적인 관점을 유지한다. 여기에서는 이에 대한 좀더 자세한 논의를 통해서, '균형으로서 평등'의 의미에 보다 구체적으로 접근하겠다.

먼저 첫 번째 문제인 '가치적인 평등'에 대하여 살펴보겠다. '균형으로서 평등'이 가치적인 평등과 연결된다는 것은 평등 개념을 상대주의적으로 해석한다는 의미이다. 절대주의적으로 평등을 인식한다는 것은 일반적으로 인간의 의지와 능력으로 극복할 수가 없는 부분을 제외하고는 모든 면에서 인간은 동일해야 한다는 확신에 근거하고 있다. 이것은 아리스토텔레스의 표현을 빌리면 '수적인 평등', 혹은 '산술적 평등'에 해당하는 것으로서, 일체의 차별이나 사회적인 불평등을 부정하는 '획일성'(uniformity), '일체성'(identity), '동일성'(sameness)을 특성으로 한다. 이와 반대로 상대주의적인 관점에서 평등을 인식한다는 것은 사회적 차별을 피할 수 없는 현실로 받아들인다는 것을 의미한다. 이러한 평등은 일단 '특권적 차별'에 대해서는 강하게 부정하는 태도를 보이지만, 사회적인 능력과 업적 등의 차이에 따라 보상이 달라져야 한다는 것을 적극적으로 인정한다. 즉 필요하고 정당한 사회적 불평등은 있을 수 있다고 생각한다. 이것은 아리스토텔레스의 '가치적인 평등' 혹은 '비례적 평등'과 상통한다.

한편 평등에 대한 양자 사이 입장의 차이는 '사회적 다양성'을 어떻게 이해하는가의 문제와 직결된다. '절대주의적 평등'이 사회적 다양성을 거부하며 이를 제거하려는 입장을 견지한다면, '상대주의적 평등'은 사회적 다양성을 보다 적극적으로 인정하면서 다양성 속에서 평등을 실현하려는 입장을 견지한다.(박호성 1994, 54−55)

평등에 대한 '절대주의적 접근'과 '상대주의적 접근'과 관련하여 보비오는 '평등주의'(the principal of equality)와 '평균주의'(egalitarianism)를 구분하였다. 그에 따르면 업적, 필요, 서열, 직업 등의 모든 기준을 거부하는 '최대 강령주의적(maximalist) 평등주의'는 '만인이 모든 것에서 균등해야 함'을 나타내는 '평균주의'를 의미한다. 이러한 평균주의의 전통은 유토피아적 사회주의의 핵심적인 규범으로서, 모렐리(Morelly)의 『자연의 규약(Code de la Nature)』에서부터 푸리에(F. Charles Fourier)의 '자연 그대로의 조화'에 이르기까지 일관되게 나타난다.

한편 보비오는 좌파가 평등주의적이라는 말은 이들이 평균주의를 추구한다는 것을 이미하지 않는다고 주장하였다. 그에 따르면 이것의 정화한 의미는 '사회적 불평등을 줄이고 선천적인 불평등을 덜 고통스러운 것으로 만들려는 평등주의를 추구'한다는 것이다. 이러한 평등주의는 현실적인 불평등은 여전하며 이 가운데 일부는 '사회적으로 교정'될 수 있지만 대다수의 불평등은 제거될 수 없다는 것을 인정한다. 또한 선천적 불평등 또는 사회적 불평등은 능력의 차이나 목표의 차이, 목표를 달성하기 위해 들이는 개인 노력의 차이에서 유래하는 불평등과는 구분되어야 한다. 따라서 좌파가 좀더 불평등을 축소하려는 경향을 강하게 갖는 것은 사실이지만, 그렇다고 좌파가 모든 불평등을 부정한다거나 아니면 우파가 모든 불평등을 존속시키려 한다는 것은 아니다. 그저 '전자는 좀더 평등주의적이고 후자는 좀더 불평등주의적'임을 의미할 뿐이다.(Bobbio 1998, 105-114)

평등에 대해서 상대주의적 관점을 취하는 '균형으로서 평등'은 '같은 것은 같게, 다른 것은 다르게'라는 정의의 원리에 입각하여, 현실적인 불평등의 존재를 인정한다. 또한 이것이 개인의 노력이나 활동의 결과라면 더욱 그러해야 한다는 것을 인정한다. 따라서 다양한 수준의 불평등을 단지 '산술적 평균'으로 전환하거나 일체의 차별을 부정하여, 궁극적으로는 사회적 다양성을 제거하려는 절대주의적 평등에 대한 비판적인 입장을 취하고 있다.

한편 '균형으로서 평등'은 현실적인 불평등을 인정하고 있을 뿐만 아니라 불평등에 대한 적극적인 재해석을 시도한다. '정치적 보수주의의 핵심적인 논지는 불평등의 수용'이며, 모든 '모든 종류의 보수주의를 근본적으로 규정하는 것은 사람들 사이의 차이가 동일성보다 더욱 중요하다는 관념'(Hoover 1992, 139)이라는 주장에 대한 일반적인 해석은 보수주의는 불평등에 기초하여 위계적인 사회질서의 유지를 지지한다는 정도가 될 것이다. 그러나 이것을 감안하면서 보다 적극적으로 해석을 하면, 불평등은 개인과 집단의 '차이'를 인정한다는 의미에서 '동일성보다는 다원성을 수용'한다는 것으로 그 의미를 규정할 수 있다.

이처럼 '균형으로서 평등'은 비록 사회적 다양성이 부분적으로는 사회적 불평등을 심화시키는 경향이 있다 하더라도 이것을 제거하려는 시도는 불가하다고 인식한다. 정확하게 말하면 사회적 다양성은 '불평등'(inequality)이 아니라 '차이'(difference)에서 발생하는 현상이다.[25] 절대주의적 평등이 획일성을 내포한다는 것은 다양성을 유발하는 '차이'를 '불평등'과 구별하지 않고 양자 모두를 '평균화'하려는 시도를 한다는 의미이다.

사회적 다양성은 물질적인 발전에 따른 이익의 다원화, 사회적 계층·계급구조의 내부적 분화, 시민사회의 복잡화, 개성의 다양화에 따른 필연적인 결과이다. 또한 사회적 다양성으로 인해 발생하는 새로운 관계들과 갈등구조는 사회의 민주적 발전을 위한 활력을 제공한다. 획일화를 통하여 사회적 다양성을 제거하려는 시도는 민주주의의 또 다른 기본 이념인 사유를 파괴하며 궁극적으로는 민주주의 자체를 파괴한다는 사실은 현실 사회주의의 역사 특히 스탈린(I. V. Stalin)의 역사를 통해서 충분하게 인식할 수 있다. 따라서 '균형으로서 평등'의 관점에서 보면, 평등의 확장을 위해서 사회적 다양성은 조절과 균형의 대상이지 결코 제거의 대상이 아니다. 이는 현실적으로 가능하지도 않을 뿐만 아니라, 더욱이 바람직하지도 않다.

여기서 중요한 점은 '균형으로서 평등'이 내포하는 '사회적 다양성' 혹은 '다원성', '다수성'(vielheit)에 대한 강조가 '다원주의'(pluralism)의 옹호로 연결되는 것은 아니라는 사실이다. 오히려 '균형으로서 평등'은 자유주의적 평등에 대한 비판의 관점에서 다원주의에 대하여 비판적인 관점을 유지한다.

이 글은 '다원주의'와 '다원성'(=다양성)을 구분하는 입장에서, 나원

---

25) '불평등'이 '현실적인 평등'의 반대말로 간주되는 반면, '차이'는 '강요된 평등'의 반대말로 간주될 수 있다.(Bobbio 1998, 18)

주의가 다원성의 영역을 부당하게 통합하고 있는 현실에 대하여 비판적인 태도를 취한다. 한(Erich Hann)에 의하면 '다원주의'는 세계의 원리나 근원적 요소 혹은 근원적 본질 등이 다수 존재하며 이 다수는 어느 것이 다른 것으로 환원되거나 이로부터 도출될 수 없으며 또 하나의 통일체로 집약될 수도 없다고 가정하는 모든 견해를 의미한다. 그런데 이러한 다원주의는 현실적으로는 두 가지의 의미를 동시에 내포한다. 첫째, '사회는 다원주의적이다'라는 '기술적(descriptive) 의미'와, 둘째, '사회는 마땅히 다원주의적이어야 한다'는 '규범적(normative) 의미'가 그것이다. 이러한 상황에서 한은 다원주의라는 개념이 이론적 구분을 무시한 상태에서 이데올로기적으로 일반화되고 있음을 지적하면서, 이것을 보다 명확하게 구분해서 사용할 필요가 있음을 강조하였다.(Hann 1997, 114-116)

실제로 현상에 대한 '기술로서 다원주의'와 가치적으로 추구하는 '규범으로서 다원주의'의 현실적인 차이는 매우 크다. 이 글에서는 현상에 대한 진술의 의미를 가지는 '기술로서 다원주의'를 '다원성'으로 고정시키고, 특정한 정치적 입장, 철학적 원리를 포괄하는 '규범으로서 다원주의'만을 '다원주의'로 규정하겠다. 이러한 개념적인 구분을 통하여 현상에 대한 기술로서 다원성과, 자유주의적 정치이데올로기로서 다원주의를 명확하게 분리하겠다.(채장수 1999, 249) 물론 평등의 현재적 지향점인 '균형으로서 평등'은 다원성에 대한 재전유와 함께, 다원주의에 대한 비판적인 태도를 유지한다.

이제 두 번째 문제인 '사회적 불평등'에 대하여 검토하겠다. '균형으로서 평등'은 '특정 부류의 사람들이 타인의 물적·정신적 손해에 힘입어 누리게 되는 여러 특권'의 사회적 불평등에 대한 루소의 비판에 동의한다. 즉 특권을 통해서 빈부의 차별이 합법화되고 강자와 약자의 차별이 제도화되는 경향에 대한 루소의 비판을 수용하고 있다. 사회적 불평등의 범위를 가시적인 법적·제도적 차원뿐만 아니라 문화적·구조적 차원으로 확대한다면, 사회적 불평등에 대한 루소의 비판은 여전히 현실적이다. 이러한 의미에서 '균형으로서 평등'은 법적·제도적인 차원의 불평등일 뿐만 아니라 문화적·구조적 차원의 불평등에도 주목한다.

세 번째 문제인 '관념적 평등에 대한 비판'은 '평등은 현실'이라는 짧은 언급으로 설명이 가능할 것이다. 스토아학파의 '도덕적 평등'과 기독교의 '영적 평등'이 제기된 맥락과 시대적 의미에 대해서는 충분히 고려할 가치가 있겠지만, 현대 사회과학에서 평등의 의미를 현실 초월적인 '그 무엇'에서 찾으려는 시도는 그렇게 정당한 관점이 아니다.

이제 네 번째 문제인 '자유주의적 평등에 대한 비판'에 대해서 살펴보겠다. '균형으로서 평등'은 '자유주의적 평등'에 대해서 비판적인 입장을 취한다. 일단 자유주의적 평등은 사회적으로 부적절한 불평등을 야기하는 사유재산권을 지나치게 절대화한다. 또한 평등의 개념을 단지 '기회의 평등' 정도로 축소시킨다.

먼저 '사유재산권의 절대화'에 대하여 살펴보겠다. '균형으로서 평등'은 사회적 불평등의 근원은 사유재산에 대한 지나친 보장에 있다는 루소의 견해를 적극적으로 수용한다. 즉 사유재산제 자체를 부정할 수는 없지만 '더 많은 민주주의'를 위해서 이것은 사회적인 조절과 균형의 일차적인 대상이 되어야 한다는 것이다. 사유재산의 남용에 의해서 야기되는 경제적 불평등은 사회전반의 불평등 정도를 심화시키며, 또한 상속을 통해서 경제적 '특권'이 대물림한다. 이것이 결국 민주주의의 훼손으로 이어진다는 것은 다양한 역사적 사실을 통해서 확인할 수 있다. 더욱이 '양극화'(polarization)에 의해서 사회적인 균열이 더욱 가속화되고 있는 신자유주의적 세계화의 상황에서, 사유재산에 대한 적절한 조절은 한층 더 요구된다. 따라서 사유재산제가 폐지의 대상이 될 수 없음은 분명하지만, '민주주의를 위하여' 이것의 남용을 제어하기 위한 다양한 장치가 보다 효과적으로 작동되어야 할 것이다.

한편 자유주의적 평등은 평등의 의미를 결정적으로 축소시키고 있다. 앞서 논의한 터너의 분류에 따르면 자유주의적 평등은 '기회의 평등'과 유사하다. '기회의 평등'은 모든 사람들이 모든 사회적 제도에 균등하게 접근'할 수 있다'는 '가능성'을 강조한다. 그러나 이러한 평등이 제공하는 '할 수 있다'의 가능성은 '안 할 수도 있다'와 '못할 수도 있다'는 가능성을 동시에 포함하고 있기에, 가능성에 대한 '형식적 승인'에 머무르는 경향이 있다. 실제로 '기회의 평등'에서 이러한 가능성을 현실화하는 힘은 개인의 주관적인 능력이며, 이러한 '능력의 자유경쟁'의 결과는 언제나 정당화된다. 물론 사회적 기회나 제도에 접근하는 개인 간의 '상이한 상황'은 그것이 선천적이든 후천적이든 혹은 노력의 결과이든 특권의 결과이든 '기회의 평등'이라는 관점에서는 그다지 중요한 문제가 아니다. 결국 기회의 평등은 이미 대부분의 불평등을 내포하고 있으며, 이로 인해 평등의 의미는 상당히 축소되는 방향으로 설정이 된다. 즉 기회의 평등은 '평등을 이야기하는 동시에 불평등을 정당화'하고 있다. 이와 관련하여 보비오는 "자유주의와 양립 가능할 뿐만 아니라 자유주의적 관점의 자유 개념에 의해서 실질적으로 요청되는 평등의 형태는 딱 한 가지뿐인데, 그것은 자유를 위한 권리에서의 평등"(Bobbio 1992b, 45)이라고 규정하였다.

이상에서 평등의 현재적 지향점인 '균형으로서 평등'의 구체적인 의미에 대해서 살펴보았다. 이러한 평등은 평등이라는 가치를 현실적으로 지탱하기 위하여 불평등의 조절이나 시장경쟁에 대한 적절한 제어와 같이 '국가만이 할 수 있는' 국가의 적극적인 역할을 기대하고 있으며, 또한 이를 정당한 것으로 인식하고 있다는 점을 미리 확인하겠다. 이러한 국가 역할의 필요성과 정당성에 대해서는 자유의 현재적 지향점인 '사회를 전유하는 자유'를 논의하는 과정에서도 이미 확인한 바 있다.

3) 평가기준

개념적인 난해함에도 불구하고, 민주주의의 본원적 의미는 '인민이 국가에 우선한다는 것', '데모스가 크라시에 우선한다는 것'임은 앞서 확인하였다. 이러한 원칙이 실현되기 위해서는 우선 자유와 평등의 현재적 가치가 민주주의의 맥락에서 보존되고 실현되어야 할 것이다. 그러나 자유와 평등 사이의 모순적인 관계를 고려하면, 이것은 그렇게 간단한 일이 아니다.

> 용어의 혼란 때문에 얻은 것이 없다. …… 희생에 대한 도덕적인 요구나 그에 대한 보상이 아무리 클지라도 희생은 희생되고 있는 것 즉 '자유'를 확장시키지는 못한다. 모든 것은 그대로이며, 자유는 자유일 뿐이다. 이것은 평등이나 공평, 정의, 문화가 아니다. …… 한 사람의 자유를 보장하기 위해서는 다른 사람의 자유를 삭감해야 한다는 것은 진실이다. …… 대립하는 두 가지의 원리 중에서 하나는 실질적으로 양보되어야 한다. 물론 여기에 대한 명확한 진술, 나아가 규칙이나 보편적 공리로 일반화할 수 있는 근거가 항상 존재하는 것은 아니다.(Berlin 1969, 125 - 126)

민주주의와 관련하여 자유와 평등의 관계는 현실적으로 상호배제적인 속성을 가지고 있다. '개인성'을 강조하는 자유와 '공공성'을 지향하는 평등 사이에는 필연적으로 긴장관계가 형성될 수밖에 없는 것이 현실이다. 그러나 이와 같은 상황을 인정하더라도, 자유와 평등의 관계는 '자유가 아니면 평등'이라는 극단적인 양자택일의 문제로 나타나는 것은 아니다.

민주주의의 맥락에서 자유와 평등 사이의 '일정한 타협'은 필연적인 것이다. 실제로 민주주의는 자유와 평등 사이의 일정한 타협을 통한 '균형적 상호작용'을 바탕으로 현실화되기 때문이다. 따라서 민주주의의 맥락에서 자유와 평등의 결합 내지 '개인적 이니셔티브와 사회적 결속 사이의 조화'의 문제는 회피할 수도 제거될 수도 없다. 민주주의는 '자유와 평등의 상호침투와 양자 사이의 긴장적 균형관계'로서 현실화되기 때문이다.

이상의 관점에서 여기에서는 자유와 평등의 현재적 지향점으로 각각 설정한 '사회를 전유하는 자유'와 '균형으로서 평등'의 의미에 기초하여, 탈냉전 이후 진보적 민주주의론의 '민주적 현재성'을 분석하기 위한 연구기준을 제시하겠다. 이러한 연구기준은 자유와 평등의 관계는 극단적인 양자택일의 관계가 아닐 뿐만 아니라, 어느 한쪽에 의해서 다른 한쪽이 완전히 흡수되어야 하는 일방적인 관계도 아닌 '상호침투와 긴장적 균형관계'라는 원칙에서 제시될 것이다.

이러한 연구기준은 첫째, 평등과 관련하여 '평등의 재구성에 대한 태도', 둘째, 자유와 관련하여 '시장경제의 제어에 대한 태도'로 제시된다. 그리고 여기에 자유와 평등의 현재적 지향점을 논의하면서 강조되는 국가의 역할이라는 관점에서 설정되는 기준점이 부가된다. 셋째, '자유와 평등 사이의 상호 침투와 안정적인 균형을 효과적으로 관리'하는 국가의 역할과 관련하여 사회적 가치의 효율적인 '분배자로서 국가에 대한 태도'가 그것이다.

(1) 평등의 재구성에 대한 태도

여기에서는 '평등의 재구성에 대한 태도'라는 기준점에 대해서 살펴보겠다. 이것은 평등과 관련되어 있다. 상술한 것처럼 평등은 '평범한 인간에 대한 믿음'을 의미하는 것으로서 상식적인 수준에서 '공평함'을 의미하는 개념이다. 한편 이러한 평등관은 '평균주의' 혹은 '최대강령주의적 평등주의'를 야기하기도 하였다. 실제로 경제결정론적 마르크스주의에 경도된 '공산주의적 평등'이라는 관념도 현실적으로 이러한 수준에서 크게 벗어나지 않았다.

평등이 이러한 '상식과 신념'을 경유하여 관료적 사회주의 체제를 거치면서 '평균의 논리'로 해석되는 과정에서, 평등이 가지는 내적인 긴장은 상당 부분 훼손되었다. 즉 평등이 가지는 '조절과 균형이라는 사회적 역동성'이 '평균을 유지하기 위한 정치적 산술(算術)과 레토릭'으로 대체되면서, 평등은 '해방'이 아니라 '같지 않은 사람은 제거하는 것을 의미하는 추상적인 전체주의적 평등'(Bobbio 1998, 166)에 기초한 획일주의, 관료주의라는 새로운 억압과 조우하게 되었다.[26] 이처럼 '평균의 산술'은 사회적 다원성의 발현을 애써 무시하거나 혹은 적극적으로 억압하려는 정치적 태도의 기초를 마련하였다. 이로서 평등은 개인의 가치와 다원주의를 주장하는 자유와는 도저히 화해할 수 없는 적대적 대립물로 현실화되면서, 이후 평등과 자유 사이에는 소모적인 '개념의 전쟁'이 전개되었다.

---

26) 해방을 지향하였던 평등의 이념이 억압의 논리로 전화한 과정에 대한 비판의 논리는 근대적 이성을 포스트모더니즘에서도 찾아볼 수 있다. 포스트모더니즘의 관점에서 보면, 17~18세기 서구에서 해방의 무기로 등장했던 이성은 오히려 '비이성적인 것'에 대한 억압을 통해서 현실화되면서 '이성의 해방성'은 획일과 통제로 대체되어 버렸다.(윤평중 1992; 양운덕 1991)

물론 이러한 사태로 인하여 자유와 평등을 그 기본이념으로 하는 민주주의는 심각하게 왜곡될 수밖에 없었다.

평등의 현재적 지향점으로 설정된 '균형으로서 평등'이라는 관점에서 보면, 이제 평등은 사회적 다원성을 적극적으로 흡수하는 개념으로 재구성되어야 한다. 즉 평등은 사회적 다원성을 재전유해야 하며, 이를 통하여 평균과 획일화로의 무의식적 지향에서 탈피해야 한다. 이와 관련하여 '평등의 반대말은 불평등이 아니라 차이'라는 보비오의 주장은 다소 지나친 면이 있는 것이 사실이지만 불평등 현상에 대한 '소아병적 반응'에서 벗어날 필요를 제기하고 있다는 점에서 의미가 있는 주장이다.

사회적 다원성과 이에 따른 현실적 불평등은 '사변이나 신념의 힘'으로 제거될 수 있는 것이 아니라 '하나의 현실'로 적극 인정하면서, 이러한 요소들을 사회적으로 적절하게 조절하는 '균형의 관점'에서 평등의 개념은 조정되어야 한다. 이러한 관점은 신자유주의적 세계화의 논리가 지배하는 시대에서, 또한 어떤 의미에서든 평등의 강력한 후원군이었던 현실 사회주의 체제가 몰락한 시대에서, '민주주의의 민주화'를 위한 평등의 부활을 꾀할 수 있는 유력한 방법이 될 수 있을 것이다.

그러나 사회적 다원성을 적극적으로 흡수하면서 평균주의적 경향에서 탈피하는 것만으로는 평등의 문제가 모두 해결되는 것은 아니다. 탈냉전 이후 '민주주의의 민주화'를 위해서 평등은 획일주의에서 벗어나 새롭게 규정되는 것이 우선적으로 필요하지만, 이것만으로는 부족하다. 보다 중요한 것은 이를 통해서 구성되는 평등의 구체적인 지향점과 내용이 무엇인가라는 문제이다. 이것의 결과가 단순히 다원주의로 귀결된다면, 이는 평등이 평균주의적 지향에서 탈피하여 좀더 민주적인 평등으로 재구성되는 것이 아니라 오히려 평등이라는 것의 사회적 가치 자체가 해체되는 상황이 발생할 수도 있다. 따라서 '평등의 재구성에 대한 태도'라는 기준점이 의미하는 것은 단지 '탈평균주의'에만 머무르는 것이 아니라, 좀더 민주적인 평등관의 수립을 요구하는 것으로 이해해야 할 것이다.

(2) 시장경제의 제어에 대한 태도

이제 자유와 관련하여 '시장경제의 제어에 대한 태도'를 검토하겠다. 이것은 자유가 주로 '경제적 자유'로 수렴되는 현상에 대한 비판을 함축한다. 로크에 의해서 확립된 '소유적 개인주의'는 경제적 자유주의의 기초가 되었으며, 경제적 자유주의는 합리적인 개인의 자유로운 이익추구의 결과물로서 '사적 영역의 사회화'를 위한 토대를 확보하였다. 이러한 과정에서 국가를 포함한 모든 공적 영역은 사적 영역의 이윤추구행위를 보호하기 위한 도구로 설정되었다. '사적 이익추구의 확대와 정치의 축소'를 기조로 하는 경제적 자유주의의 관점에서 공적 영역의 축소는 정당한 것이다. 이러한 상황에서 민주주의도 "개인적이든 집단적이든 자기이익을 극대화하는 이익집약의 도구"(Warren 1992, 8)로 전락할 수 있다. '평균'이 평등의 극단으로 나타나면서 민주주의를 교란한다면, '경제적 자유주의'는 자유의 또 다른 현실로서 민주주의를 침해한다.

시장경제에 대한 일정한 제어가 필요하다는 관점은 신자유주의적 세계화 시대의 '민주주의의 미주화'를 위해서 이 글이 특히 강조하는 부분이다. 경제적 자유주의에 기초하는 자본주의적 시장경제의 논리는 '사회를 전유하는 자유'와 '균형으로서 평등'이 전제하는 '공동체로서 사회'라는 개념을 공격적으로 해체하는 역할을 한다. '시장주의'의 확대는 공공성의 영역을 축소시키거나 이를 도구화함으로써, 결과적으로는 평등뿐만 아니라 자유의 내포와 외연까지도 심각하게 축소·왜곡시킨다. 또한 이것은 '공적인 것'(the public)의 영토를 가능한 한 봉인함으로써 민주주의 그 자체를 심각하게 침해하는 결과를 야기한다.

그럼에도 불구하고 현실 사회주의 체제의 붕괴와 신자유주의적 세계화와 같은 현재의 환경은 자본주의적 시장경제의 세계적 확장을 더욱 조장하고 있는 실정이다. 이러한 상황에서 탈냉전 이후 민주주의론의 '민주적 재구성'을 논의하기 위해서는 자본주의적 시장경제에 대한 적절하고 타당한 제어에 대한 검토가 우선적으로 진행되어야 할 것이다.

(3) 분배자로서 국가에 대한 태도

마지막으로 사회적 가치의 효율적인 '분배자로서 국가에 대한 태도'에 대해서 검토하겠다. 이 글은 민주주의의 확장을 위하여, 분배자로서 국가의 역할에 주목한다. 앞서 지적한 것처럼, 현대사회가 더욱 다원화될수록 사회의 공적 운영자로서 국가의 역할은 더욱 강조된다. '공동체로서 사회'라는 개념을 전제하고 있는 '사회를 전유하는 자유'와 '균형으로서 평등'에서도 국가의 역할은 필수적이다.

이 글은 다원화되면서 동시에 거대화되고 있는 현대사회를 통제하고 운영할 수 있는 물적 기반과 정당성, 능력을 가진 영역은 적어도 현재까지는 '오직 국가뿐'이라고 판단한다. 물론 사회에 대한 국가의 개입은 결과적으로 시민들의 자율적이고 민주적 생활을 저해할 수도 있으며, 이는 역사적으로나 이론적으로나 충분하게 증명되었다. 그러나 국가의 개입 그 자체가 아니라, 국가가 '어떤 목적으로 또한 어떤 영역에 개입을 하는가'에 관심을 기울일 필요가 있다.

국가의 '민주적 개입'이 없이는 민주주의의 미래가 불투명한 오늘날의 시장사회에서, 국가의 개입이라는 현상만을 근거로 민주성 여부를 판단할 수는 없다. 즉 국가의 개입이 사회에 대한 정치권력의 통제력 강화를 목적으로 진행된다면 이는 물론 민주주의를 교란시키는 반민주적인 행위이겠지만, 국가의 개입이 사회의 민주적 질서의 유지를 위한 것이라면 이는 오히려 적극적으로 요청되어야 할 것이다.

현대사회에서 국가의 개입은 '범위의 문제'가 아니라 '대상의 문제'로 인식해야 할 것이다. 현대사회에서 국가의 활동범위는 실질적으로 구성원들의 모든 생활 영역으로 확장되고 있다. 그러나 이러한 국가의 확장이 정치권력의 자의에서 비롯된 것이 아니라 다원화된 현대사회를 살아가는 구성원들의 생활과 안전을 위하여 구성원들에 의해서 '요청된' 것이며, 따라서 국가 개입에 대한 명백한 반대론인 신자유주의조차도 특정한 선호 영역에 있어서는 국가의 개입을 더 많이 원한다는 지적은 앞서 지적한 바 있다.

현대사회에서 국가의 개입의 핵심은 '대상의 문제'이며, 따라서 현대사회에서 국가의 '민주적 개입'이 없이 '건전한 민주주의'를 작동한다는 것은 거의 불가능하다. 그러나 '분배자로서 국가에 대한 태도'는 사회에 대한 무제한적인 국가의 개입을 옹호하는 관점은 아니다. 이것은 시장이나 시민사회의 자율적인 기제에 의해서는 해결이 불가능한 공적인 문제와 갈등을 공적인 관점에서 중재하고 조절하는 사회적 가치의 분배자로서 국가의 역할을 의미한다. 즉 사회적 가치를 둘러싼 갈등은 민주주의를 유지하고 확장하려는 시민적 역량의 자율적 조정에 의해서 우선적으로 해결되어야 하지만, 이것이 가능하지 않은 상황이거나 공적 영역의 조절이 반드시 필요한 경우에만 국가의 개입이 정당화된다는 것이 '분배자로서 국가에 대한 태도'라는 기준의 정확한 내용이다.

Ⅲ. 환 경

　모든 사회는 진보적인 방향으로 혹은 퇴행적인 방향으로 끊임없이 변화해 왔으며, 이러한 변화를 야기하는 환경도 끊임없이 변화해 왔다. 예를 들어 인구의 증감과 같은 단순한 수치의 변화에서부터 사회구성원 개개인의 취향의 변화, 그리고 사회적 제도와 조직, 지배적인 문화유형의 변동, 사회경제체제의 부분적·전면적 조정 등 개별적인 것에서부터 전체적인 것, 지역적인 것에서부터 세계적인 것에 이르기까지 다양한 요인이 사회의 변화에 영향을 미치면서 변화를 거듭하고 있다.(Lauer 1987, 21-22)

　민주주의의 변화를 야기하는 환경도 이와 마찬가지다. 민주주의의 환경은 초기 자유주의의 시대와 파시즘의 시대, 이데올로기적 냉전의 시대, 탈냉전과 신자유주의의 시대를 거치면서 끊임없이 변화해 왔다. 여기에서는 탈냉전 이후 '민주주의의 현재태'에 영향을 미치고 있는 환경적인 요인들을 주로 거시적인 관점에서 검토하겠다. 이를 위하여 탈냉전 이후 민주주의적 환경에 상당한 영향을 미치고 있는 거시수준의 환경적 요인을 '이데올로기적 맥락'과 '시간-공간적 맥락'으로 분류한 후, 전자는 '현실 사회주의 체제의 붕괴'와 '신자유수의'를 중심으로 설명하고 후자는 '세계화'를 중심으로 설명하겠다.

　먼저 '현실 사회주의 체제의 붕괴'는 민주주의론을 포함한 사회이론으로서 마르크스주의가 가지고 있는 영향력이 결정적으로 축소되었다는 점을 중심으로 논의를 진행하겠다. '신자유주의'에 대한 분석은 시장적 질서에 의한 정치적인 것의 질식이라는 관점에서, 마지막으로 '세계화'는 현실 사회주의 체제의 붕괴와 시장질서의 전 세계적 확대로 인한 민주주의의 외형적 확장과 내연적 심화 과정에서의 모순을 중심으로 논의를 전개하겠다. 한편 이러한 요인들은 서로 분명한 경계선을 가지는 서로 무관한 현상들이 아니라, 상호 연관성을 전제하는 상태에서 각자의 의미가 구체화된다는 점을 지적하겠다.

<표-1> 탈냉전 이후 변화된 환경이 민주주의 담론에 미친 효과

이데올로기적 맥락	-현실 사회주의 체제의 붕괴	· 민주주의론으로서 마르크스주의의 결정적 쇠퇴
	-신자유주의	· 시장질서의 확산과 민주주의의 위상 약화
시간-공간적 맥락	-세계화	· 외형적 확장과 내연적 심화 사이의 긴장

1. 이데올로기적 맥락

1) 현실 사회주의 체제의 붕괴

1989년 10월 체크슬로바키아에서 공산주의 정권이 붕괴된 다음 날 프라하에는 '폴란드 10년, 헝가리 10달, 동독 10주, 체코 10일, 루마니아 10시간'이라는 표어가 붙었다고 한다. 이렇게 1917년 러시아의 혁명으로 시작된 '공산주의' 혹은 '마르크스-레닌주의적 사회주의 모델'의 실험은 적어도 자본주의 진영에 대한 '적대적인 대안', '대응체제'로서 위상을 완전하게 상실하고 역사의 무대에서 사라졌다.

한때는 전 세계 인구의 1/3 정도의 삶을 좌지우지하였던 현실 사회주의 체제[1]는 그야말로 '대실패'(the grand failure)로 끝나버렸다. 공산주의는 현실을 거부하는 성급한 이상주의에 기초하여 보다 더 나은 인간적인 사회를 추구하였으나 현실적으로는 인민을 억압하는 체제였으며, 따라서 이것은 인류 역사상 최악의 범죄를 유발한 역사적 비극(Brezezinski, 1988)이었다. 한편 '대실패'는 이후 거대한 '사후효과'를 야기하였다.

민주주의와 관련하여 현실 사회주의 체제의 붕괴가 가져온 사후효과는 무엇보다도 '역사적인 현실'로서 실현 가능한 민주주의 모델은 이제 '자유민주주의'가 유일하다는 인식을 확산시킨 점이다. 즉 '절차중심' 대 '계급중심'이라는 이데올로기적 대립을 중심으로 진행되어 온 민주주의론에 대한 논쟁은 현실 사회주의 체제의 붕괴로 인하여 외형적으로는 자유민주주의의 일방적인 승리로 정리되었다는 것이다.

이처럼 현실 사회주의 체제의 붕괴는 계급론적 민주주의론의 쇠퇴를 야기하였지만, 절차론적 민주주의론에 새로운 부담을 부과하는 결과도 야기하였다. 현실 사회주의 체제의 붕괴로 인하여 자유민주주의는 현실적으로 민주주의와 동의어가 되었지만 사회주의라는 '외부의

---

1) 이 글에서는 '사회주의 붕괴'라는 표현보다는 '현실(existing) 사회주의 체제의 붕괴'라는 보다 제한된 표현을 사용하겠다. 이는 몰락한 사회주의가 사회주의 일반은 아니라는 사실을 나타내기 위해서이다. 현재 '진영'으로서 그 의미를 상실해버린 사회주의는 '반(反)자본주의·비(非)자본주의적 근대화'의 경로 중 하나로서, 주로 교조화된 마르크스-레닌주의 혹은 스탈린주의에 기초한 '공산주의'라는 '특수한 사회주의'였다. 이러한 사실을 고려하면, '현실 사회주의'의 붕괴를 사회주의 일반의 붕괴와 등치시키는 것은 사회주의의 다양한 가능성을 무시하는 성급한 판단이다.

적'을 상실하였기에, 자유민주주의는 자신의 정당성을 보장하는 동력을 자유민주주의 내부에서 찾아야 하는 부담을 감당하게 되었다. 즉 자유민주주의 체제는 탈냉전 이후 체제 외부에서 자신의 정당성을 찾을 수 있는 근거가 사라지게 되고, 이제 체제 내부에서 스스로의 개혁을 통하여 정당성을 제고해야 하는 '부담'이 발생하였다는 것이다.

> 공동의 적이 사라지게 된 지금은 자본주의 국가 상호 간의 경쟁과 경합이 치열해질 것 같고, 또 개혁의 등장이라는 것도 우연의 일치가 아니라는 생각이 듭니다. …… 외부의 공동적인 공산권에 맞서기 위해서 그동안 외면하고 유보해 왔던 국내의 제반 문제들……을 어떤 식으로든 처리하고 넘어가자는 식으로 생각했던 것이 개혁의 문제가 아닌가 싶습니다. …… 그렇다면 개혁이란 자본주의 국가 상호 간의 경쟁적 대립을 대비하기 위한 내부적 준비과정이라는 해석이 가능해집니다.(박호성 외, 1997, 46−47)

(1) 붕괴의 의미론

'대실패'는 사회주의의 모국 소련에서 일련의 사건들을 통해서 시작되었다. 1980년대 중반에 들어오면서, 소련은 경제의 침체와 함께 동유럽 국가와의 갈등이 표면화되었다. '체르노빌원자력 발전소사건'과 '아프가니스탄 사태'와 같은 심각한 문제도 이 시기에 발생하였다. 이처럼 국내외적인 위기상황에서 안드로포프, 체르넨코와 같은 지도자들이 임기를 채우지 못하고 병사하거나 물러나게 되는데, 이로 인하여 위기의 정도는 더욱 심화되었다.

그러던 중 1985년에 서기장으로 선출된 고르바초프(Mikhail Sergeeev ich Gorvachov)는 '글라스노스트'(glasnost)와 '페레스트로이카'(perestro ika)로 상징되는 일련의 개혁조치를 통해서, 공산당을 비롯한 사회조직 전반을 재구성하고 언론의 자유를 포함한 사회개혁을 광범위하게 시행하였다. 그의 개혁조치는 1990년 공산당 독재체제를 포기하고 정치적 다원주의를 허용하면서 그 절정에 이르렀다.

고르바초프는 국제관계에서도 소련의 위상을 변화시켰다. 그는 1968년 체코슬로바키아 침공 후 바르샤바 조약국들의 개입을 정당화하기 위하여 소련의 브레즈네프에 의해서 주장된 '브레즈네프 독트린'(Brezhnev Doctrine) 즉 '사회주의 공동체의 이익은 한 국가의 주권에 우선한다는 사회주의 제한주권론'(중앙멀티미디어백과 1998)의 포기를 공식 선언하였다. 이후 그는 미국과의 무기협상을 적극적으로 진행하고 제3세계 분쟁 지역에서 소련의 군대를 철수하는 조치를 통하여, 70여 년간 지속되었던 자본주의 체제와의 냉전적인 갈등상태를 완전하게 종식시켰다.

그러나 대대적인 개혁을 통하여 사회주의 체제의 복원을 시도하였던 고르바초프의 '인간의 얼굴을 한 사회주의' 정책은 준비되지 않은 시장경제제도의 도입으로 인한 인플레이션과 높은 실업률, 공산주의 보수파와 자본주의 개혁파 등 정치적 적대세력들의 갈등과 반목, 사회적인 불안 등을 극복하지 못하고 결국 실패로 마무리되었다. 이러한 상황에서 그의 정적인 옐친(Boris Nicholaye vich Yeltsin)은 '좀더 많은 자본주의'를 주장하면서, 1991년 6월 러시아 근대사 최초의 민선 대통령으로 당선되었다.

'자본주의 급진파'인 옐친의 집권은 소련 내부의 전통적·보수적 공산주의 세력에게는 묵과할 수 없는 사태였으며, 이에 '공산주의 보수파'들은 공산당의 재건을 요구하면서 쿠데타를 일으켰다. 그러나 대중의 지지를 획득하지 못한 보수파의 쿠데타는 결국 실패하고 말았으며,

이후 옐친은 '소련공산주의제국'을 공식적으로 해체하였다. 이처럼 20세기 초반에 시작된 공산주의라는 현실 사회주의의 역사적 실험은 결국 파국으로 향하였으며, 이 실험의 중심에 서 있었던 소련은 '독립국가연합'(CIS, Commonwealth of Independent State)으로 와해되어 현재에 이르게 되었다.(이병희 1997, 22-29) 한편 소련이 가지고 있던 기존의 외부세계와의 커뮤니케이션의 경로는 '계속국가'(continual state)의 지위가 부여된 러시아로 이전되어, 현재 러시아는 국제법상 소련의 의무와 권리를 계승하게 되었다.(Boardman 1994, 26)

사회주의의 모국 소련의 몰락으로 상징되는 현실 사회주의 체제의 붕괴가 의미하는 것은 자본주의 체제에 대한 '역사적인 대안으로서 사회주의 체제의 의미가 상실'되었다는 점이다. 후쿠야마(Francis Fukuyama)는 '역사의 종언'(the end of history)이라는 보다 직접적인 주장을 통해서 이러한 상황을 다음과 같이 정리하였다. 그에 따르면 20세기는 '파시즘'과 '사회주의'라는 두 가지 형태의 전체주의에 대하여 자유민주주의의 투쟁이라는 사상적 과제를 산출하였으며, 자유민주주의는 '최후의 전쟁'이었던 사회주의와의 냉전에서 종국적으로 승리를 하였다. 이를 통하여 역사는 인류의 대부분을 자유민주주의로 인도하는 일관된 방향성 속에서 자신을 '완성'하였다. 후쿠야마의 '역사의 종언'은 바로 이러한 상황을 설명하는 개념이다.

'역사의 종언'은 자본주의와 사회주의 사이의 치열했던 냉전체제가 자본주의의 일방적인 승리로 종결되어 이제 자유민주주의에 대항할 수 있는 어떤 유력한 이데올로기도 존재하지 않는 상황에서, 또한 유력한 이데올로기라고는 자유민주주의밖에 없는 상황에서, 인간이 만들어낸 이념이나 사상에 의하여 만들어지는 역사는 이제 끝나버렸다는 것을 의미한다. 즉 자유민주주의의 승리로 인간의 가치관이 일단 동질화되어 버리면 더 이상의 변증법적 작용이 발생하지 않게 되며, 이러한 변증법적 작용이 없으면 인간의 행위는 역사로서의 의미를 가지지 않는다는 것이 '헤겔주의자' 후쿠야마의 주장인 것이다.[2] (Fukuyama 1993)

물론 냉전 이후의 세계질서에 대한 후쿠야마의 견해, 특히 그의 '낙관적 전망'에 대해서는 상당한 비판이 제기되었다. 이와 관련하여 헌팅턴(Samuel. P. Huntington)은 후쿠야마의 주장을 '뻔뻔스러울 정도의 낙관론'이라고 평가하였으며, 브룸은 자유주의가 승리한 것은 사실이지만 대규모 이민이나 민족의 이동에 따른 혼란으로 급진적인 민족주의가 등장할 가능성을 지적하였다. 또한 크리스털은 적어도 20세기는 '세속적 · 자유주의적 · 자본주의적 민주주의'에 대한 도전의 시대였으며 이러한 도전은 일단 실패한 것으로 보이지만, 이것을 만들어낸 토양은 결코 사라지지 않았다고 주장하였다.(케이시 1996, 46-47) 그러나 이러한 약점에도 불구하고, 후쿠야마의 주장은 대안으로서 현실 사회주의 체제의 지위가 상실되었음을 명확하게 지적하였다는 점에서 그 의미를 인정할 수 있다.

헌팅턴의 '문명의 충돌'(the crash of civilizations) 역시 대안으로서 사회주의 체제의 위상 약화를 전제로 탈냉전 이후 국제질서를 전망하고 있다는 점에서 후쿠야마의 '역사의 종언'과 맥락이 통한다. 헌팅턴(1997)은 냉전이 종결된 상황에서 앞으로의 분쟁은 이데올로기의 대립이나 경제적 이해관계를 둘러싸고 국가와 국가 사이에서 발생하는 것이 아니라, 주로 문화나 문명이 다른 국가나 집단 사이에서 발생할 것이라고 전망하였다. 그는 상호 간 분쟁이 발생할 수 있는 권역을 종교를 중

---

2) 그러나 후쿠야마는 모든 분쟁이나 갈등이 사라질 것이라고 주장하지 않았다. 그가 강조하는 것은 민족 간의 대립이나 경제적 이해의 대립과 같은 분쟁이나 갈등은 언제나 발생할 수 있지만, 다만 그것을 해결할 수 있는 유일한 방법과 기준은 현실저으로 자유민주주이밖에 없다는 점이다.

심으로 '서구의 기독교권', '이슬람권', '힌두권', '유교권', '불교권' 등으로 구분하고, 나머지를 '라틴아메리카권', '일본권', '비이슬람' '아프리카권'으로 구분하였다. 그는 이 중에서 '유교 문화권'과 '이슬람 문명권'은 원활한 관계를 형성할 것이기 때문에 결국 문명의 충돌은 유교와 이슬람 문명권을 중심으로 하는 '비서양 문명'과 유럽과 아메리카를 중심으로 하는 '서양 문명' 사이에서 주로 발생하게 될 것이라고 주장하였다.[3]

이 글은 현실 사회주의 체제의 붕괴가 가지는 의미를 자본주의 체제에 대한 역사적 대안으로서 사회주의 체제의 의미상실로 규정하였으며, 후쿠야마의 '역사의 종언'과 헌팅턴의 '문명의 충돌'을 통해서 이에 대한 구체적인 주장을 살펴보았다. 물론 현실 사회주의 체제의 붕괴는 '자유주의의 종말'을 의미한다는 상식을 거스르는 상당히 독특한 주장도 존재한다. '오만방자한 자유주의 이데올로그의 시절은 지나갔다'라고 판단하는 월러스틴(Immanuel Wallerstein)에 따르면 현실 사회주의 체제의 붕괴는 자유주의 이데올로기의 승리가 아니라 오히려 이것의 해체로 이해할 수 있다. 월러스틴은 1789년 이후 최근의 역사는 '자유주의 역

---

3) 헌팅턴의 '문명충돌론'은 다양한 관점에서 비판을 받고 있으며, 이 중에서 핵심적인 몇 가지 비판점을 정리하면 다음과 같다. 첫째, '단순화의 오류'로 표현할 수 있는 인식틀의 모순을 지적할 수 있다. 헌팅턴은 문명과 문화의 차이도 구분하지 않은 채, 이를 단순화시켜 문명권의 분류개념으로 성립시키고 있다. 둘째, 매우 은밀하지만 지나치게 '타자'를 의식하는 미국의 패권주의적 함의가 깊숙이 내재되어 있다. 셋째, 헌팅턴의 문명권에 대한 구분은 지나치게 도식적이다. 그에 의한 문명권의 분류는 개략적인 종교권의 구분이라는 평가가 가능하다. 넷째, 헌팅턴은 냉전 시기의 갈등구조를 반복하고 있다. 그는 현재의 세계가 정치체제와 경제적 이해의 대립에서 점차적으로 문명·문화의 동질성으로 이동하고 있으며 또한 상이한 문명권의 충돌을 예견하고 있지만, 이러한 상황에 대한 그의 해결책은 '비서구에 대한 서구의 응전'이다. 이러한 견해는 다원화를 인지하면서도 해결책은 전혀 다원적이지 않은 '이분법적 대립구도'의 근대적 사고방식의 반복이다.(조희정·제진수 1997, 324-326)

사'라고 주장하였다. 그는 근대의 세 가지 정치이데올로기인 '자유주의'
와 '보수주의', 그리고 '사회주의'는 역사의 발전 속에서 상호 투쟁하면
서도, '자유주의적 보수주의', '보수주의적 자유주의', '보수주의적 사회
주의', '사회주의적 보수주의', '사회주의적 자유주의', '자유주의적 사회
주의' 등으로 상호 침투를 거듭하면서 종국에는 '자유주의 역사'로 총괄
되었다는 주장을 제시하였다. 즉 상호 침투의 과정에서 사회주의의 역
사는 자유주의의 역사 속으로 용해되었고, 결국 사회주의는 자유주의의
역사적 변형으로 전환되었다는 것이다. 이러한 논리에 따르면 자유주의
의 한 변형인 현실 사회주의 체제가 붕괴하였다는 것은 자유주의 이데
올로기의 승리가 아니라 오히려 자유주의 이데올로기의 해체를 의미하
게 된다. 또한 현실 사회주의 체제의 붕괴 이후의 역사는 '자유주의 이
후'(after liberalism)의 역사가 된다.(Wallerstein 1996) 그러나 이러한
주장은 관점과 내용의 독특함에도 불구하고 현실적인 설득력을 얻지
못하고 있다.

한편 대안으로서 사회주의 체제가 그 의미를 상실하는 사태는 자연
스럽게 현실 사회주의 체제의 기본적인 논리를 제공한 마르크스주의
에 대한 비판으로 이어지게 된다.

(2) 붕괴와 민주주의

소련을 포함한 현실 사회주의 체제의 붕괴 원인에 대해서는 다양한
관점의 주장들이 제기되었다. 예를 들면 박종철(1992)은 현실 사회주의
체제의 급속한 변화를 설명하려는 다양한 시각을 '거시적 집근'('정치체
제론적 접근', '혁명정권의 기원과 쇠퇴', '사회주의 체제의 산업화론')과
'중범위적 접근'('산업화의 결과와 다원주의'와 '시민사회론'), '미시적 접

근'('합리적 선택이론'과 '상대적 박탈이론'과 같은 집단행동의 정치심리학)으로 분류하였다. 그리고 타카미츠(1996)는 '인간의 기본적인 사리(私利)지향성', '예측과 계획에 대한 한없는 신뢰', '자급자족의 한계와 수출경제에서의 지체', '군수 우선정책', '국가주도의 중화학공업 우선정책의 난맥', '정보화의 영향', '80년대 이후 자본주의의 효율중시 경향' 등 다양한 수준에서 현실 사회주의 체제의 붕괴원인을 설명하였다.

한편 토플러(Alvin Toffler)는 '정보사회론'의 관점에서 소련을 비롯한 현실 사회주의 체제의 붕괴원인을 다음과 같이 구체적으로 분석하였다. 첫째, 미국의 '전략방위구상'(SDI, Strategic Defense Initiative)은 실현성이 부족한 구상이었지만 이것의 기술적 · 지식적인 복잡성 때문에 소련의 핵무기 전략에 커다란 부담을 부과하였다. 둘째, 15세기 중엽 금속활자의 발명은 지식과 정보에 대한 가톨릭교회의 독점권을 파괴하는 결과를 산출하였다. 이와 마찬가지로 새로운 정보통신기술에 힘입은 '커뮤니케이션의 혁명'은 현실 사회주의 체제의 인민들에 대한 정부의 통제권을 해체시켰다. 셋째, 소련의 공산당 독재체제는 인민들을 동원하는 방법일 뿐만 아니라, 지식과 정보를 조직하고 유통시키며 또한 통제하는 방법이다. 또한 이러한 체제에서는 지식과 정보의 유통 경로가 일방적이고 오류에 대한 수정이 불가능하다. 이러한 소련의 정치체제는 '프리사이버네틱(pre-cybernetic) 기계', 즉 자동조절기능이 없는 기계의 개념을 정치에 적용한 것이다. 그러나 '사이버네틱'(cybernetic) 시스템'이 지배하는 '제3의 물결'(the Third Wave) 시대는 이러한 방식의 정치체제는 생명력을 상실할 수밖에 없다. 넷째, 국력의 주요 구성요소는 지식과 경제력, 물리적 폭력 등을 거론할 수 있는데, 소련은 이 가운데서 주로 물리적 폭력에만 의존하는 초강대국이었다. 반면 미국은 이상의 세 가지 요소를 모두 구비한 초강대국이었다. 이러한

상황에서 소련이 미국과의 대결에서 패배하게 된 것은 지극히 당연한 귀결이다.(Toffler 1990)

현실 사회주의 체제의 붕괴 원인을 설명하는 대부분의 주장들은 구체적인 내용의 차이에도 불구하고 대부분 다음과 같은 논지를 공유하고 있다.

> 동유럽에서의 혁명들은 공산주의가 더 이상 용인될 수 없을 정도로 권위주의화되었고 경제적으로 비효율적이라는 것이 드러나기 시작했기 때문에 발생하였다. 그것은 외부로부터 공격당할 필요도 없이 내부에서부터 대규모로 붕괴되었다. 동유럽의 공산주의 전제에 대항한 이전의 반란들이 실패한 반면 이번의 저항운동은 성공적이었다. 그 누가 예측했던 것보다도 더 성공적이었다. 체제 전체가 상당한 쇠퇴의 상태에 도달했기 때문이다.(Giddens 1997, 123)

확실히 현실 사회주의 체제의 붕괴의 일차적인 원인은 외부에서가 아니라 내부에서 구해야 할 것이다. 물론 자본주의 진영의 외부적인 압력이 현실 사회주의 체제의 위기를 야기하고 증폭시킨 것은 분명한 사실이다. 그러나 또 하나의 진영으로서 현실 사회주의 체제는 자본주의의 공격을 적절하게 방어하면서 자신을 발전시킬 수 있는 내부적인 동력이 근본적으로 취약하였다는 사실에 우선 수복해야 할 것이다. 즉 자본주의와 비교하면, 현실 사회주의 체제는 새롭게 변화하는 환경을 능동적으로 주도할 수 있는 능력이 부족하였다는 것이다. 실제로 정보화에 따른 통신 및 교통수단의 발달, 생활공간의 확대, 산업 환경의 변화, 자율성의 증대, 삶의 질과 복지에 대한 새로운 요구와 같은 새로운 환경에 대한 적응력은 경직된 통제 및 계획경제체제를 바탕으로 하는 사회주의보다 경쟁과 자율을 지향하는 자본주의의 능력이 훨씬 강한 섯

으로 나타났다.(배규한 1999, 454-455)

현실 사회주의 체제가 붕괴한 근본적인 원인은 '마르크스주의' 그 자체에서 찾아야 할 것이다. 무엇보다도 현실 사회주의 체제는 마르크스주의적 이론과 실천의 토대 위에서 성립하였기 때문이다. 소련을 비롯한 현실 사회주의 체제의 탄생은 마르크스주의라는 이데올로기에 입각한 사회적·정치적 행위의 결과였으며, 공식적인 국가이데올로기로서 현실 사회주의 체제의 '경영 원칙' 또한 마르크스주의였기 때문이다. 레닌에 의한 현실 사회주의 체제의 탄생은 '마르크스주의의 현실화'를 의미하였으며, 냉전 시대의 스탈린주의는 마르크스주의의 광범위한 영향력을 실증하였다. 따라서 현실 사회주의 체제의 붕괴 원인을 설명하기 위해서는 그 내용이 보다 직접적이든 다소 간접적이든 기본적으로는 마르크스주의가 가정하는 전망[4]에 대한 비판이 전제되어야 할 것이다.[5]

이처럼 현실 사회주의 체제의 붕괴는 마르크스주의의 이론적·실천적 한계에서 기인하였으며, 이를 반영하듯이 마르크스주의는 현실 사회주의 체제의 붕괴를 전후하여 총체적인 위기국면에 직면하였고 결국 '탈진'하였다. 현실 사회주의가 붕괴하기 이전부터 이미 심각한 위

---

4) '마르크스주의의 전망'의 구체적인 내용은 마르크스가 주창한 사회과학적 원칙에 바탕을 둔 "노동가치론, 유물변증법, 계급투쟁, 그리고 프롤레타리아트 독재에 근거하여 무계급의 사회를 지향하는 사회주의적 이론과 실천"(Webster's Ninth New Collegiate Dictionary 1985, 730) 등이 될 것이다.

5) 예외적이기는 하지만, 현실 사회주의 체제의 붕괴는 '생산력과 생산관계의 변증법'에 의해 역사를 바라보는 역사적 유물론의 정당성을 입증하였다는 주장이 존재한다. 메카니(J. Meccany)에 따르면 소련 및 동구권의 '관료적 국가사회주의 체제의 붕괴'는 생산력의 발전과 대중의 점증하는 요구에 조응하지 못하는 낮은 생산관계와 정치사회적 메커니즘은 결국 붕괴할 수밖에 없다는 '진리'를 입증하는 '역사적 사례'이다.(Meccany 1992, 439)

기가 선언되었고[6] 현실적으로도 다양한 위기의 상황을 경험하였던 마르크스주의였지만,[7] 현실 사회주의 체제의 붕괴가 야기한 위기의 상황은 이전의 상황과는 질적으로 다른 것이었다. 비록 현실 사회주의 체제는 '저항이념'인 마르크스주의가 아닌 이것의 교조화와 변조에 의해서 탄생한 스탈린주의라는 변형된 '지배이념'의 결과물(박호성 1991)이라고 하더라도, 마르크스주의의 총체적 위기라는 상황은 크게 달라지지 않는다. 믿든 곱든, 스탈린주의 역시 마르크스주의의 직접적인 유산이기 때문이다.

> 마르크스가 스탈린으로부터 분리되는 한, 따라서 스탈린적 사회주의가 이루어온 역사에 마르크스주의가 개입할 여지를 상실해 버리는 한, 마르크스로부터 분리되는 스탈린주의의 오류를 무엇이라 말하든, 이 입장이 담고 있는 한계는 명백하다. 그것은 **마르크스주의의 이름으로 이루어진 역사, 시간적으로나 공간적으로나 그것의 가장 중요한 역사에 대해서 마르크스주의적인 설명을 전혀 하지 못한다**는 점이다. (이진경 1992, 25)

---

6) 마르크스주의지인 알튀세르(Louis Althusser)는 정치경제학의 핵심인 잉여가치에 대한 분석이 명확하지 않으며 국가론과 조직이론이 공백으로 남아 있음을 지적하면서, 마르크스주의는 1970년대에 이미 전반적이고 심각한 위기상황에 봉착하였음을 주장하였다.(Louis Althusser 1992)

7) 마르크스주의의 역사에서 '위기'는 그렇게 새로운 상황이 아니었다. 1848년 『공산당선언』이 발표된 이후 영국의 '순수노동조합주의'의 극복과정에서, 라살레(Ferdinand Lassalle)와 바쿠닌(Mikhail A. Bakunin) 등 좌우익 기회주의와의 대립 속에서, 파리코뮌의 실패 속에서, 그리고 19세기 말 자본주의가 독점단계로의 전환과정에서 발생한 제2차 인터내셔널의 수정주의와의 대립 속에서, 마르크스주의는 수많은 이론적·실천적 위기를 경험하였기 때문이다.(오건호 1901, 120 121)

현실 사회주의 체제의 붕괴와 마르크스주의의 위기를 둘러싼 이러한 현실은 '민주주의론으로서 마르크스주의'의 위상에도 커다란 영향을 미쳤다. 현실 사회주의 체제의 붕괴에 따른 마르크스주의적 민주주의론의 결정적인 쇠퇴가 그것이다. 실제로 현실 사회주의 국가의 민주주의는 심각한 상황이었다. 우선 계급의 독재를 대신한 '국가(=당)의 독재'와 이에 따른 행정조직의 관료화는 뿌리로부터 민주주의를 질식시켰다. 부르주아지에 대한 프롤레타리아트의 계급독재를 대체한 인민에 대한 국가(=당)의 관료적 독재라는 전도된 상황은 특히 스탈린의 '전체 인민의 국가' 테제 이후 '국가(=당)의 강화를 통한 국가의 소멸'이라는 모순적 전망으로 왜곡된 현실을 정당화시켰다. 그리고 이러한 현실은 현실 사회주의 체제의 모국인 소련의 위상에 힘입어 '코민테른'과 같은 제도적 장치를 통하여 대다수의 사회주의 국가에게 '주입'되었다.

또한 당의 독재와 행정조직의 관료화로 인한 '시민사회의 부재'도 현실 사회주의 국가의 민주주의를 질식시키는 핵심적인 원인으로 작용하였다. 시민사회의 부재는 국가를 포함한 정치사회에서 발생한 다양한 위기를 발산하거나 수렴할 수 있는 최소한의 완충 지역이 존재하지 않음을 의미한다. 따라서 이것이 야기하는 위기는 국가와 관료기구가 사회에 대한 지배력을 그나마 안정적으로 행사하는 시기에는 두드러지게 나타나지 않았지만, 이것들의 무능력이 노정된 탈냉전 전후의 상황에서는 전면적으로 나타났다. 이러한 상황에서 현실 사회주의 체제 내부에서 발생한 일련의 위기는 시민사회라는 '완충 지역'에 의한 충격의 흡수와 조정단계를 거치지 않고 곧바로 국가와 사회 전체의 위기로 확산되었다.

이러한 상황에 의거하여 이 글은 민주주의 환경의 변화로서 현실 사회주의 체제의 붕괴가 가지는 의미를 '민주주의론으로서 마르크스주의의 결정적 쇠퇴'라고 규정하겠다. 민주주의론에 대한 마르크스주의의 영향력은 현실 사회주의 체제의 상태에 따라서 변화하는 것이기에, 현실 사회주의 체제의 붕괴는 계급중심모델에 기초한 마르크스주의적 민주주의론의 영향력 상실로 이어졌다는 것은 당연한 귀결이다.

2) 신자유주의

(1) 신자유주의의 의미론

신자유주의에 대한 본격적인 논의에 앞서, '두 개의 신자유주의'에 대한 구별이 필요하다. 신자유주의는 '영미권의 신자유주의'와 '독일의 신자유주의'로 분류할 수 있다. 원래 신자유주의는 1930년대 독일의 오이켄에 의해서 제기되어, 제2차 세계대전 종전 후 서독에서 '사회적 시장경제론'으로 발전한 경제사상을 의미한다. 오이켄은 국가독점자본주의로의 발전이라는 새로운 역사적 변화 속에서 자유주의의 새로운 형태로서 신자유주의를 주장하였다. 이러한 신자유주의는 기본적으로 시장경쟁의 가치를 인정하고 있지만, 자본주의 시장의 일반적 조건 창출을 위한 개입을 제외하고는 국가개입을 부정하는 '구자유주의'와는 상이한 입장을 나타내었다.

오이켄의 신자유주의는 시장경쟁의 자유로운 운동이 시장경쟁의 성립을 위한 조건 자체를 파괴하는 '독점화 경향'과 '계급대립 경향'을 발전시키므로, 국가는 이러한 경향을 차단하는 반독점정책과 사회복지정책을 통하여 지속적으로 경쟁적 질서를 유지해야 한다고 주장하였다. 이처럼 오이켄의 신자유주의는 국가의 정책적 개입을 통하여 시장경쟁

질서가 유지될 경우, 시장에서의 자유로운 운동은 비로소 최적의 상태를 보장받을 수 있다고 생각하였다. 이러한 관점에서 오이켄의 신자유주의는 '시장적 경쟁조건의 유지를 위한 국가개입'을 강조하였으며, 또한 '시장과정 전반에 대한 직접적인 국가개입'을 주장하는 케인즈주의에 대해서는 상당히 비판적이었다.(김성구 1998, 54-60)

현재 광범위하게 회자되고 있으며, 이 글에서 다루고자 하는 신자유주의는 이와는 상이한 '영미권의 신자유주의'이다. 이것은 20세기 전반 자유주의와 자유방임적인 시장경제가 야기한 세계적인 자본주의의 위기를 극복하기 위하여 도입된 케인즈주의적 국가개입주의와 포드주의적 국가독점자본주의 체제가 1970년대 들어 다시 위기에 처하면서 나타난 자유주의의 최신 버전이다.(손호철 2000, 381) 신자유주의는 '경기침체 상태에서의 인플레이션'을 의미하는 '스태그플레이션'(stagflation)과 80년대 초반 세계적 공황을 배경으로 세계자본주의의 중심부에서 등장한 이후, 1990년대 초반 현실 사회주의 체제가 붕괴하고 제3세계 개발도상국이 세계경제로의 통합이 가속화되면서 세계 전체에 그 지배력을 더욱 확대하였다.(김석진 1998, 13)

단어에서 유추할 수 있듯이, 신자유주의는 자유주의의 한 부류이다. 따라서 신자유주의는 "개인의 자유를 보장하기 위한 정부의 제한을 추구하며, 이를 위하여 정치적인 전제와 독단에 반대"(Lipset 1995, 756)하는 자유주의의 기본 교리에 충실하다. 그러나 신자유주의는 20세기 중후반에 조성된 역사적인 상황에서 자유주의의 기본적인 교리를 더욱 극단화함으로써 기존의 자유주의와는 상이한 논리의 '새로운 자유주의'를 지향하였다.

자유주의는 역사적인 상황에 따라서 대략 세 번의 큰 변화를 겪었다. 첫째, 1789년 프랑스대혁명 이후 봉건적인 사회질서가 무너지고 자본주의와 근대 민족국가가 정착되면서 나타났던 1930년대 대공황 이전의 '고전적 자유주의', 둘째, 대공황 이후 자본주의의 황금기를 배경으로 '케인즈주의적 대타협'에 기초하는 '사회적 자유주의', 셋째, 1970~1980년대 장기불황 속에서 나타난 '신자유주의'가 그것이다. 이러한 세 가지 유형의 자유주의는 모두 자본주의 체제와 시장경제질서를 적극적으로 수용한다는 의미에서 자유주의라는 동일한 범주로 구분할 수 있지만, 각각의 자유주의가 가지는 구체적인 내용과 사회적인 의미는 상당 부분 차이를 보인다.

'고전적 자유주의'는 초기 자본주의의 자본축적을 제한하는 봉건적인 관계를 비롯한 전근대적 규제와 제한을 철폐하여 사회 전반에 자본주의 체제와 시장경제의 원리를 관철시키고자 '경제적 개인'의 자유를 옹호하였으며, 국가의 개입과 같이 개인에 대한 외부의 규제에 대해서 매우 비판적인 입장을 취하였다. 한편 자본주의의 위기요인을 체제 내부로 흡수하는 계급타협모델을 추구하여 서구의 복지국가체제를 탄생시킨 '사회적 자유주의'는 자본주의와 시장경제체제의 불완전성과 제한성을 적극적으로 인식하였으며, 이를 보완하고자 하는 국가주도의 적극적인 복지정책을 추구하였다.

현재의 '신자유주의'는 1970년대 이후 발생한 장기불황의 문제를 해결하지 못한 케인즈주의적 경제정책의 무능력과 초국가적 자본의 세계화에 따른 민족국가의 제한성을 비판하면서 등장하였다. 케인즈주의적 정책에 대한 신자유주의적 비판의 방향은 자본주의 경제체제에 대한 국가 개입의 비효율성과 무능력에 초점이 맞추어졌다. 이 중에서도 특히 화폐와 노동력에 대한 국가주의적 관리 형태에 대하여 신자유주의의 비판이 집중되었다. 이에 따르면 화폐순환에 대하여 화폐정책과 재정정책을 통한 국가의 적극적인 개입이 공황을 예방하고 완전고용을 달성할 수 있다는 케인즈주의의 가정은 세계경제의 모순적인 발전과 국제통화제도의 불안정성에 따른 세계적인 인플레이션의 일반화와 국제적 금융공황의 영향으로 결정적으로 폐기되었다. 따라서 '실패한 케인즈주의'의 대안으로 자연실업률 수준의 불황을 정상적인 것으로 인정하면서, 안정적인 화폐공급과 국제금융에 대한 탈규제를 통해 금융공황을 회피하고자 하는 '화폐주의적 정책'이 적극 추진되어야 한다는 것이 신자유주의의 주요 관점이다.

한편 신자유주의는 19세기 말 이래 지속적으로 고양된 노동운동의 영향과 케인즈주의의 사회적 합의체제에 기초하여 등장한 서구 복지국가의 사회보장제도를 비판한다. 이에 따르면 '완전고용'과 '포드주의적 고임금'을 목표로 하는 노동력의 국가주의적 관리 형태는 매우 비효율적인 것이며, 이것은 새로운 기준으로 대체되어야 한다. 즉 세계적 차원에서 비용 삭감을 위한 효율성 경쟁에 의거하여, 노동력의 세계적인 재구성과 노동력 관리의 유연화가 적극적으로 추구되어야 한다. 이상의 논리를 통해서 신자유주의는 화폐와 노동력 관리를 포함한 제반 경제적인 사항에 대하여 국가의 관리를 대체하는 시장의 자율성을 적극 옹호하고 탈산업화와 탈규제, 사유화 등 자본의 유연성을 극대화하고자 하는 일체의 시도에 대한 이론적인 근거를 제공하였다.(김석진 1998, 16-17)

이처럼 신자유주의는 시장경제의 효율성과 자정능력에 대한 믿음을 기반으로 하여, 시장 영역에 대한 국가를 포함한 공적인 제도의 개입과 조정을 배제한다. 즉 신자유주의는 '질서 지워진 자유주의'(ordered liberalism)를 비판하면서, 시장적 경쟁에 의한 '자생적 질서'(spontaneous order)[8]를 추구한다고 볼 수 있다. 이러한 신자유주의적 논리에 의거하

---

8) 하이에크(Friedrich A. Hayke)는 사회질서를 개인들 사이의 행위가 조화롭

면 갈등의 권위적인 배분을 목적으로 하는 정치적인 행위와 공공질서의 안정을 위한 관리자로서의 국가역할의 정당성과 필요성은 결정적으로 축소된다. 또한 시장경제는 자체의 질서에 의해 스스로 효율적으로 운용되며, 시장 영역에 대한 공공성을 명분으로 하는 외부로부터의 개입은 오히려 시장경제의 효율성을 저해하는 방해물이다. 사회복지정책이 결국 실패한 것도 공공질서를 위한 분배라는 명분으로 국가가 시장 영역에 지나친 간섭을 해온 결과 시장질서가 교란되어서 사회전반이 침체되었기 때문이라는 것이 신자유주의적인 설명이다. 이처럼 신자유주의의 지평에서 정치와 국가의 역할은 시장경제의 원리가 손상되지 않는 범위 내에서 시장적 질서를 저해하는 요소를 제거하는 정도의 최소한으로 그 역할이 축소된다.

사회는 시장경제의 원리를 기반으로 구성되어야 하며, 그러할 때 가장 효율적이라는 신자유주의의 원리는 결국 경제가 사회를 위해서 존재하는 것이 아니라, 사회가 경제를 위해 존재하게 되는 사태를 발생시킨다. 이러한 의미에서 신자유주의의 궁극적인 지향점은 시장경제의 원리에 의해서 재편된 사회, 즉 '시장사회'의 추구라고 평가할 수 있다.

게 조정된 상태로 정의하면서, 이를 인간이 의식적으로 만든 '위계적 질서'와 스스로 기획한 것은 아니지만 인간행위의 자연스러운 산물로서 나타나는 '자생적 질서'로 구분하였다. 그에 따르면 '위계적 질서'는 특정한 논리나 개인에 의해서 창출되었다는 점에서 위계적이다. 그러나 이러한 '위계적 질서'는 소규모 집단이나 원시 씨족사회사회와 같이 규모가 작아서 그 집단의 전모를 파악하는 데 전혀 어려움이 없는 작은 사회에서나 가능하다. 이러한 관점에서 하이에크는 원시사회에서나 가능했던 '위계적 질서'를 복잡성의 근대사회에 적용시키려 한 사회주의를 원시사회의 잔재 또는 미신에 불과하다고 비판하였다. 한편 '자생적 질서'는 개인들 행위의 결과이기는 하지만 개인 차원의 행위로 환원되지 않는 '저절로 생겨난 질서'이다. 그에 따르면 복잡성의 사회에서 형성되는 질서인 '자생적 질서'의 대표적 사례는 '도덕률'과 '언어', '화폐'와 '시장' 등이다.(김균 1996, 28-29)

(2) 신자유주의와 민주주의

자유주의의 이념적 분포도에서도 오른쪽에 위치하고 있는 신자유주의는 특히 경제 분야에서 현재 발생하고 있는 급속한 변화에 대응하는 '자유주의의 현실태'(Sargent 1990, 99)이다. 정치적 이슈에 대한 신자유주의적인 논리는 명확하다. 자본주의와 민주주의 사이의 깊은 상관성을 주장하는 프리드만(M. Friedman)의 주장은 이것의 좋은 사례가 될 것이다.

직접적으로 경제적인 자유를 제공해 주는 경제조직(예를 들면 경쟁적 자본주의 체제)은 정치적 자유도 역시 촉진시켜 주는데, 그 이유는 경제권력과 정치권력이 상호 구분되어 양자 사이에는 상쇄관계가 존재하기 때문이다.(Friedman 1962, 9)

일반적으로 자유주의 정치이론이나 자유주의에 근거하고 있는 시장경제론은 정치와 경제의 제도적인 분화를 주장한다. 그러면서 정치적인 자유와 경제적인 자유 사이에는 불가분의 관계가 있다고 주장한다. 자유주의의 전통에 서 있는 신자유주의는 민주주의에 대한 자유주의의 기본적인 시각을 계승하는 바탕에서, 정치 영역에 대한 경제 영역의 자율성과 자정 능력을 기존의 어떤 자유주의적인 논리보다 더욱 확실하게 부각시키고 있다.

그러나 민주주의적 관점에서 보면 신자유주의의 이러한 입장은 다소의 문제점을 내포하고 있다. 어떤 의미에서든 공동체 지향의 민주주의는 기본적으로 평등의 문제를 중시하는 반면에, 사적 자유 지향의 신자유주의는 이를 배제하고 있기 때문이다. 이처럼 평등의 문제를 배제하는 신자유주의의 논리에서 민주주의는 항상적으로 부차적인 위상을 차지할 수밖에 없다.

민주주의에 대한 신자유주의의 주장은 '시장에 의한 정부'(government by the market)로 압축할 수 있다. 이것은 시장주의의 논리가 사회 전반을 지배하는 상황 아래에서 이상적인 민주주의가 달성될 수 있다는 가정을 포함하고 있다. 보다 구체적으로 살펴보면 시장과 민주주의는 소비자와 시민들에게 최대한 개인적인 선택의 자유와 권력을 부여하는 동일한 조직 원리에 기초하고 있기에, 시장경제의 경제적인 풍요는 결과적으로 민주주의를 발전시킬 뿐만 아니라 시장의 확장과 민주주의적 게임규칙의 확장을 통하여 민주주의를 전면적으로 심화시킨다는 것이 '신자유주의적 민주주의론'의 핵심적인 논리이다.(변창구 1999, 251)

이와 관련하여 헌팅턴(1984, 205)은 시장경제는 경제적 부를 생산하며 그 결과 민주주의의 하부구조를 제공하는 평등한 소득분배를 창출한다고 주장하였다. 플래트너(Marc F. Plattner)는 시장 지향적인 산업화를 추구해 온 제3세계 국가들에서 민주화가 발생하여, 자본주의의 발전이 권위주의를 초래할 것이라는 '관료적 권위주의' 이론은 이제 종말을 고하게 되었다고 주장하였다. 또한 그는 이제 국제화한 자본주의 모델의 범세계적 확산으로 제2세계의 스탈린주의 체제, 제3세계의 권위주의 체제의 민주화를 계속 확대시켜 나갈 것이라고 주장하였다.(Plattner 1993, 31)

이상의 논리에 의하면 시장주의의 발전은 결과적으로 정치적 민주주의의 발전으로 여겨진다. 따라서 시장에 의한 경제발전이 '주어'의 위치를 차지한 상태에서, 경제발전과 정치발전 사이에는 경제발전을 중심으로 하는 피할 수 없는 인과관계가 형성된다. 이러한 '근대화론'의 최신판을 통하여 시장경제의 발전이라는 독립변수에 의해 부차적인 위상으로 전락한 '종속변수로서 민주주의'의 위상을 확인할 수 있다. 또한 '시장사회'의 추구라는 신자유주의의 지향점 역시 재차 확인할 수 있다.

민주주의와 관련하여 평가하면 신자유주의의 가장 큰 한계는 정치를 도구화하는 경향이다. 이것은 신자유주의 자체의 한계이며, 이러한 한계의 근원은 신자유주의적 합리성에는 '정치공동체'의 형성에 요구되는 '정치적 합리성'이 존재하지 않는다는 점이다. 신자유주의에는 정치공동체의 형성과 유지라는 문제의식이 부재하다. 특히 신자유주의는 정치의 기초를 '사적 개인'(privative individual)으로 설정하여, '공적 영역', '공공선', 민주적 자치를 지향하는 '공적 자율성'의 개념에 대한 이해를 불가능하게 만든다. 이러한 신자유주의적 획일성은 정치 영역의 자율성과 독자적 원리를 부정하여 진정한 정치 영역의 형성을 방해한다. 따라서 '신자유주의적 정치'는 개인 및 집단적 이해를 '소여(所與)적인 것'으로 전제하고, 이해의 갈등을 해결하기 위한 조정과 타협의 기술을 강조하게 된다. 물론 이러한 형태의 정치는 결과적으로 강자의 이익을 보장하는 '사이비 타협'을 산출하게 되고, 따라서 정치권력의 정당성은 더욱 심각한 위기에 직면한다.(유홍림 2000, 405-406) 이처럼 신자유주의와 민주주의는 서로 낯설다.

2. 시간-공간적 맥락

1) 세계화의 의미론

주로 정보통신 분야의 급속한 발전으로 인해서 기술적으로는 이미 '지구촌'이라는 용어가 일상 속에서도 구체적인 현실로 다가올 정도가 되었고, 이러한 상황을 일컬어 우리는 '세계화'(globalization)라고 부른다.(박기덕 1996, 410) 세계화라는 용어에 대해서는 다양한 논쟁이 제기되고 있다. 초기에는 세계화는 '국제화'(internationalization)라는 개념과 그 의미가 혼용되거나 충돌하였다. 이와 관련하여 박기덕(1996)은 '국제화'는 국경 안에 한정되었던 집단과 부문 사이의 관계가 국경을 넘어서 일상화되고 보편화되는 과정이며, '세계화'는 이러한 보편화 현상이 전 지구를 모두 포함하는 것을 의미한다고 정의하였다.[9]

사실 세계화라는 용어는 1960년대 후반부터 간헐적으로 등장하였지만, 이 당시 서구에서는 세계화라는 용어보다는 '다국적화'(multinationalization) 내지 '국제화'라는 용어가 더 보편적으로 사용되었다. 프랑스의 경우 1970년대 중반까지만 하더라도 '국제화'라는 용어가 주로 사용되었으며, 1980년대 중후반 영미권에서도 세계화보다는 'mondialisation'이라는 용어가 더욱 빈번하게 사용되었다.(전창환 1996, 322)

세계화로 인하여 한편으로는 종교적 · 인종적 근본주의(fundamentalism)가 양산되기도 하였지만, 다른 한편으로는 민족이나 국가와 같은 국지적인 가치보다는 전 세계적인 가치가 더욱 현실적이고 타당한 규범이 되어가고 있다. 그만큼 세계화는 '현실'이 되고 있다는 것이다. 현재 진행되고 있는 세계화에 대하여 각론 수준에서는 다양한 해석이 가능하겠지만, 총론 수준에서는 '시대의 대세'라는 규정에 이의를 제기하기는 어려울 것이다.

이미 '시대정신'의 위상을 차지한 세계화는 사회적인 생활전반을 변

---

9) 이러한 개념화에 기초하여 박기덕은 특정 집단의 초국경적 관계의 확상이 전 세계를 포괄하기 어렵기 때문에 작금의 현상을 세계화보다는 '국제화'나 '국제화의 세계화'라고 부르는 것이 더 타당하다고 주장하였다. '세계화'와 '국제화'의 개념적 관계에 대한 보다 자세한 논의는 백송국(1995, 33 35)을 참고.

화시키는 힘으로 작용하고 있다. 이것은 개인과 집단이 추구해야 할 가치를 포함해서 이들 사이의 관계를 근본적으로 변화시킨다. 국가의 위상도 세계화의 영향권에서 벗어날 수 없으며, 기업 활동 역시 전반적인 재조직화를 요구받는다. 한마디로 표현하면 세계화는 기존의 사회적 관계들에 대한 심각한 재고를 요구하면서, 이전과는 상이한 세계질서를 구축해 가고 있다. 이러한 현실적인 맥락을 고려하면 '세계화를 거부하는 것은 결국 로빈슨 크루소의 삶을 선택하는 것'이라는 극단적인 언사도 '어불성설'은 아니다. 이처럼 세계화는 우리의 삶에 이미 깊숙하게 개입하고 있다.

한국 역시 세계화의 예외 지역이 아니다. 세계화는 김영삼 정권 시기에 중요한 국정목표가 되었다. 당시 세계화에 대한 정부의 인식은 대통령 자문기관인 〈세계화추진위원회〉의 간행물에 잘 나타나 있다. 〈세계화추진위원회〉(1995)는 세계화의 원인을 다음과 같이 정리하였다. 첫째, 냉전체제의 붕괴에 따른 단일세계체제의 등장, 둘째, 통신과 교통의 발달로 인한 소통과 이동에서의 자유 확대, 셋째, 국경을 초월한 자유로운 이동으로 인한 세계의 단일 시장화, 넷째, 환경문제 등 국가 사이의 상호의존과 협력이 더욱 요구되는 초국가적 문제의 발생 등이 그것이다. 그러면서 〈세계화추진위원회〉는 세계화 시대의 국가발전 전략으로서 생산성과 관료조직의 유연성 및 공정과 자율을 제시하였다.

이 글은 세계화라는 환경을 '시간과 공간의 변형'과 관련하여 이해하겠다. 전 세계적인 의사소통 수단과 대중교통 수단의 발전을 기반으로 하여, 세계화는 '세계화된 현실'뿐만 아니라 시간과 공간에 대한 기존의 국지적인 감수성을 변화시켜 과거에는 주로 국민국가의 범위에 한정되어 온 커뮤니케이션의 상호 교감 영역을 전 세계로 확장시키고 있기 때문이다.

오늘날 세계화는 '현실'이다. 사람과 자본, 문화와 기술이 국민국가의 영역을 넘어서 전 세계적으로 상호 소통되고 있다. 이처럼 세계화는 세계적 교류를 위한 장벽을 제거하려는 의지에서 출발하여 지리적 · 기후적 · 역사적으로 완전히 다른 지역을 하나로 통합하고 있다.[10] (Hobsbawm & Antonio Polito 2000, 86-87) 이와 관련하여 헬드(David Held)는 세계화를 하나의 비어 있는 개념과도 같아서 정의하는 사람들의 이념적 입장, 세계체제 내에서의 위상 등에 따라서 매우 다양하게 정의될 수 있음을 지적하였다. 그러면서 세계화는 인간들의 상호 작용과 상호 의존이 기존의 지역 · 국가 · 지방의 장벽을 넘어서 통합되어 가는 현상인데, 과거의 역사적 상호 의존과는 비교할 수 없을 만큼 포괄적이면서도 집중적이고 또한 엄청난 속도를 가지고 있다고 주장하였다.(조선일보 01/05/01) 즉 세계화의 핵심적 내용은 시간과 공간의 장벽을 넘어서는 '세계적 통합'이라는 것이다.

유사한 맥락에서 기든스(1997, 17)는 세계화라는 말이 널리 퍼져 있지만 이것이 아직 충분히 이해되고 있지 못하다고 전제하면서, 세계화는 단지 경제적인 현상만이 아니라 '공간과 시간의 변형에 관련된 것'이라고 규정하였다. 그에 따르면 세계화는 '원거리 행위'(action at distance)이며, 이는 전 지구적 의사소통 수단 및 대중교통 수단의 등장과 연관되는 것이다. 이러한 세계화는 대규모 체계의 창출뿐 아니라 사회적인 경험의 국지적 · 개인적 맥락의 변형과도 밀접한 관계가 있는데 우리의 일상적인 활동은 점차 세계의 다른 부분에서 일어나는 사건에 의해 영향을 받으며, 반대로 국지적인 생활습관은 전 지구적인 파급력을

---

10) 국민국가의 정치적 국경은 거리와 시간의 장벽의 대표적인 사례라는 점을 고려하면 세계화는 '사회, 경제, 문화, 지식, 정보 등 모든 권역에서 인간이 민족국가의 국경을 벗어나려는 경향'(박상식 1995, 11)이라고 정의할 수 있다.

가지게 된다.

그러나 현실적으로 세계화는 불균등하게 발전을 한다. 즉 정치, 경제, 문화, 의식 등 세계화의 대상이 되는 모든 요소가 균일한 속도로 발전하면서 세계화를 진행시키는 것이 아니라, 세계화는 특정한 요소의 압도적 우세 속에서 보다 구체적으로 현실화된다는 것이다. 실제로 현재 진행되고 있는 세계화는 신자유주의적 시장경제의 주도로 전개되고 있다. 현실의 세계화는 '신자유주의적 시장경제의 세계화'이다. 다양한 자원들이 국민국가의 영역을 넘어서 전 세계적으로 상호 소통되고 있지만, 다국적 기업의 세계적 생산망의 구축과 금융자본의 세계적 네트워크로 대표되는 경제 분야의 세계화는 세계화의 다양한 양상 가운데 특히 두드러지는 현상이다.

이러한 현상은 현실 사회주의 체제의 붕괴로 더욱 가속화되고 있다. 세계의 거의 모든 나라가 자본주의 시장경제체제에 편입되면서 자본주의 전일체제가 형성되었으며, 이에 따라 세계경제의 개방화와 통합화가 더욱 두드러졌기 때문이다.(안병영 2000, 25) 이러한 관점에서 이 글은 시장경제의 세계화라는 현실에 대한 구체적인 분석이 결여된 세계화에 대한 논의는 단순성과 일면성을 벗어날 수 없다고 판단한다. 따라서 여기에서는 '시간 – 공간의 급진적인 변화'라는 세계화의 의미를 '자본주의 시장경제의 세계화'라는 현실의 맥락에서 이해하겠다.

상술한 것처럼 현실적 의미의 세계화를 한마디로 표현하면 '시장경제의 세계화'이다. 따라서 '세계화의 현실'은 자본주의 체제의 가장 근본적인 작동원리인 '자본축적'이라는 맥락에서 접근할 수 있다. 간단하게 말하면 자본축적의 원리에 의해서 자본은 이윤추구의 영역을 지속적으로 확장시키고 있는데, 현 단계에서 자본은 국민경제라는 경계선을 허물면서 자신의 활동 영역을 '세계화'하기에 이르렀다. 따라서 세계화의 현실적인 의미 속에는 자본의 공간적 상한이 명실상부하게 전 세계에 이르렀다는 인식이 내포되어 있다.

현재의 세계화는 1970년대 이후 나타난 세계경제의 위기와 이 위기를 타개하기 위한 핵심적 자본의 대응 전략에서 그 가속화의 원인을 찾을 수 있다. 1970년대 이전의 상황에서 핵심부 자본이 자국 내 불황을 극복하기 위해서 취한 전략이 주로 '수출드라이브'였다면, 그 이후의 전략은 '초국적 자본의 전 세계적 활동 강화'로 전환되었다. 따라서 세계경제 전체의 국면적 침체와 자국 내 수익률 감소라는 이중적 위기를 타개하기 위한 핵심부 자본의 적극적인 프로젝트가 바로 세계화라는 현상을 더욱 가속화시켰으며, 그 직접적 행위자는 초국적 자본들이고 이들의 국제적 활동은 핵심국가에 의해 뒷받침된다고 볼 수 있다. 즉 현재의 세계화는 자본축적의 위기를 극복하려는 선진제국과 초국적 자본에 의해서 추동되는 '시장의 세계화'를 통하여 더욱 가속화되고 또한 현실화되었다는 것이다.

이처럼 선진자본의 필요와 수익최대화 요구에 의해서 주도되는 현재의 세계화에서 주변 영역들은 중심부에 의해서 '세계화 당한다'고 보는 것이 보다 정확한 상황인식일 것이다.(이수훈 1996, 111-113) 이와 관련하여 2000년 8월 29일 말레이시아의 마하티르 총리는 현재의 세계화는 매우 일방적임을 주장하면서, 강대국과 약소국 사이에서 세계화가 의미하는 바가 무엇인지를 규명하는 토론을 요구하였다. 그에 따르면 세계화는 강대국들이 경제적 영향력을 확대하기 위해 창조한 개념에 불과한 것이었다. 그는 강대국과 약소국 모두 국제 경제의 자유 시장체제에서 겉으로는 평등한 것처럼 보이지만 강대국들은 명백히 이익을 누리고 있다고 지적하면서, 세계화가 경제적 진보를 위한 유일한 방편이 되어서는 안 된다는 점을 강조하였다.(영남일보 00/08/30)

이처럼 '세계화의 현실적 의미'를 시장의 세계화라고 규정하면, 또한 세계화가 선진자본의 이윤확대를 위한 다양한 전략을 통해서 현실화된다고 하면, 현재의 세계화는 '자연스러운 것'이 아니라 인위적이고 다분히 공격적인 것이라고 볼 수 있다. 따라서 이러한 세계화에 대한 다양한 저항 역시 '세계화'되고 있는 것은 당연한 것으로 이해할 수 있다. 실제로도 신자유주의적 세계화에 대한 저항은 이것의 선봉장이라고 할 수 있는 초국적 금융자본에 대한 투쟁을 중심으로 세계적으로 다양하게 전개되고 있다.

한편에서는 '반세계화'를 비판하는 견해가 강력하게 제기되고 있다. 크루그먼은 1993년 방글라데시의 사례를 들면서 '감상적 반세계화는 가난한 나라를 망친다'는 관점에서 '반세계화'를 주장하는 세력들을 비판하였다. 그는 '30세 이전에 사회주의에 심취하지 않으면 심장이 없는 것이고, 30세 이후까지 사회주의자로 남아 있으면 두뇌가 없는 것'이라는 속담을 인용하면서, 세계화에 반대하는 것이 세계적 빈곤의 문제를 해결하는 길이라고 믿는 사람은 두뇌가 없거나 두뇌를 사용하지 않는 쪽에 속한다는 보다 공격적인 비판을 통하여 '현실론'을 옹호하였다.(중앙일보 01/04/24)

2) 세계화와 민주주의

지구상의 모든 것이 세계화의 그물망에 실질적으로 포섭되어 가는 현실에서 민주주의 역시 세계화라는 새로운 환경에 따른 변화를 요구받고 있다. 민주주의는 기본적으로 다양한 사회관계 사이의 현실적인 권력관계와 규범적인 가치에 천착하고 있는데, 세계화는 이러한 가치와 관계를 변화시키는 힘으로 작용하기 때문에 세계화 현상에 따른 민주주의적 상황의 일정한 변화는 필연적이라고 볼 수 있다.

실제로 세계화는 이미 민주주의가 제도화되어 있는 지역은 물론이고 그렇지 못한 지역에서 '시간과 공간의 세계화'를 도모하기 위한 정치적 장치로서 민주주의를 이식시키고 있다. 한편 이것은 기본적으로 '국민국가를 초월하는 세계화'를 위한 작업이기에, 그 귀결은 민주주의에 대한 국민국가의 통제력 약화로 나타나고 있다. 세계화라는 환경으로 인하여 국민국가의 위상이 점차 약화[11]되고 있는 상황[12]에서, 노동과 환경과 같은 민주주의적 현실에 영향을 미치는 주요한 사회적 이슈는 일국의 테두리를 벗어나서 '세계적으로 결정'되는 경향을 보이고 있다. EU가 그러하고, WTO와 FTA 또한 그러하다. 이러한 사실을 고려하면 이제 민주주의는 국민국가의 범위를 벗어나서 지구적 맥락에서 구성되어야 할 단계에 이르렀다고 보아야 할 것이다. 세계화라는 환경에서 이제 '범세계적 민주주의 모델'(the cosmopolitan model of democracy)이라는 관점을 중심으로 민주주의의 재구성을 진지하게 고려해야

---

[11] 물론 세계화로 인한 국민국가의 위상약화의 정도가 전체 국가들에서 동일한 수준으로 발생하는 것은 아니다. 헬드에 따르면 세계화는 이미 자본주의의 발생과 함께 시작되었으며, 그 영향은 과거에서 현재에 이르기까지 모든 국가에 동일하게 작용하지 않았다. 오히려 세계화는 '계층화'(hierarchy)와 '불균등성'(unevenness)이라는 속성을 가지고 있어서, 선진국의 이익에 복무하는 경향이 있다. 그러나 과거와는 달리 현재 세계화의 환경에서는 자국의 주권이 다양한 원천과 세력들로부터 발생하는 압력의 영향권 하에 포섭되었으며 발달된 통신과 정보기술에 의해 상호 밀접히 연관되어 있기 때문에, 가장 강력한 신진 국가들이 행동가치도 다양한 제약을 받는다. 정도의 차이는 있을지언정 세계화의 제약으로부터 자유로운 국민국가는 존재하지 않는다는 것이다.

[12] 로제나우(James Rosenau)는 세계질서의 변화요인으로 '기술발전과 초국가적 문제', '국가와 정부의 능력감소', '기존 국가체계의 변동' 등을 지적하고 있는데, 이러한 요소들은 직간접적으로 국민국가의 위상약화를 야기하는 주요한 원인으로 작용하고 있다.(Rosenau 1990, 12-16)

할 시점이 되었다는 것이다.(Held 1995)

확실히 '시간과 공간의 세계화'는 다양한 교류를 통해서 민주주의적인 제도와 가치를 세계적으로 확장시키는 역할을 하고 있다. 지역과 인종, 문화와 제도 사이의 다양한 교류를 위한 정치적인 장치로서 민주주의는 세계화와 더불어 세계적으로 확장되고 있기 때문이다. 후쿠야마의 주장처럼 탈냉전 이후 이제 자유민주주의 이외에는 어떠한 유력한 이데올로기도 존재하지 않는 현재의 상황은 '민주주의의 세계화'를 위한 더없이 좋은 조건을 제공하고 있다. 이에 따라 민주주의는 국민국가 위상의 약화와 더불어 세계적 수준에서 점차 일상적인 의제가 되고 있다.

문제는 민주주의가 세계화되고 있는 현실에서, 다시 말해서 세계화에 따른 민주주의의 외형적 확장이 이루어지고 있는 상황에서, 민주주의의 내연적 심화가 제대로 진행되지 못하거나 오히려 후퇴하고 있다는 사실이다. 강정인(1998, 363)의 지적처럼 오늘날 '외연적 확산'이라는 차원에서 보면 '민주주의의 세계화'는 긍정적인 성과를 거두고 있지만, '내포적 심화'라는 차원에서 보면 서구 선진 민주 국가에서 민주화는 지체 또는 역전의 조짐을 보이고 있다는 것이다.

이러한 현상은 일차적으로 현실적 의미의 세계화 즉 '시장경제의 세계화'의 부작용에서 기인하는 것이라고 볼 수 있다. 앞서 지적한 것처럼 현실의 세계화는 시장경제의 세계화이다. 따라서 민주주의적 상황은 시장경제의 세계화라는 보다 구체적인 환경의 영향을 받으면서 현실화되고 있다.

즉 한편으로는 '세계화'라는 시대적 흐름에 편입하기 위한 최소한의 정치적 조건으로서 전 세계적으로 민주주의적인 제도와 가치가 수용되어, 외형적으로는 전 세계로 민주주의가 확대되는 양상이 나타나고 있다. 그러나 다른 한편으로는 '시장경제의 세계화'라는 보다 구체적인 환경 속에서, 강대국과 거대 다국적 기업 취향의 획일적인 가치와 제도로 구성된 '세계적 자유 시장'에의 강제적 참여는 외형적으로 확장된 민주주의를 내연적으로 심화시키기 위한 물적·정신적 자원을 황폐화시킨다. 다시 말해서 시장경제의 세계화는 세계화에의 참여에 따른 결과를 시장원리에 의거하여 지역별·계급별·인종별로 불균등하게 분배함으로서 결국 세계적 수준뿐만 아니라 국가적 수준에서 민주주의의 내연적 심화를 가로막는 걸림돌로 작용하고 있다.

이 글은 이러한 상황을 '민주주의의 외형적 확장과 내연적 심화 사이의 모순'이라고 규정하겠다. 시장경제의 세계화로 현실화되고 있는 현재의 세계화는 국민국가의 위상을 일정부분 축소시키면서 시장경제의 안정적 운영을 위한 최소한의 정치적 장치로서 민주주의를 후진국을 비롯한 전 세계에 이식시키고 있다. 또한 세계화 시대에서의 생존을 위하여, 아프가니스탄이나 이라크와 같은 '예외 지역'은 자의든 타의든 '강요된 민주주의'를 수용하고 있다. 그러나 시장경제의 세계화는 시장적 자유의 확장에 보다 큰 무게를 두어서, 결과적으로는 시장사회의 확대로 인하여 발생하는 국민국가 등 민주주의의 안정적 정착을 위한 여타의 공적 가치들의 성장이 봉인되는 현실을 무시하였다. 이로 인하여 세계화 시대에 민주주의는 후진국뿐만 아니라 선진국에서도 점차 후퇴하고 있다. 국가 사이 그리고 국가 내부의 세계적인 '양극화' 심화 현상은 이것의 대표적인 사례가 될 것이다.

Ⅳ. 시민사회론

　이 글의 목적은 '시민사회론'과 '제3의 길'을 중심으로 탈냉전 이후 진보적 민주주의론의 논리에 구체적으로 접근하여, 이것의 현재적 민주성을 비판적으로 평가하는 것이다. 이를 위하여 앞서 이 글은 '민주주의의 심장'이라고 할 수 있는 자유와 평등의 현재적 지향점을 각각 '사회를 전유하는 사유'와 '균형으로서 평등'으로 설정하였다. 또한 이에 기초하여 탈냉전 이후 진보적 민주주의론의 현재성을 분석하기 위한 기준으로 첫째, '평등의 재구성에 대한 태도', 둘째, '시장경제의 제어에 대한 태도', 셋째, '분배자로서 국가에 대한 태도'를 설정하였다.

　여기에서는 시민사회론을 중심으로 탈냉전 이후 진보적 민주주의론의 민주적 현재성에 대한 논의를 본격적으로 전개하겠다. 이를 위하여 우선적으로 시민사회의 문제의식과 구체적인 의미, 이론적 전개과정에 대한 논의를 통하여 시민사회론 전반을 검토하겠다. 한편 탈냉전 이후 진보적 민주주의론으로서 '시민사회론'에 대한 구체적인 분석은 '사회주의적 시민사회론'을 중심으로 전개하겠다. 그 이유는 현재 진보적 민주주의를 지향하는 시민사회론의 방법과 이론은 대부분 '사회주의적 시민사회론'의 논리와 연관되기 때문이다.

　물론 신자유주의가 촘촘히 지배하고 있는 상황에서 시민사회론의 '시대적 대세'는 '신자유주의적 시민사회론'이다. 그러나 이 글의 목적이 진보적 민주주의를 탐색하는 것이기에, 민주주의와 별 관계가 없는 '신자유주의적 시민사회론'의 논리는 연구의 대상에서 제외하였다. 사적 자율과 시장적 경쟁의 확대를 극단적으로 지향하는 신자유주의의 시민사회론은 기본적으로 민주주의와 같은 공동체적 가치와는 대립적인 '시장사회'의 논리에 기초하고 있다고 판단되기 때문이다.[1]

1. 이론적 개요

1) 문제의식

20세기는 현실 사회주의 체제의 붕괴와 신자유주의적 세계화의 등장과 같은 전 지구적 변화를 경험하면서 저물어갔다. 이러한 과정에서 '국가', '민족', '계급', '사회구성체' 등 20세기를 지배해 온 '거대 담론'에 가려져 부각되지 못하고 있던 기존의 개념들에 대한 전반적인 재평가와 재검토의 필요성이 제기되었다. 이러한 이론적인 지형 속에서 시민사회라는 개념은 거대 담론의 결정론적 패러다임의 대안으로 재등장하였다.

시민사회는 '일원론'에 기초하여 다양한 사회현상을 '본질적으로 설명'하려는 거대 담론들이 사회현상에 대한 이론적 분석 도구로서 현실

---

1) 김세균(168-169)에 따르면, '신자유주의적 시민사회론'은 "1970년대 중반 이후 자본축적의 위기가 가속화되면서, 이 위기를 노동대중 및 제3세계 민중의 희생을 통해 해결하려는 가장 반동적인 자유주의적·제국주의적 부르주아 세력의 이데올로기로서 형성된 것인데, 중산층의 보수화, 노동자계급의 분열, 현존사회주의의 몰락 등으로 1980년대 서유럽정치를 규정하는 지배적인 이데올로기가 되었다."

적인 한계에 직면하는 상황에서, 이에 대한 대응의 맥락에서 기존의 사회과학적 이론을 대체하는 개념으로 재조명되고 있는 개념 중 하나이다. 이러한 시민사회는 기존의 전통적인 입장이 내포하는 "정치를 국가의 문제로 치환하는 '국가환원론적 시각', 혹은 '국가환원론적 시각'은 아니더라도 구체적인 이론적 실천에서 이러한 편향이 노정되어 왔음을 인정하고 이를 교정"(손호철 1993, 18)하려는 의도에서 제기되었다.

'시민사회의 재인식'은 기존의 제도정치에 대한 다수의 '불특정 대중'의 저항이 확산된 결과라는 관점에서도 이해할 수 있다.(채장수 1996, 6) 20세기 후반 서구 사회에서는 여성, 환경, 인권 등 제도권 정치에 의해서 대변될 수 없었던 새로운 요구와 관심들이 '일상의 정치화'를 통해서 집단적인 새로운 사회운동의 형태로 전개되면서 전통적인 의미의 대의정치나 고전적인 사회운동에 대한 인식들이 크게 변하였으며, 이러한 일련의 인식변화는 시민사회에 대한 새로운 접근과 인식의 필요성을 야기하였기 때문이다.

시민사회가 다시 등장한 이후 이에 대한 연구는 크게 '자유주의적인 접근'과 '마르크스주의적인 접근'에 의해 양분되었다. 전자는 토크빌의 논의와 맥이 닿는다. 토크빌은 국가와 시민사회의 분리를 보다 공고히 하면서 권력, 법, 지식의 통일성을 해체하는 수단으로 다원적 절차와 제도를 강조하였다. 그러면서 그는 마르크스주의자들이 충분히 고려하지 않았던 '다수의 압제'의 문제와 국가권력의 과잉집중을 날카롭게 비판하면서, 다양한 특수이익에 의해 조직된 시민사회의 다차원적 집단이 '국가의 독재'를 방어하는 방파제이자 정치적 민주주의의 시민적 뿌리임을 강조하였다.(박형준 1992, 16-20)

시민사회에 대한 '자유주의적 접근'은 1789년 프랑스 대혁명 이후 등장한 '자유로운 시민'의 결사로서 시민사회의 민주성과 자율성이라는 가치를 적극적으로 취하면서, '억압적 국가'에 대항하는 시민사회의 민주적인 속성에 주목한다. 즉 이러한 접근은 기본적으로 '민주적인 시민사회 대 억압적인 국가', 즉 "현대 사회에서 강력한 시민사회가 없이는 어떤 해방도 가능하지 않다. 강력한 시민사회는 공적 영역을 확장시킬 수 있으며, 거대국가(behemoth state)로부터의 안식처와 거대국가에 대한 저항의 구심점을 제공"(Gouldner 1980, 371)할 수 있다는 인식을 공유하고 있다.

한편 시민사회에 대한 '마르크스주의적 접근'은 시민사회의 독자적 자율성보다는 주로 경제와 시민사회의 상호 관계를 중요시하여 시민사회의 '경제구속성'을 강조하는 관점이다. 따라서 '자유주의적 접근'과 달리 '마르크스주의적 접근'의 시민사회는 그렇게 자율적이고 독자적인 공간이 아니다. 이러한 접근에서 시민사회는 경제적 관계에 구속된 수동적인 존재로서 현실화되기 때문이다. 마르크스주의의 이론적 전통에서 보면, 시민사회는 토대와 거의 동일시되어 개념적인 엄밀성을 부여받지 못하였다. 물론 그람시(Antonio Gramsci)에 의한 '대역전'이 있었지만, 엄밀하게 말하면 그의 시민사회론 역시 '최종심급'에서는 경제적 관계에 의해서 결정되는 '상대적 자율성'으로서의 시민사회였다.[2]

---

2) 마르크스주의와는 무관하지만, 헌팅턴의 '정치질서론'은 '현실 정치'의 관점에서 시민사회에 비판적인 입장을 취하였다. '정치질서론'은 '자유주의적 시각의 파국에 대한 극우적 대응'(손호철 1991b, 16)이라는 평가를 받을 정도로 제3세계 국민의 정치적 요구의 활성화에 따른 시민사회의 활성화에 대해서 부정적인 반응을 보였다. 이와 관련하여 헌팅턴은 라틴아메리카나 동남아시아의 정치적 혼란에 대한 책임소재에 대하여 "정치제도는 서서히 발전하고 있는데 반해 사회변동과 새로운 집단의 정치로의 동원이 너무나 신속하게 전개되고 있는 데서 생겨난 결과"(Huntington 1992, 376)라는 진단을 내렸다. 즉 제3세계에서 사회경제의 근대화와 이에 따른 시민사회의 활성화는 민주주의의

2) 의 미

홉스의 『Human Nature』에서 처음으로 사용된 시민사회라는 단어
가 널리 사용된 계기는 18세기 말 영국의 도덕철학자인 퍼거슨(Adam
Ferguson)의 『Essays on the History of Civil Society』가 발표된 이후
라고 알려져 있다. 이후 시민사회는 스미스(Adam Smith) 등 초기 정
치경제학자나 홉스, 로크나 헤겔(G. W. F. Hegel)과 같은 철학자들에
의해서 옹호되거나 비판되어 오면서, 그 개념이 연구자에 다양하게 정
의되었다. 이와 관련하여 프랑켈(Boris Frankel)은 시민사회의 의미를
세 개의 큰 덩어리로 구분하였다. 첫째, 갈등이 지배하는 시장 관계
즉 '만인의 만인에 대한 전쟁', 둘째, 내적 원리에 따른 '부산물', 셋째,
전제 군주나 봉건적 구조에 대항하는 '이성과 관용의 영역'(Frankel 1
983, 25)이 그것이다. 여기에서는 '시민의 의미'와 '시민사회의 외연'이
라는 문제를 중심으로 시민사회의 의미를 살펴보겠다.

먼저 시민사회의 주체인 '시민'의 의미를 살펴보겠다. 이를 위하여
우선 일상적으로 '시민'으로 통용되고 있지만 의미상 차이가 상당히
존재하는 '시민' 관련 단어를 검토하겠다. '시민'이라고 해석할 수 있지
만 실질적인 의미는 상이한 단어는 프랑스어의 '시트와앵'[3](citoyen),
'부르주아지'(bourgeois)와 독일어의 '뷔르거'(Bürger)가 있다. 첫째,

신장은 가져오는 것이 아니라, 정치적 요구의 수용능력 이상의 기대치와 참여
욕구를 폭발적으로 고양시켜서 오히려 정치적 불안정을 양산하게 된다는 것
이다. 이러한 관점에서 보면 제3세계에서는 정치의 최고선인 '안보와 질서의
회복'이 최우선의 목표가 되어야 하며, 정치체계의 안정적인 발전을 위해서 현
실적으로 시민사회의 활성화는 저지되어야 한다. 결국 시민사회와 민주주의
의 상관관계는 소수의 선진국에서만 성립되는 공식이 되어버린다.

[3] 영어의 'citizen'은 프랑스어인 'citoyen'과 거의 동일한 의미를 가지고 있다.

'시트와앵'은 '국가에 대한 정치적·법적 소속성'을 의미하는 개념이다. 현재 이것은 납세의 의무, 병역의 의무와 같은 국가에 대한 특정의 의무를 지니면서도 국가로부터 보호받아야 할 개인적 권리, 참정권과 같은 '시민권'(citizenship)을 가지는 '국가시민'을 의미한다. 둘째, '부르주아지'는 최초에는 사적 재산을 가지면서 인격적 자립성을 획득한 도시거주자를 의미하였지만, 현재는 일반적으로 유산자계급 내지 자본가계급과 그 대리인을 지칭하는 용어로 사용되고 있다. 셋째, '뷔르거'는 대체로 '국가시민'으로서 시트와앵과 '유산자계급'으로서의 부르주아지 양자 중 어느 하나이거나 양자 모두를 포괄하는 의미로 사용되고 있다.(김세균 1995, 152-153)

시민을 나타내는 단어의 구체적인 의미가 국가별로 상이한 이유는 각국의 독특한 역사성에서 기인하는 것으로 이해할 수 있다. 영국과 프랑스에서 시민계급은 정치적·경제적·문화적 해방을 의미하는 '시민사회의 해방'이 신흥 유산계급과의 원활한 결합을 통해서 일관되게 진행되었던 반면에, 독일에서는 이것이 순탄하게 이루어지지 못하였다. 독일은 1919년 바이마르 공화국이라는 짧은 민주적 시기를 경험하게 되지만, 권위주의 국가의 강력한 통제 아래 사회적 계급분화가 지체되었고 시민사회의 해방도 지체되었다. 이러한 연유로 인하여 독일에서 사회와 국가의 대립은 영국과 프랑스의 경우보다 더욱 강하게 나타났으며, 독일의 시민계급은 경제적 생산과 재생산 그리고 문화적 삶의 자율적 영역으로서 '정치적·공공적 권력'과 법의 영역으로서 '국가' 사이의 매개자로서 자신의 역할을 상당 부분 제약받았다.(배동인 1992, 43) 이러한 역사적 상황의 차이는 영국과 프랑스의 시민 개념과 비교할 때 독일의 시민 개념이 다소 중첩적인 의미를 가지는 결과를 가져왔다.

이처럼 모두 시민으로 번역할 수 있지만 실질적인 의미가 서로 상이한 시민의 개념을 고려하면, 시민사회의 의미도 어떤 개념의 시민과 결합되는가에 따라서 그 의미가 달라질 수 있다. 첫째, 시민이 '시트와앵'의 의미로 사용하면, 이와 결합하는 시민사회(=시트와앵의 사회)는 일차적으로 정치적·법적 의미를 중심으로 구성되는 사회의 개념이 된다. 이러한 시민사회는 일단 시민적 권리를 누리는 개개의 사회구성원들 및 이러한 개인들로 구성되는 집단들이 활동하는 사회의 상부구조 영역으로 이해할 수 있다. 즉 이것은 형식성과 절차성이 강조되는 자유주의적인 관점의 시민사회의 이해방식과 상통하는 것으로 평가할 수 있다.

둘째, 시민을 '부르주아지'의 의미로 사용하면, 부르주아지라는 의미와 결합하는 시민사회는 사회구성원이 부르주아지로 구성된 사회이거나 또는 부르주아지가 지배하는 사회를 의미하는 개념이 된다. 이 경우 시민사회는 역사적으로 생산수단 및 생산조건에 대한 사적 소유자들로 구성된 사회이거나 또는 타인의 노동을 착취하는 부르주아들이 생산적 노동자계급을 경제적으로 지배하는 자본주의 사회를 의미하게 된다. 이러한 의미의 시민사회는 부르주아지 사회와 동일한 의미가 된다. 따라서 이것은 상품생산자들의 경제적 관계를 내포하는 개념이며, 이를 보다 확대시키면 상품생산자들의 경제적 관계에 조응하는 정치적·이데올로기적 관계까지 포괄하는 개념으로 이해할 수 있다. 주지하다시피, 마르크스주의의 경제결정론적 시민사회론이 이러한 개념화에 기초하고 있다.

셋째, 시민을 '뷔르거'의 의미로 사용하면, 이와 결합히는 시민사회의 의미는 일차적으로 경제적 관계 중심의 부르주아지 사회와 동일하다. 하지만 이것은 경제적 사회관계와 상대적으로 구분되면서도 이러한 경제적 사회관계에 조응하여 성립되는 상부구조로서 시민사회의 의미를 포함하는 개념으로도 이해가 가능하다. 뷔르거와 같이 시민에 대해서 이중적인 개념으로 접근하는 시각은 주로 그람시의 시민사회론에서 나타난다.

이제 '시민사회의 외연'을 중심으로 시민사회의 의미에 대하여 논의하겠다. 시민사회의 외연을 통해서 시민사회 개념을 분류할 때, 시민사회는 크게 두 가지 유형으로 구분된다. 첫째, 시민사회는 국가영역이 아닌, 즉 국가영역을 제외한 나머지 영역이라는 '부정적 개념화'(negative conception)에 기초하여 '잔여범주'(residual category)로 의미를 설정할 수 있다. 따라서 시민사회는 사회구성체에서 '국가를 뺀 모든 것'이 된다. 이러한 시민사회는 전통적으로 우리가 '사회'라고 인식해온 것과 크게 다르지 않은 것으로 그 개념이 규정(손호철 1995, 21-22)되는데, 이것은 헬드나 킨(John Keane)의 '국가-시민사회'라는 '이분모델'의 문제의식과 결합한다.

둘째, 시민사회의 외연은 생산관계 내지 경제적 토대로 환원할 수 없는 생산관계 이외의 사적 그물망과 결사체의 영역으로 정의된다. 이러한 의미의 시민사회는 그람시의 표현대로 '흔히 사적이라고 불리는 조직체의 총체'로서 설정된다. 또한 코헨(Jean Cohen)과 아라토(A. Arato)의 주장처럼 '친밀한 영역(특히 가족), 결사체들의 영역(특히 자발적 결사체들), 사회운동들, 그리고 공공의사소통 형태들로 구성된 경제와 국가의 사회적 상호작용의 영역'으로 개념화된다. 이러한 개념화는 시민사회의 독자성을 보다 강조하는 입장에서 보통 '삼분모델'의 문제의식과 결합된다.

3) 이론적 전개

이제 주요 시민사회론의 내용을 중심으로 시민사회론의 전개과정에 대하여 살펴보겠다. 여기에서 검토할 시민사회론의 유형은 시민사회론의 본격적인 시작점인 '국가주의적 시민사회론', 시민사회에 대한 마르크스주의적 접근인 '경제결정론적 시민사회론'과 '상부구조로서 시민사회론', 그리고 이 글의 주제와 관련하여 핵심적으로 분석할 대상인 '사회주의적 시민사회론'이다.

(1) 국가주의적 시민사회론

먼저 근대 시민사회론의 본격적인 시작점인 헤겔의 시민사회론을 검토하겠다. 헤겔은 국가와 시민사회를 개념적으로 분리하여, 이전의 미분화 혹은 불완전한 분화상태를 극복하였다. 또한 시민사회에 '역사성'을 부여하면서, 이것을 관념의 영역에서 현실의 영역으로 전화시켰다. 이를 통하여 헤겔의 시민사회론은 근대 시민사회 이론의 전반적인 초석을 마련하였다.

18세기 말 시민사회는 문명화되지 않은 사회인 '전제적 지배'와 반대되는 의미의 개명된 사회나 헌법에 기초해서 지배가 이루어지는 '입헌국가'를 의미하였다. 19세기 중엽까지도 시민사회는 법에 의한 지배, 야만성 대신에 문명성이 지배하는 정치가 이루어지는 정치체제를 의미하였다. 즉 당시의 시민사회는 법의 보호 아래서 자유로운 시민들의 정치참여를 통하여 전제적인 권력을 통제하는 법치국가와 동일한 의미를 지녔다. 이처럼 19세기 중엽까지 시민사회는 법치주의에 기초하는 국가와 동일한 의미로 사용되어, 국가와 분리 내지는 대립되는 개

념으로 설정되지 않았다.(신광영 1995, 83-84)

홉스에게 있어서 '안보국가'는 시민사회와 동일한 것이었다. 그는 '만인에 대한 만인의 투쟁'의 '자연 상태'의 무질서를 극복하기 위해서, 상위의 가시적이고 잘 무장된 국가가 필요하다고 믿었다. 따라서 그는 주권은 개인을 초월한 국가가 전유해야 하는 것으로 인식하였으며, 무장한 안보국가에 의해서 강제되는 평화질서의 상태를 시민사회로 정의하였다.

한편 로크는 '입헌국가론'을 통해서 홉스의 '거대국가'를 상당히 축소시켰다. 홉스가 국가행위로부터 자유로운 사적 영역을 매우 협소하게 고려하였던 반면, 로크는 해체될 수 없는 사회 고유의 독자적인 영역들이 존재하고 있음을 인식하였다. 이러한 맥락에서 로크는 국가의 권위와 권력이 자유롭고 평등하며 독립적인 개인들 사이의 자연스러운 연대보다 우위를 점할 수 없음을 강조하였다. 그러나 로크의 시민사회 역시 정치세계의 중심적인 근본범주인 국가를 이탈하는 것이 아니었다. 이러한 '국가와 시민사회의 미분화'는 이후 스미스나 칸트(Immanuel Kant), 피헤테(Johann Gottlieb Fichte) 등의 사상가들에서도 그대로 유지되었다.(정한성 1985, 20)

'국가와 시민사회의 동일화'의 원인은 시대적인 제약성에서 찾을 수 있다. 당시 시민사회의 구성원인 시민은 제한적으로 구성되었다. 경제적으로 자본주의적 시장경제가 정착되기 이전의 상태에서 당시의 시민은 사회구성원 전체를 포괄하는 개념이 아니었다. 공공적·정치적인 시민생활권의 하부에서 생활을 영위하기 위해 필수적인 노동을 제공하지 않으면 안 되는 다양한 부류의 비자유인, 그리고 경제활동을 수행하기는 하지만 가내작업장에 묶여 있는 수공업자와 여성들은 투표권조차 부여받지 못하였으므로 온전한 의미에서의 시민이 아니었다.

실제로 당시의 시민은 신흥 부르주아지를 의미하는 개념이었다. 근대 자본주의 사회에서 지배적 위치를 차지한 부르주아적 시민들은 전통적인 특권층과 함께 시민사회의 구성원으로 간주되었다. 한편 이러한 '특권적 소수'만으로 구성되는 '협소한 시민사회'는 현실적으로 정치사회와 간단하게 융합될 수 있었다.(박형준 1992, 12-13) 시민은 정치사회에서 특권층이자, 시민사회에서도 특권층이었기 때문에 정치사회와 시민사회가 굳이 분리될 필요성이 존재하지 않았던 것이다.

그러나 당시에도 시민사회와 국가 사이 균열의 조짐이 전혀 없었던 것은 아니었다. 이때의 시민사회는 기본적으로 국가권력의 원천을 가리키는 의미로 사용되었지만, 다른 한편으로는 정치권력의 양도를 통해서 시민들이 '자연 상태'가 아니라 법적, 정치적 제약의 상태, 다시 말해서 '사회상태' 속에서 살아간다는 의미도 함께 내포하고 있었다. 이처럼 시민사회는 국가와의 세력관계를 통해서 인식되었지만, 시민적 권리와 결부된 세력이나 생활의 장으로도 인식되는 내재적인 계기는 이미 마련되어 있었다.

이 시기에도 국가와 시민사회의 분화에 대한 인식의 맹아를 발견할 수 있다.(유팔무 1995, 239-240) 전통적인 국가와 시민사회 개념은 18세기 후반에 분열되기 시작하였으며, 시민사회와 국가 사이의 분화에 대한 연구는 특히 영미 지역에서 활발하게 전개되었다. 이와 관련하여 킨은 당시의 시민사회 개념을 '독재와 민주주의'(Adam Ferguson), '시민사회 대 국가'(Thomas Paine), '보편국가'(G. W. F. Hegel), '새로운 독재'(Alexis de Tocqueville) 등과 연관 지어 설명하였다.(Keane 1993, 20-234)

그러나 국가와 시민사회가 개념적으로 완전히 분리되어 각각의 독자적인 역할의 메커니즘에 대한 연구를 시작한 사람은 헤겔이었다. 헤겔에 따르면 시민사회는 개인의 이기심이 교차하는 '욕망의 체계'라는 고유한 원리에 의해 구성되지만 필연적으로 '보편국가'에 의해서 지도되어야 하는 영역이다. 시민사회는 현실적 · 윤리적으로 국가와의 관계에서 벗어날 수 없다. 이처럼 헤겔은 '국가우위'라는 관점에서 국가와 시민사회의 관계를 설정하고 시민사회를 분석하였다.

헤겔은 '자유의지'라는 이념의 발전단계에 따라서 인륜을 '가족', '시민사회' 그리고 '국가'로 구분하였으며, 이것들은 각각 독립적 · 절대적인 존재가 아니라 상호의존적으로 연결되어 거대한 유기적 통일체를 이루고 있는 것으로 파악하였다. 이러한 맥락에서 시민사회는 '자연적인 정신'으로서의 가족과 '인륜적인 이념'의 현실성 혹은 자유의 가장 구체적인 형태인 국가와의 중간에 위치하는 영역으로 규정되었다.(한흥식 1985, 225) 이처럼 헤겔에게 있어서 시민사회는 초월적인 자연상태가 아니라 가부장적 가족의 단순한 사회와 보편국가 사이에 위치하는 '역사적으로 형성된 윤리적 생활의 영역'이었다.

이러한 시민사회는 시장경제, 사회의 계급, 협회, 복지 및 민법의 집행과 관계되는 제도를 포함하고 있으며, 정치적 국가에 직접 의존하지 않는 사적 개인, 계급, 집단, 그것의 집행이 민법에 의해 통제되는 제도들의 모자이크로 개념화되었다. 이러한 논의를 통하여 헤겔은 시민사회에 고유의 '역사성'을 부여하였다. 즉 시민사회는 미리 주어지는 것도 아니고 시공을 초월하여 존재하는 자연생활의 불변적 기초도 아니며, '장기적이고 복합적인 역사변화 과정의 결과물'이라는 것이다.

헤겔에게 있어서 시민사회는 순수한 사랑에 기초하여 조화를 특징으로 하는 가족과는 달리, 공통점이 없는 다양한 요소들의 상호작용으로 인해서 깨어지기 쉽고 심각한 갈등에 빠지는 공간이기도 하였다. 시민사회는 내부의 모순을 극복한 안정된 사회가 아니었으며, 항상

'과도한 주체성'의 발현에 의하여 파괴될 수 있는 가능성을 안고 있는 '불안한 사회'였다.(함재봉 1995, 29) 헤겔은 이러한 시민사회를 '욕망의 체계'로 규정하였다. 시민사회에 대한 이러한 규정은 근대사회는 '자아의 확립'을 통해서 성립하였으며, 개개인의 이기심과 사적인 욕망의 추구가 경제사회를 지탱하고 있다고 보는 헤겔의 역사인식을 반영하는 것이기도 하였다.

이처럼 시민사회의 각 구성원이 이기적인 목적만을 추구하고 타인에 대한 최소한의 고려를 생략하고 있다면, 사회 전체는 무정부적인 혼란에 빠져 버리고 말 것이다. 무정부적 사회에서는 개개인의 사적인 욕망의 추구도 불가능해진다. 이와 관련하여 헤겔은 사회는 나름의 '방어 장치'를 가지고 있다고 판단하였다. 그것은 바로 '분업'이었다. 헤겔은 사회적 분업을 토대로 이러한 곤란성을 극복하고자 하는 근대의 경제사회를 '전면적인 의존성의 체계'라고 규정하였다. 그리고 이러한 분업체계를 통하여 의존성과 상호성 속에서 주관적인 이기심은 타인의 욕망 충족에 대한 기여로 전환된다고 헤겔은 판단하였다. 즉 사적 개인은 사회적 분업체계에 참여함으로써 자신의 특수성이 사회적인 보편성과 결합한다는 것이다.(한홍식 1985, 229)

그러나 욕망체계라는 특수성의 원리가 상호 의존체계인 보편성을 내포하고 있지만, 이것만으로는 사회 전체의 자연스러운 조화가 보장되는 것은 아니라고 헤겔은 파악하였다. 기본적으로 헤겔은 구성원 개인의 욕망 추구가 시민사회의 가장 기본적인 원리라고 생각하였다. 물론 '욕망의 시민사회'는 사회적 분업체계를 통하여 부분적으로 순화되지만, 이것에는 일정한 한계가 존재하였다.[4] 헤겔에게 있어서 시민사

---

4) 헤겔은 근대 시민사회의 분석을 통해서 노동의 비인간화와 소외계급의 문제를 언급하였다. 헤겔은 인간의 끊임없는 필요를 충족시기기 위한 상품

회는 근본적으로 사적인 이해와 사적인 이해가 격돌하는 전쟁터와 유사한 것이었다. 그는 시민사회는 맹목적이고 임의적이며 의사 자발적 방식으로 전개되고 또 이러한 상황에서 발전하게 되어, 궁극적으로는 구성원 개인의 특수성을 극복할 수 없을 뿐만 아니라 개인의 다원성 자체를 스스로 손상시키게 된다고 진단하였다. 이러한 상황에서 시민사회의 구성원은 소위 공공정신에 입각한 '시민'(citizen)이라기보다는 자신의 이익을 위해서 타인을 적대시하는 계급적이며 이기적인 '부르주아지'(bourgeois)로 현실화되었다.(Keane 1993, 222)

구성원의 생계와 법적 지위, 행복이 서로 얽혀서 상호 작용하는 개인들의 복잡한 체계인 근대 시민사회는 '보편적 이기심'으로 인하여 소위 '시민성'을 담보하는 데 실패하고, 결국 사적이고 이기적인 '비시민'(non-citizen) 사이의 맹목적이고 불안정한 경제적 경쟁의 장이 되었다. 이러한 시민사회의 역기능으로 인하여 헤겔은 근대 시민사회는 스스로의 힘으로 자신의 특수성을 극복할 수 없으며, 자신의 내적 갈등을 해결할 수 없다고 보았다. 따라서 시민사회는 자신을 '계도'할 외부의 강력한 존재를 요구하였으며, 그것은 다름 아닌 '국가'였다.

헤겔은 보편국가의 '수준 높은' 지도를 받지 않는다면 시민사회의 '시민성'을 유지할 수 없으며, 종국적으로는 시민사회 자체를 파괴하게 될 것이라고 주장하였다. 오직 최상의 공적 권위만이 효과적으로 시민사회의 역기능을 치료할 수 있으며, 시민사회의 특수이해를 보편적인 정치공동체 내부로 종합할 수 있다는 것이 시민사회에 대한 헤겔의

을 생산하는 과정에서 특정 상품은 그 상품을 소비할 대상을 충분히 확보하지 못하게 될 것이고, 한편으로는 노동 분업에 대한 지속적인 재정비의 요구 때문에 이러한 상황에 적절히 대응하지 못하는 사람들은 결국 도태될 것이라고 주장하였다. 또한 이것의 결과로 나타나는 빈곤은 근대사회의 전형적이고 제거할 수 없는 성격이라고 보았다.(Plant 1977, 111-112)

'처방전'이었다.

헤겔에게 있어서 군주, 공무원, 귀족에 의해 운영되는 '입헌국가'는 공적 권위의 '최상의 현실태'였다. 이러한 국가는 시민사회 내부의 갈등적 요소를 더 높은 윤리적 실체로 보존하면서 종합하는 새로운 계기였다. 국가는 사회를 통일적으로 대표하며, 시민사회는 국가에 의해서 지양된다. 다시 말해서 시민사회는 일종의 '필연성'으로 보존되는 동시에 극복되어서 더욱 폭넓고 복잡하며 고도로 정치적인 공동체에 복종하게 된다는 것이다.(Keane 1993, 223) 이러한 과정에서 시민사회 구성원의 자유는 국가에 의한 접합과 보편적 이해의 보호라는 조건에서 보장받고 종합된다.

이상과 같은 헤겔의 논의를 정리하면 사회는 시민사회와 정치사회로 분리되어 있는데 시민사회는 사회 성원들의 본능과 특수한 욕구에 기초하고 있기 때문에 필연적으로 갈등을 산출하여 '자기 해체적' 속성을 지닌다. 따라서 이를 극복하고 안정을 유지하기 위해서 시민사회는 인간이 이성에 합치된 삶을 살아가게 할 수 있는 유일한 조직인 '보편국가'에 의해서 통제를 받고 규율되어야 한다.

이처럼 헤겔은 국가를 시민사회 상위에 위치 지우는 논리를 통해서 국가주의적인 시민사회론을 전개하였다. 헤겔에게 있어서 시민사회는 그 자체로는 정당화될 수 없으며, 오직 국가와의 상호맥락에서 자신을 확인할 수 있는 존재였다. 가치의 중심이 시민사회가 아닌 국가에 부여되었다는 것이다.[5]

---

5) 최근 일부 '신우파'들은 자유시장과 야경국가와 같은 자유방임적 논리에 기초하여 자본주의 시민사회의 윤리적 한계들에 대해 비판하면서, 공동체·충성·복종과 같은 국가주의적 가치들이 최우선적으로 보장되고 신장되어야 함을 주장하고 있다.(Skinner 1995, 17) 이는 시민사회의 비윤리성과 이를 극복하기 위하여 국가가치를 강조한 헤겔의 논리와 맥락이 통하는 것으

(2) 경제결정론적 시민사회론

국가와의 관계에서 그 위상이 축소되기는 하였지만, 헤겔의 시민사회
는 시민사회 그 자체의 특수성과 독자적인 구성 원리를 부정하거나 제
거하지 않았다. 국가의 '지도'에 의한 시민사회의 보편적 이기심의 극복
을 통하여 시민사회의 '건전성'을 유지하고자 하였던 것이 헤겔의 '국가
주의적 시민사회론'의 결론이었다. 그러나 사회현상의 본질을 경제적
계급관계에서 구하였던 마르크스는 시민사회를 경제적인 토대와 동일
한 개념으로 이해하거나 혹은 경제관계의 착취적 본질을 호도하는 부
적절한 개념으로 이해하였다. 마르크스에게 있어서 시민사회는 경제적
계급관계에 의해서 '지워진 개념'이었다.

시민사회에 대한 마르크스의 공식적이고 최종적인 입장은 '경제결정
론'으로 정리할 수 있다. 그러나 '초기 마르크스'[6]의 시민사회론은 이것
과 다소 상이하였다. '초기 마르크스'에 따르면 개인들의 노동, 소유, 가
족이 모두 정치적인 관계에 의해서 규정되어 다양한 특권으로 얽혀 있
는 전근대 사회와는 달리, 근대 시민사회의 성격은 기본적으로 '탈정치
적'이었다.[7] 마르크스는 프랑스 대혁명과 같은 일련의 시민혁명을 통해
서 봉건적 정치관계에 묶여 있던 사회의 제반요소들이 '전체로서의 국

로 이해할 수 있다.

6) 알튀세르에 따르면 마르크스의 이론에는 『독일이데올로기』를 전후로 하여
   '인식론적 단절'(epistemological break)이 존재한다. 이러한 단절을 중심으
   로 알튀세르는 '두 개의 마르크스'를 구분하여 특히 '인식론적 단절' 이후 '과
   학적 마르크스'를 높게 평가하였다.(Althusser 1990, 36) '초기 마르크스'는
   이러한 논리에 기초한 개념이다.

7) 당시 마르크스는 전근대 사회를 '구시민사회'로, 근대 사회를 '신시민사회'
   로 각각 명명하였다. '초기 마르크스'의 시민사회론에 대해서는 Marx(198
   9)를 참고.

가'와 분리되었다고 보았다. 그는 이러한 정치적 해방은 정치적인 제약으로부터의 해방 다시 말해서 '정치로부터의 해방'으로 귀결되었으며, 이는 개인적인 이해관계의 추구행위를 억압해 왔던 정치적인 족쇄가 사라지게 되었음을 의미한다고 보았다. 신분체계나 길드와 같은 정치적인 억압에 의해서 특권이 유지되어 온 전근대 사회에 비해서, 개인들의 관계가 특권이 아니라 법에 의해 지배되는 근대적 시민사회는 정치적인 강제에서 해방되었다는 의미에서 '탈정치적 영역'이었다.

　시민사회에 대한 '후기 마르크스'의 견해는 헤겔 비판 특히 헤겔의 '보편국가'에 대한 비판[8])을 통해서 본격적으로 진행되었다. 그에 의하면 시민사회 내부의 이기적인 싸움은 보다 윤리적인 보편국가에 의해서 중재되는 것이 아니었다. 마르크스는 시민사회와 국가가 정치적으로는 '형시저인 단절'을 이루고 있지만 경제적으로는 '실질적인 결합'을 이루고 있다고 분석하였다. 즉 국가는 시민사회의 조직 원리와 괴리된 상태에서 정치적 공동체라는 '환상'을 만들어내는 형식적인 기구라고 보는 점에서 국가와 시민사회 사이의 '형식적 단절'이 존재한다. 그러나 시민사회를 지배하는 특정 집단, 즉 부르주아지의 계급적 이익이 국가에 의해서 정치적으로 재생산되고 있다는 점에서 국가와 시민사회는 매우 특수한 형태의 '실질적 결합'을 형성하고 있다.

　이처럼 마르크스는 시민사회를 물질적인 관계를 통해서 접근하였다. 시민사회는 노동, 사적 소유, 이기적인 경쟁으로 설명되며, 이러한 시민사회의 등장은 이기적인 개인들의 자유와 자율에 기초한 경제체제인 '자본주의적 시장경제체제'의 등장을 의미하였다. '정치경제학은 바

---

8) 헤겔의 '보편국가'는 마르크스의 '프롤레타리아트'에 의해서 대체되었다고 볼 수 있다. 프롤레타리아트는 공동체, 사회, 개성을 화해시킬 수 있는 진정한 '보편성의 화신'으로 '비계급으로시 계급'(Marx 1909, 204)이기 때문이다.

로 시민사회의 해부'라는 그의 주장은 이를 입증하고 있다.

마르크스는 시민사회를 경제적 계급관계의 맥락에서 이해하여 시민사회의 독자적인 자율성을 축소시켜서 자본주의적 생산관계의 총화인 물질적 · 경제적 토대와 동일한 개념으로 설정하였다. 이처럼 시민사회는 '정치경제학'으로 용해되었으며, 따라서 마르크스의 과학체계에서 시민사회는 사회과학적인 개념으로서 그 이론적 · 실천적 지위를 상실하였다. 오히려 시민사회는 '법적인 평등'이라는 부르주아적인 '형식논리'로 경제적인 계급관계의 억압적인 본질을 은폐하려는 부르주아 이데올로기의 '사법적 표현'에 불과한 것이 되어버렸다.(박형준 1992, 20)

시민사회를 경제적 토대와 동일시하고 이것을 자본주의 사회의 계급적인 성격을 은폐하려는 이데올로기적 장치 정도로 이해하는 입장은 이후 일군의 마르크스주의자들에 의해서 계승되었다. 이와 관련하여 알튀세르(1991)의 '이데올로기적 국가장치'(ideological state appratuses)론을 살펴보겠다. '이데올로기적 국가장치'란 시민사회 내부의 다양한 기관처럼 사적 영역에 속하면서도 실질적으로는 이데올로기적인 효과를 발휘하여 억압적 국가장치와 함께 지배계급을 통일시키고 착취의 조건을 재생산시키는 교회, 노조, 정치, 커뮤니케이션 등을 가리키는 개념이다. 이러한 국가장치들은 기능적으로 자본주의의 생산양식을 재생산하는 역할을 하는 과정에서 공적인 영역과 개인적인 생활 사이의 '법률적인(juridical) 구분' 즉 국가와 시민사회의 구분을 강제하였다.(Althusser 1991) 이러한 논리에 입각하면 언론, 교육, 교회 등 우리가 흔히 시민사회의 구성요소라고 부르는 것들은 민주주의의 안정적인 유지와 확장이 아니라 배타적인 계급지배체제의 안정적인 재생산을 도모하기 위한 이데올로기적인 장치가 된다.[9]

---

9) '이데올로기적 국가장치'라는 개념과 관련하여 지적할 필요가 있는 점은 이를

프랑켈(1993, 27-28)은 보다 현실정치적인 관점에서 시민사회에 대하여 부정적인 입장을 제기하였다. 그는 '국가'와 '경제', 그리고 '시민사회'의 '삼위일체'(holy trinity) 사이의 경계(boundary)의 모호성을 강조하면서, 시민사회와 같이 정치적으로 불분명한 개념은 개혁의 진행을 방해한다고 주장하였다. 그리고 그는 국가와 시민사회 사이의 분리에 근거하는 시민사회론은 국가에 대항하여 사유재산을 포함한 개인주의적인 자유를 지키려는 '새로운 사회계약론'이라고 평가하였다. 또한 시민사회론의 수용은 '경제적인 것'과 '정치적인 것'이라는 부르주아지의 인위적인 분류를 인정하는 결과로 이어지기 때문에, 마르크스주의는 이를 거부해야 한다고 주장하였다.[10]

상술한 것처럼 마르크스에게 시민사회는 자본주의적 토대와 동일한 것이었다. 따라서 시민사회는 더 많은 민주주의를 위하여 보다 발전되고 축적되어야 할 대상이 아니라, 프롤레타리아트 혁명을 통하여 전복되거나 소멸되어야 할 대상이었다. 즉 마르크스의 '경제결정론적 시민사회론'에서는 '보편적인 상식'과는 달리 민주주의와 시민사회는 적어도 '동지적 관계'가 아니었다. 이러한 마르크스의 시민사회론은 20세기에 들어서면서 다양하게 분화된 사회적 현실을 설명하는 데 많은 공

제안한 알튀세르 자신도 이 개념에 대해서 매우 조심스러운 태도를 취하였다는 사실이다. 그는 이와 관련된 자신의 주장이 이후의 연구와 분석을 통해서 확증되거나 기각될 수 있다고 말하였다. 또한 그는 이 개념을 제시하고 있는 논문에 '연구노트'라는 부제를 달았으며, 후기에서는 몇 가지 자기반성을 덧붙였다. 그럼에도 불구하고 알튀세르의 '이데올로기적 국가장치론'은 '국가장치'(state apparatuses)와 '사회기구'(social institution)의 차이를 간과하여, 결국에는 '생산관계 패권'의 새로운 결정론을 되풀이하고 있다는 비판에서 자유로울 수 없을 것 같다.

10) 이러한 주장처럼 시민사회에 대한 근본적인 비판의 관점에서, 김세균(1995)은 시민사회를 대신하는 개념으로 '민중시회'를 제시하였다.

백을 드러내며 심각한 위기에 직면하게 되었다.

헤겔의 시민사회론에 대한 비판이 '국가주의'에 집중되었다면, 마르크스의 시민사회론에 대한 비판은 당연히 '경제결정론'에 집중되었다. '결정론'은 여러 현상들이 필연적인 인과 관계적 법칙에 의해서 서로 연결되어 있다고 보는 관점이다. 이러한 관점에서는 개별 현상들의 고유한 자율성이 상당히 위축된다.

'경제결정론'은 다양한 사회현상을 야기하는 인과 관계적 법칙의 결정적인 요인은 계급으로 현실화되는 '경제적 관계'이며, 따라서 다양한 현상들은 일차적으로 이것에 의해서 결정된다는 관점이다. 다시 말해서 이것은 정치, 법, 문화와 같은 다양한 사회현상의 근저에는 이러한 상부구조의 요소를 구성하는 토대인 경제적 관계가 존재한다는 관점이다. 모든 사회적 모순과 갈등을 경제적 계급관계라는 단일한 문제틀로 환원시키는 '경제결정론적 시민사회론'은 시민사회에서 나타나는 다양한 현상을 경제적 계급관계에서 파생되는 문제로 획일화하여, 결국은 환경, 인권, 여성, 인종, 종교와 같이 경제관계와 상이한 토양에서 발생하거나 발생할 수 있는 '균열'과 '적대'뿐만 아니라 '연대의 다원성'도 봉쇄하게 된다.

(3) 상부구조로서 시민사회론

20세기 초반 자본주의의 구조적 모순은 마르크스의 예견과는 달리 '프롤레타리아트적 방식'으로 극복되지 못하였으며, 오히려 프롤레타리아트의 적극적인 지지를 기반으로 프롤레타리아트 방식과는 정반대인 '파시즘적 방식'으로 극복되었다. 제2차 세계대전 전후 자본주의의 구조적 모순이 파시즘적인 방식으로 극복되었던 대표적인 국가 이탈리아의 그람시는 마르크스와 레닌과는 상이한 관점의 '마르크스주의'를 제시하였다.

그는 자본주의가 발전하여 내부적으로 모순이 심화되면 '거의 자동적으로' 프롤레타리아트 혁명이 발생할 것이라는 마르크스의 전망은 수정되어야 한다고 주장하였다. 그람시의 '마르크스 수정작업'은 주로 시민사회론을 통해서 전개되었다. 마르크스와는 달리 그람시에게 시민사회는 경제적 계급관계뿐만 아니라 일상과 문화, 상식 등이 교차되는 보다 복합적인 영역이었으며, 이것은 경제적 토대와 동일한 것이 아니라 '상부구조의 일부'였다. 그리고 그람시는 상부구조로서 시민사회는 자본주의가 발전할수록 더욱 확장되어서 자본주의의 구조적 위기를 흡수하는 체제보호의 역할을 한다고 주장하였다. 그에 따르면 자본주의적 사회관계가 아직 안착되지 못한 후진국과는 달리 서구 선진국의 시민사회는 국가의 위기를 흡수하고 국가의 기능을 회복시켜 주는 체제수호의 기능을 수행한다.

이처럼 그람시의 시민사회론은 국가와 시민사회의 실질적인 분리를 비판하고 양자를 정치경제학적 논리로 융합시킨 마르크스의 시민사회론과는 상당한 차이가 있다. 그는 사회전반에 대한 경제적인 결정요인 이외의 다양한 사회적 제도들과 관습들이 오랜 기간 지속적인 관계 속에서 형성되고 발전되어 왔기 때문에, 다양한 사회적 현상들을 단순히 물질적 관계로 환원시킬 수 없다는 점을 강조하였다.

이러한 관점에서 그람시는 마르크스가 경제적 토대와 동일시한 시민사회를 정치사회와 함께 상부구조의 한 층위에 위치시켰다. 이러한 '이동'의 핵심적인 의미는 경제결정론으로 질식되어버린 시민사회의 자율성을 인정하고 이를 적극적으로 이론화하였다는 점이다. 물론 이것은 마르크스의 시민사회론에 대한 적극적인 비판의 의미를 가지는 것이기도 하였다. 이와 관련하여 보비오는 그람시에 의한 시민사회론의 수정은 마르크스주의의 전통에 대한 '이중적인 전도'를 의미하는 것이라고 평가하였다.

그람시의 개념체계 속에서 시민사회가 갖는 독특한 위치로 인하여 마르크스와 엥겔스 사상에 대한 전통적 해석은 두 측면에서 전도된다. 첫째는 경제적 하부구조에 대한 이데올로기적 상부구조의 우위이고 둘째는 상부구조 내에서 제도적 계기에 대한 이데올로기적 계기의 우위이다. 마르크스에 대한 역사적 해석에 있어서 지배적 개념도식이 된 시민사회-국가의 단순한 이분법에 관련하여 볼 때, 그람시의 도식은 훨씬 복잡하다. 비록 쉽게 발견되지는 않지만, 부분적으로 중첩되는 두 개의 이분법들이 활용되고 있다. 하나는 필연과 자유의 이분법으로서, 이는 하부구조와 상부구조의 이분법에 상응한다. 다른 하나는 강제와 동의의 이분법으로서, 이는 제도와 이데올로기의 이분법에 상응한다. 이러한 보다 복잡한 도식 속에서, 시민사회는 첫 번째 이분법의 능동적 계기인 동시에 두 번째 이분법의 긍정적 계기로서 작용한다. 내 생각으로는 바로 이점이 그람시 체계의 진정한 핵심인 것으로 보인다.(Bobbio 1992c, 52-53)

① 헤게모니적 지배

마르크스를 비판하면서 그람시는 경제적인 토대와는 다른 상부구조의 한 층위로 시민사회를 설정하고, 이것의 자율성을 적극적으로 해석하였다. 그람시는 경제적 토대가 아닌 상대적인 자율성을 가지는 상부구조의 일 영역으로 시민사회를 재배치하였으며, 동시에 시민사회의 사적[11]인 성격을 강조하였다. 이처럼 그는 시민사회를 경제적 토대가 아

---

11) 그람시의 시민사회론에서 '사적'(private)이라는 개념은 개인적인 이익을 개별적·자율적으로 추구한다는 의미에서 '공적'(public)이 아니라는 '잔여 범주의 의미화'로 한정된다. 그는 '사적'의 의미를 '무엇보다 우선 존중되어

닌 상부구조의 일부로 설정하고 상부구조를 정치사회(국가)와 시민사회로 구분하는 방법을 통해서 경제적 토대와는 구별되는 시민사회의 독자적인 메커니즘을 강조하였다.

> 그동안 우리가 할 수 있는 것은 두 개의 주요한 상부구조적인 '수준'(levels)을 고정하는 일이다. 하나는 '시민사회'라고 부를 수 있는 것으로, 이것은 일반적으로 '사적'이라고 불리는 조직체들의 총체이며, 다른 하나는 '정치사회' 혹은 '국가'라고 불리는 것이다. 이러한 두 개의 수준들은 한편으로는 지배집단에 의해 사회 전체에 관철되는 헤게모니의 기능에 조응하고, 다른 한편으로는 국가와 '법률상의' 정부를 통해 행사되는 '직접 지배' 혹은 명령의 기능에 조응한다.(Gramsci 1978, 12)

그러나 그람시의 지향점은 마르크스주의의 '폐기'가 아니었다. 그가 극복하고자 했던 핵심적인 문제는 과도한 경제결정론이지 마르크스주의의 이론적 근거인 '경제적 토대의 규정' 그 자체는 아니었다는 것이다. 실제로 그는 시민사회에 대한 경제적 계급관계의 궁극적 결정을 부인하지 않았으며, 오히려 부르주아지 시민사회의 계급적인 재구축을 기반으로 하는 새로운 유형의 프롤레타리아트 혁명을 주장하였다. 실제로 그는 시민사회에 경제적 계급관계로부터의 '절대적 자율성'을 부여하지 않았으며, 오히려 시민사회를 부르주아지의 안정적 계급지배와

아 한 자연법적 귀리'의 관점이 아닌, 단지 영역 구분이 의미에서 '공적이 아닌 그 무엇' 정도로 소극적으로 규정하였다. 이처럼 그람시에게서 '사적'이라는 개념은 소위 '개인주의적' 내지는 '감추어져야 할 사생활'이라는 보다 적극적으로 해석된 '사적'의 의미와 동일하지 않다.(이해영 1992, 205-206) 이는 '사적인 것'(the private)을 강조하는 자유주의적 관점과는 달리, 마르크스주의자인 그람시의 관심은 보다 '공적인 것'(the public)을 향하고 있음을 보여준다.

연결시켜서 분석하였다.

이와 관련하여 텍시어(J. Texier)는 '이론적 분업'이라는 개념을 통해서 마르크스와 그람시의 '연속성'을 강조하였다. 그는 이들 모두가 경제중심의 문제틀을 공유하였다고 말하면서, 다만 마르크스는 경제적 토대의 조건들에 그람시는 상부구조들의 역할에 보다 관심을 집중하였다고 지적하였다. 또한 그는 이러한 '이론적 분업'을 통해서 그람시는 마르크스의 계획을 완성하게 되었다고 주장하였다.(Texier 1992)

그러나 마르크스와 그람시의 이론적 차이점은 명백하다. 그람시는 부르주아지의 지배가 단순히 억압적이고 배타적인 국가기구를 통해서만 유지되는 것이 아니라, 시민사회에 뿌리내리고 있는 다양한 제도와 실천을 매개로 지배계급의 세계관에 대한 피지배 대중의 자발적인 동의를 통해서도 이루어진다고 분석하였다. 바로 이러한 논리를 통하여 그람시는 마르크스와는 '다른 길'을 제시하였다.(김호기 1993, 233)

그람시는 정치적 통제의 두 가지 기본적인 유형을 '지배(domination)기제'와 '헤게모니기제' 또는 '지도(direction)기제'로 구분하였다. 그에 따르면 '지배기제'는 주로 정치사회의 영역에서 발생하는 것으로, 경제적인 계급관계에 기초하는 지배계급이 공권력을 포함한 물리력에 의존하여 피지배계급을 직접적·강제적으로 통제하는 것을 의미한다. 한편 '헤게모니기제'는 주로 시민사회의 영역에서 발생하는 것으로, 경제적인 계급관계로 완전히 환원될 수 없는 지배계급의 도덕적·문화적인 권위가 피지배계급으로부터 '자발적인 동의'를 획득하고 이를 바탕으로 발생하는 안정적인 이데올로기적 통제 상황을 의미한다. 물론 '정상적인 권력'의 지배는 마르크스의 주장과는 달리 조직화된 국가권력의 강제력만이 아니라, 주로 '동의'에 기초한 '동의와 강제'[12]라는 두 가지 영역의

---

12) 정치권력의 지배수단을 흔히 '엿과 채찍'으로 비유하기도 하는데, 이 표

상호 절충을 통해서 이루어진다.

그람시의 이론적 특성이 두드러지는 '헤게모니론'은 시민사회론의 맥락에서 전개되었다. 그에게 있어서 시민사회는 그렇게 간단한 영역이 아니었다. 시민사회는 경제적인 계급관계의 궁극적인 규정력을 부정할 수는 없지만 이것에 의해서만 일방적으로 규정되는 영역이 아니다. 시민사회는 경제적 관계뿐만 아니라 시민사회의 구성원으로서 피지배 대중의 일상적인 의식과 생활, 문화, 관습 등이 서로 복잡하게 얽히고 상호 작용하는 공간이기 때문이다. 즉 시민사회는 '정치적, 윤리적, 문화적 헤게모니'가 형성되고 작용하는 '사적인 생활 영역'이며, 그 자체로는 정치 외적 영역인 경영자단체 및 노동조합, 정당 등을 매개로 상호 유기적으로 연관되어 있어서 단일한 요인으로 설명할 수 없는 매우 복잡한 영역이다.[13]

그람시는 헤게모니를 복합적으로 구성된 시민사회에서의 일상적 지배와 연결시켰다. 그에게 있어서 헤게모니는 시민사회에서 지배계급의 지적·도덕적인 지도력이 피지배 대중에게 수용되는 과정을 통해서

현은 독일의 마르크스주의자인 메링(Franz Mehring)이 비스마르크(Otto von Bismark)가 반포한 '사회주의자 진압법'을 '채찍'에 비유하고 사회보장법을 '엿'에 비유한 것에서 기인한다. 유사한 맥락에서 노이민(Franz Neumann)은 전자를 '설득과 물질적 이득'으로 후자를 '폭력'이라고 명명하였다.(Neumann 1959, 8) 그러나 이러한 '엿과 채찍'과 그람시의 '동의와 강제'가 동일한 의미는 아니다. 무엇보다도 그람시의 '동의'는 '엿'과는 날리 모상이 선세에시 않은 '대면히 가빌심'이라는 개넘을 내표하고 있기 때문이다.

13) 어리(J. Urry)는 시민사회의 세 가지 단층을 '순환의 영역'과 '재생산의 영역', '투쟁의 영역'으로 설명하면서, 이처럼 복잡하고 모순적인 시민사회와 국가의 상호 순환과정을 '토대-상부구조의 도식'(마르크스)이나, '경제적-정치적-이데올로기적 심급'(알튀세르)으로 대체하려는 시도는 적절하시 못하니고 주상하있나.(Urry 1981, 106, 153)

'국가의 문화적 지배'가 성립되는 현상을 나타내는 개념이다. 이러한 헤게모니는 노동조합, 학교, 교회 그리고 가족 등 시민사회의 기구를 통하여 피지배 대중의 사적이고 일상적인 생활 전반으로 확산된 '조직원리' 내지는 '세계관' 또는 이러한 '세계관들의 조합'으로 정의된다.

한편 헤게모니는 시민사회에서의 '사회화 과정'을 통해서 피지배 대중을 포함한 사회구성원 전체의 '상식'(common sense)이 되며, 또한 이러한 과정을 통해서 지배계급의 안정적인 재생산을 후견하는 기존의 질서는 피지배 대중에게 전혀 거북하거나 어색하지 않은 일상 속의 '자연스러움'으로 현실화된다.14) 이처럼 '헤게모니화'는 공식적인 국가조직이나 기관에 의해서 혹은 '외부로부터 주입'에 의해서 이루어지는 과정이 아니다. 이것은 규범, 관습, 언술 등을 매개로 피지배 대중의 일상적이고 사적인 생활에 침투하여 자연스럽고 자발적으로 '수용'된다. 따라서 헤게모니에 기초하는 지배권력은 피지배 대중의 저항으로부터 상당한 정도의 안정성을 확보하게 된다. 헤게모니적 지배권력에 대한 저항의 형성 자체가 상당히 힘든 것이며, 설령 저항이 있다고 하더라도 이것이 현실성을 얻기 위한 필수 조건인 피지배 대중의 광범위한 '동의'를 획득하기가 거의 불가능하기 때문이다.

이러한 '헤게모니론'은 마르크스의 주장과도 대립된다. 부르주아지의 지배를 생산수단의 독점과 프롤레타리아트에 대한 잉여가치의 일방적인 수탈을 통해서 이루어지는 공식적이고 강제적인 방식으로 한정 지우는 마르크스와는 달리, 그람시는 부르주아지의 지배를 국가기관을 통한 공식적·강제적인 지배와 더불어 경제적인 토대에 대하여

---

14) 그람시의 헤게모니는 물질적인 권력차원보다 주로 정신적인 권력차원에 치중하고 있다는 점에서 푸코(Michel Foucault)의 '미시권력론'과 유사하다. 그러나 푸코는 계급의 문제틀을 초월하여 좀더 근원적인 권력관계를 탐구하였다는 점에서 그람시와는 차이가 있다.(Allix 1995, 164-166)

상대적인 자율성을 확보하고 있는 시민사회에서 피지배 대중에 대한 도덕적·문화적인 지도력의 장악으로 확장된다는 점을 강조하였기 때문이다. 이러한 논리는 "지배이념은 곧 지배계급의 이념이며, 사회의 물질적 힘을 지배하는 계급은 동시에 정신적 힘도 지배"(Marx & Engels 1970, 64)한다는 마르크스주의의 전통적인 관점을 유지하면서도, 이것을 보다 확장하는 해석이라고 볼 수 있다. 또한 이것은 지배이데올로기의 전파를 통한 체제의 안정적인 재생산 과정에 주목하는 '사회화론'에 대한 진보적인 입장의 비판이기도 하다. 이와 관련하여 피오리(G. Fiori)는 그람시의 헤게모니 개념의 의의를 다음과 같이 정리하였다.

> 마르크스주의자로서의 그람시의 독창성은 부르주아지 지배의 본질에 관한 그의 개념에서 찾을 수 있다. 그는 부르주아지 지배체제의 견고함의 원천이 지배계급이 행사하고 있는 폭력이나 국가기능의 강제에 기인하는 것이 아니라, 지배계급이 가지고 있는 세계관을 피지배계급이 받아들이는 데 있다고 설명하였다. 지배계급의 철학은 복잡한 세속화 과정을 거쳐 하나의 상식—대중들이 쉽사리 받아들일 수 있는 도덕과 관습—으로 피지배계급에게 전달된다. 그러므로 그람시가 문제로 삼았던 것은 지배계급이 피지배계급의 동의를 어떠한 방법으로 이렇게 획득하고 있는가를 밝히는 일이있다.(Fiori 1970, 238)

이러한 지적은 '지배계급의 세계관이 피지배 대중으로 자발적 흡수'라는 그람시의 헤게모니 개념의 핵심을 잘 나타내고 있다. 그러나 이것은 부르주아지의 지배는 시민사회의 자발적 동의에만 전적으로 의존하고 있다는 오해를 야기할 수도 있다. 마르크스주의자로서 그람시는 적대적인 계급투쟁뿐만 아니라 '부르주아지의 계급독재'를 부정하지 않았다. 레닌의 주장처럼 '진정한 마르크스주의자의 기준은 계급투쟁의 인정 여부가 아니라 계급독재의 인정 여부에 있다'(이병천 1992, 16)는 점을 고려하면, 그람시는 분명히 '진정한 마르크스주의자'이다.

마르크스주의자로서 '계급투쟁의 적대성'과 '국가권력의 통일성'을 기각하지 않았던 그람시는 계급적 갈등이 경제적인 영역뿐 아니라 일상적인 생활 속에서 더욱 미묘하고 정교하게 발생하고 있음을 강조하였다. 이러한 맥락에서 그람시는 시민사회에서의 동의에 기초한 헤게모니적 지배를 강조하면서도, 이러한 지배계급의 헤게모니전략은 최종적으로 국가의 '조직화된 강제력'에 기초하고 있다는 점을 주목하였다. 이러한 논리는 그의 국가론을 통하여 보다 분명하게 나타났다.[15]

그람시에 의하면 국가는 "정치사회+시민사회, 다르게 표현하자면 강제의 기제에 의해 보호되는 헤게모니"(Gramsci 1978, 263)를 의미한다. 이에 따르면 현대 부르주아국가는 주어진 계기에서 생산과 경제의 유형에 대중들을 복속시키는 강압기구 즉 "시민사회를 경제구조에 적응시키는 도구"(Gramsci 1978, 208)로서, '독재의 영역'인 '정치사회'와 '동의의 영역'인 '시민사회'가 결합되는 '통합국가'이다. 즉 국가는 '통합국가=정치사회+시민사회'인 것이다. 그람시는 현대 자본주의 국가에서 부르주아지는 이와 같은 통합국가의 지형에서 헤게모니에 기초한 지배를 행사한다고 강조하였다. 따라서 부르주아지의 현실적인 지배력은 시민사회에서 작동하는 동의의 기제만으로 성립되는 것이 아니라, 동의와

---

15) 사실 그람시의 국가론은 일관적이지는 못하다. 실제로 그는 국가를 정치사회와 시민사회가 결합된 '통합국가'로 규정하면서도, '정치사회와 시민사회의 균형'으로도 규정하였다. 동시에 '확실히 시민사회와 국가는 하나'라는 점을 강조하기도 하였다. 이와 관련하여 앤더슨(Perry Anderson)은 그람시의 국가 개념은 ① 시민사회와 대립하는 국가, ② 시민사회를 포위하는 국가, ③ 시민사회와 동일한 국가라는 세 가지 의미 사이에서 동요한다고 지적하였다.(Anderson 1976, 13)

강제라는 통합국가를 형성하는 두 개의 지형이 융합된 체계 즉 '물리적 강제력에 기초하는 동의'의 지평에서 행사되는 것이다.

따라서 지배계급이 자신의 경제적·조합주의적 이익의 일부를 희생시키면서까지 피지배 대중의 동의를 획득하기 위해 노력한다는 사실을 인정하더라도, 부르주아지의 지배를 강제가 배제된 동의의 과정으로만 이해하는 것은 그람시 해석에 있어서 일정한 오류를 범하는 것이다. 실제로 그람시는 '강제력은 동의 없이도 존재할 수 있지만 동의는 강제력 없이는 존재할 수 없다.'는 점과 부르주아지의 지적·도덕적 지도력은 그들이 생산관계에서 점하는 위치로부터 비롯된다는 점을 강조하면서, 헤게모니적 지배는 지배계급의 계급적 위치에서 기인한다는 점을 재차 지적하였다.(김영수 1991, 250-251) 따라서 그람시는 강제와 동의의 계기 중 후자를 안정적인 자본주의 국가의 체제유지과정에서 결정적인 역할을 하는 것으로 인식하고 있는 것은 분명하지만, 그렇다고 해서 그가 부르주아지 지배의 동력을 단지 동의의 기제에만 국한시켰다는 견해는 해석상의 오류라고 볼 수 있다.

② 진지전적 이행전략

마르크스의 시민사회론에서 추론할 수 있는 민주주의의 함의는 단순하다. 시민사회가 경제적인 토대와 동일한 의미로 사용되기 때문에, 계급투쟁에 의한 시민사회의 혁명적인 전복만이 유일한 민주주의적 과제이기 때문이다. 이에 비해서 다양한 모순과 세력들이 복합적으로 접합하는 영역으로 시민사회를 이해하는 그람시의 시민사회론은 민주주의의 이해에서도 그만큼 복잡해진다. 여기에서는 '이행론'을 중심으로 그람시의 시민사회론이 함축하고 있는 민주주의론을 살펴보겠다.

그람시의 이행론에는 그가 마르크스의 경제결정론을 어떻게 재해석하고 있는가가 명확히 나타난다. 그람시는 이행론에서도 기존의 마르크스주의적 전통과는 뚜렷한 차이를 나타냈다. 그람시는 마르크스주의적 혁명론의 교본으로 인식되어 왔던 러시아 볼셰비키혁명의 방법 즉 '국가와의 군사적·직접적 무력충돌에 의한 이행'을 시민사회의 발전이 정체된 '협의의 국가'의 상황에서 가능한 혁명유형으로 국한시켰다. 러시아혁명은 '후진국'에서 가능한 방법이며, 따라서 이것은 사회주의 혁명의 보편적인 방법은 아니라는 것이다.

그람시는 혁명 당시 러시아에서는 국가가 전부였고 시민사회는 아직 형태를 갖추지 못한 발생단계의 상태였다고 주장하면서, 볼셰비키혁명은 '기동전'(起動戰, war of maneuver)을 통한 이행으로서는 역사상 최후의 사례가 될 것이라고 평가하였다. 이처럼 그는 혁명 당시 러시아의 후진적 상황과 시민사회가 정착되어 있는 서구의 선진 자본주의 국가의 상황을 비교하면서, 혁명이 발생한 러시아의 상황을 오히려 예외적인 것으로 이해하였다.

> 러시아에서 국가는 전부였으나 시민사회는 발생초기의 연약한 상태였다. 서구에서는 국가와 시민사회 사이에 더욱 적절한 관계가 형성되어 있었다. 국가가 위기에 처했을 때 시민사회의 강고한 구조가 즉시 드러난다. 국가는 단지 외부의 '참호'에 불과하며, 그 뒤에는 강력한 성곽과 요새의 체계가 버티고 있다.(Gramsci 1978, 238)

그람시는 서구 선진자본주의의 경우 지배계급의 헤게모니가 원활하게 작동하여 국가는 시민사회라는 외벽에 의해 보호를 받는다고 주장하였다. 선진 자본주의 국가에서 시민사회라는 외벽은 국가가 위기에 처했을 때 국가의 보루 또는 성채로 버티고 서서 국가의 위기를 흡수하고 국가의 기능을 회복시켜 주는 역할을 하기 때문에, 국가와의 직접적인

'기동전'은 가능하지도 않을 뿐만 아니라 더욱이 바람직하지도 않다는 것이 그람시의 주장이었다.

'기동전'에 대한 대안으로 그람시가 제시하고 있는 이행론의 원칙은 '진지전'(陣地戰: war of position)이었다. 원래 '기동전'과 '진지전'은 제1차 세계대전 시기의 군사전략에서 나온 개념으로, 전자는 적의 기지를 향하여 전선을 형성하고 공격을 하는 전략을 의미하였다. 그리고 후자는 참호와 진지를 구축하고 산업체제와 사회조직의 지원을 받아서 적의 진지와 참호를 차례로 파괴해 나가는 전략을 의미하였다.

한편 당시 군사전략에 따르면 산업화된 선진 국가와의 전쟁에서 그 국가의 외피만을 파괴하는 기동전은 제한적인 전략으로 간주된 반면, 참호체계를 효과적으로 분쇄하고 실질적인 장악력을 높일 수 있는 진지전은 보다 바람직 전략으로 간주되었다.(이내영 1990, 56-57)

그람시는 이러한 군사적 개념을 도입하여, 이를 서구 선진사회의 혁명 전략으로 활용하였다. '진지전'은 정치사회보다 시민사회가 '우위'에 있으면서 부르주아지의 지배가 정치사회에서의 강제보다는 시민사회에서의 동의에 기반하고 있는 서구 선진 자본주의 국가의 역사적 상황에 대한 고려를 통해서 제시된 개념이다. 그람시에 의하면 지배계급의 국가는 피지배 대중의 동의에 기초한 시민사회에 의해 보호되고 있기 때문에 피지배 대중이 국가기구 자체에 대한 직접적이고 군사적인 투쟁은 논리적으로나 현실적으로 불가능하다. 따라서 피지배 대중이 국가에 접근하여 이것의 계급적인 성격을 변화시키기 위해서는 우선적으로 시민사회라는 국가의 외벽에 대한 '점진적인 장악'이 요구된다. 즉 그들이 자발적으로 묵종하고 있는 시민사회의 문화적이고 일상적인 헤게모니에 대하여 문제의식을 느끼고 먼저 이것에 대한 저항을 조직화해야 한다는 것이다.

진지전은 시민사회에서 구성원의 정신적인 장악력을 확대하는 것이야말로 프롤레타리아의 헤게모니를 확장할 수 있는 현실적인 방법이며, 또한 이행 혹은 혁명을 위한 물질적인 기반을 마련하는 것이라는 점을 강조한다. 따라서 진지전의 실천적 의미는 국가를 둘러싼 시민사회라는 참호체계의 점진적 재구성을 위한, 다시 말해서 시민사회 내부에서 작동하는 부르주아지의 헤게모니에 대한 분쇄와 프롤레타리아트의 대안적 헤게모니의 수립을 위한 '거점의 확보' 전략이다.

이러한 진지전의 논리적 귀결점은 '국가권력에 의한 시민사회의 흡수'를 주장한 헤겔과 마르크스의 입장과는 정반대로서, 이것은 '국가권력의 시민사회로의 흡수'라는 입장으로 정리할 수 있다. 이처럼 시민사회의 위상을 강조하는 그람시의 진지전 개념은 사회주의로의 이행과정뿐만 아니라 이행 이후에도 시민사회의 가치를 더욱 부각시키는 효과를 가지고 있다. 그람시에게 있어서 시민사회는 부르주아지가 권력을 상실하는 순간 이것과 함께 사라지는 부르주아 사회의 전유물이 아니다. 시민사회는 자본주의에 국한되는 독특한 역사적 현상이 아니라, 봉건적인 관계에 기초한 인격적이고 신분적인 강제가 사라지고 개개인이 국가와 권력의 강제적인 속박으로부터 형식적·실질적으로 자율성을 획득하여 소위 사적인 생활 영역이 확보된 이후 지속적으로 존재하는 '역사적 필연'의 산물이다. 따라서 사회주의와 같은 '자본주의 이후의 사회'에서도 민주주의를 위한 시민사회의 중요성은 약화되지 않는다. '프롤레타리아트 민주주의'를 지향하는 사회주의에서 국가권력을 프롤레타리아트에게 사회화할 수 있는 유일한 공간이 바로 '프롤레타리아트 시민사회'이기 때문이다.[16)]

---

16) 그람시와 비교하면, 레닌은 '국가권력의 전복'이라는 당시의 혁명과제에 치우치면서 시민사회에 대한 문제의식이 부족하였다. 이것은 '빼앗은 권

이처럼 그람시는 선진 자본주의 국가의 변혁을 위한 이행론으로 '진지전'을 강조하였다. 그렇지만 그가 지배의 메커니즘을 동의로만 제한하지 않았듯이 이행의 방법 역시 진지전으로만 국한하지 않았다. 그람시의 시민사회론은 선진국 특히 자신의 조국인 이탈리아에서의 '지연된 혁명'의 원인을 분석하고 이에 대한 새로운 처방책을 강구한다는 문제의식을 바탕으로 전개되었으며, 이것의 궁극적인 목적은 부르주아지의 지배를 물질적으로 보장하는 자본주의 체제의 전복이었다.

마르크스주의자로서 그는 이러한 이행은 프롤레타리아트에 의한 권력의 장악을 통해서만 가능하다는 것과 국가기구의 직접적인 장악을 통해서 물질화된 강제력을 획득해야만 '헤게모니를 정치권력으로 전환'시킬 수 있다는 점을 인식하고 있었다. 이를 고려하면, 그람시의 이행론이 진지전으로만 국한되었다고 볼 수 없다. 그람시가 제시하는 이행론의 핵심적 내용은 진지전과 기동전의 시기적절한 결합을 통하여 시민사회가 구조화되어 있는 선진 자본주의 국가에서 프롤레타리아트 혁명의 가능성을 모색하는 것으로 볼 수 있기 때문이다.

한편 '마르크스주의자' 그람시의 시민사회론에 대한 '마르크스주의적 비판'이 뒤따른다. 이에 대한 대표적인 사례로 정치사회와 시민사회를 구분하는 것이야말로 다름 아닌 부르주아적인 인식론(Althusser 1992, 231)이라는 비판이 있다. 이러한 비판의 핵심적인 내용은 다음의 두 가지로 정리할 수 있다. 첫째, 그람시의 시민사회론과 진지론적 이행론은 피지배 대중의 계급운동을 특정의 계급적 구조와 내용을 지닌 시민사회 내부의 운동 내지 계급적 성격을 탈각한 시민운동으로 약화시킨다. 둘째, 그람시는 국가 개념을 확장하여 부르주아의 국가를 강제와 동의가 결합된 '통합국가'로 파악하기 때문에, 그람시의 국가론은 부르주아

력의 사회회'를 위한 구체적인 전략의 결핍으로 이어졌다.

국가에게 지배의 정당성을 인정하는 결과를 야기하였다. 이러한 상황에서는 피지배 대중의 계급운동이 국가 내의 운동으로 전환되는 이데올로기적 효과가 발생한다.(김세균 1992)

2. 사회주의적 시민사회론

상술한 것처럼 '사회주의적 시민사회론'은 현재 '진보적 시민사회론'의 주요한 이론적 기초이다. 여기에서는 '사회주의적 시민사회론'에 대한 구체적인 접근을 통하여 이 글의 주제인 탈냉전 이후 진보적 민주주의론의 현재성을 체계적으로 분석하겠다.

제2차 세계대전 이후 자본주의는 경제적 발전의 성과를 기초로 계급 간의 안정적인 타협구조를 이루어내어 상대적인 안정기를 구가하였다. 이러한 자본주의의 안정과 더불어 사회도 내적·외적으로 급속하게 확장되었다. 경제적인 풍요와 개인의 자유와 권리의 제도적인 확산을 기반으로 하는 '시민사회의 확장'은 계급적 모순에 근거하여 사회현상을 설명하고 시민사회를 해명하려는 이론적인 경향들의 한계를 폭발시키는 작용을 하였다. 즉 시민사회에 대한 관심의 증대는 법적·제도적으로 개인의 자유가 전면적으로 보장되고 있으며 경제적으로도 풍요로워진 사회에서, 초기 자본주의 사회에서나 가능한 경제결정론적 계급론의 관점에서 사회현상을 진단하고 해석하려는 이론은 이제 시의성을 상실하였다는 인식과 일정하게 연결되었다.

'경제'에서 벗어난 사회과학의 관심은 문화, 성, 환경, 여성과 같은 보다 일상적인 이슈와 일상성의 영역인 시민사회로 이동하였다. '일상성의 영역'으로서 시민사회는 경제적 관계의 규정에서 상대적으로 자유로우며 본질적 속성으로 민주성과 자율성을 내재하고 있는 것으로 이론화되었다. 이에 반해 국가는 관료성과 통합성으로 인하여 시민사회의 민주적 속성을 훼손하는 작용을 한다고 인식되었다. 이러한 시각은 '관료적 국가에 의해 점령된 시민사회의 재건'과 '시민사회를 중심으로 사회의 재민주화'라는 민주주의 전략으로 이어졌다. 하버마스 (Jürgen Habermas)의 '비판이론적 분석'은 이를 대표하고 있으며, 그의 이론은 '사회주의적 시민사회론'에 상당한 영향을 미쳤다.

1) 하버마스의 현실비판

하버마스는 현대 독일이 배출한 가장 저명한 학자 중 한 사람이다. 그는 1920년대 말 호르크하이머, 아도르노 등이 결성한 '프랑크푸르트 학파'의 계승자로 이 학파의 제2세대에 속하는 인물이다. 또한 그는 현실 사회주의의 경직화와 자유의 파괴에 실망한 전후 세대에 속하는 지식인으로, 근대화 과정의 부정적 결과들을 '물리적인 혁명'이 아닌 '계몽'을 통해서 해결하려고 노력한 이론가이기도 하다. 하버마스는 자본주의의 고도화와 기술 관료제의 확대에 따른 공적 영역의 탈정치화와 정당성의 위기, 그리고 '생활세계의 식민화'를 현대 서구사회가 경험하고 있는 병리현상의 원인이라고 진단하였다. 그러면서 이를 극복하기 위한 실천전략으로 '계몽적 이성'에 기초한 정치적 공적 영역의 회복과 민주주의의 재건을 주장하였다.(김호기 1995, 137 - 138)

하버마스의 초기 입장은 그의 교수자격 논문인 『공적 영역의 구조변화』에서 구체적으로 나타났다. 이것은 근대에서 현대에 이르기까지 서구 의회민주주의에서 비판적인 여론형성의 토대인 '공적 영역'의 형성과 역할 및 위기에 대하여 분석하고 있다. 여기에서 그는 공적 영역을 '공적 국가'와 '사적 시민사회' 사이에 놓여 있는 하나의 영역으로 설정하면서, 이것은 초개인적으로 구조화되어 사회적 개인 사이의 행위와 의사소통 영역을 의미하는 '제도적으로 조직된(institutionally-organiged) 공간'이라고 정의하였다.

> 공적 영역은 무엇보다도 여론에 가까운 어떤 것이 형성되는 사회생활의 영역(realm)을 뜻한다. 모든 시민에게 이것에 대한 접근이 보장되며, 공적 영역의 부분은 사적 개인들이 모여 하나의 공공체(a public body)를 형성하는 모든 대화들에서 발견된다.(Habermas 1989)

이러한 '공적 영역'은 근대적 개념으로, 이것은 국가와 시민사회가 분리되지 않았던 봉건시대에는 존재하지 않았다. 근대 이전에는 국왕 내지 영주에 대한 일방적인 충성심만이 강제되었을 뿐, 이들에 의해서 정해지는 정책에 대한 토론과 비판이 거의 허용되지 않았다. 즉 근대적인 공간인 공적 영역은 '자유로운 개인'의 등장을 통하여 국가와 시민사회의 분리가 가시화된 이후에 출현한 근대사회의 산물이다.

국가와 시민사회의 역사적 분리로부터 파생되는 긴장관계에서 양자를 매개하고 조정하는 장치로 등장한 공적 영역은 18~19세기 시민혁명을 겪으면서 '정치적 공적 영역'으로 변모해 갔다. 주로 부르주아지에 의해 주도된 정치적 공적 영역은 국가와 시민사회를 매개하는 장치이자 통로로서 '여론정치'의 주체로 등장하였다. 이러한 과정에서 근대 의회민주주의는 국가와 부르주아지의 갈등을 공개적인 토론을 통해 해결하려는 정치체제의 한 형태로 나타나게 되었다.(김호기 1995, 160-161)

하버마스에 따르면 국가와 시민사회의 분리로 인하여 양자 사이에 존재하는 새로운 사회 영역으로 등장한 공적 영역에서 부르주아 시민들은 '공중'(the public)으로 변화되어 '여론'을 주도적으로 형성하였다. 이러한 공적 영역은 국가와 시민사회의 '매개'로서, 시민계급이 국가의 정치적인 의사결정에 참여하여 민주적이고 비판적인 여론정치의 기능을 수행하는 정치적 참여통로가 되었다.

그러나 이후 자본주의적인 합리화가 심화되는 과정에서 '효율성'을 매개로 국가와 시민사회의 '직접적인 재결합'이 공공연해지면서, 양자의 통로인 공적 영역은 결정적으로 축소되는 사태가 발생하였다. 하버마스에 따르면 경제적으로는 독점 자본주의의 출현과 정치적으로는 '사회복지국가 대중민주주의'(social welfare state mass democracy)의 출현, 그리고 정당 및 노동조합과 같은 거대 사회조직의 발전에 의하여 국가 주도의 '국가와 시민사회의 재결합'이 발생하였다. 국가와 시민사회가 직접 결합하는 과정은 양자의 매개이자 통로인 공적 영역의 축소와 위기를 의미한다.

하버마스는 이러한 공적 영역의 몰락을 '재봉건화'(再封建化, refeudalisierung)로 개념화하였다. 이것은 공적 영역을 매개로 국가정책과 여론 사이의 생산적인 상호관계의 몰락을 의미하는데, 20세기에 들어서 급속하게 강화되었다. 제2차 세계대전 이후 본격적으로 형성된 서구의 복지국가 혹은 사회국가의 출현과 다양한 거대 사회조직들의 발달은 '재봉건화'의 대표적인 사례이다.

'사회국가'는 자본주의 사회의 지배적인 갈등구조인 계급갈등과 실업, 경기변동 등 대표적인 사회적 문제를 공적 영역의 매개가 없이 시민사회에 대한 국가의 직접적인 개입에 의한 '계산과 통제'를 통해서 해결하려는 제도이다. 사회조직 역시 매개로서 공적 영역을 제거하는 역할을 한다. 자본주의의 심화에 따라 사적인 이익집단, 기업, 노동조합과 같은 거대한 사회조직들이 결성되어 국가에 직접적인 압력을 행사하여 자신의 이해를 관철시키는 현상이 일반화되었다. 이러한 현상은 공적 영역의 매개 작용이 없이 국가와 사회조직 사이의 이해관계가 상호 수렴되어 결과적으로는 양자가 '재결합'되는 상황을 야기하였다.(김호기 1995, 143)

공적 영역의 매개 작용이 없는 국가와 시민사회가 재결합되는 과정은 정당과 의회활동을 통해서 표현되는 정치적인 공중의 역할, 다시 말해서 정당 및 의회를 통한 자발적인 정치참여를 약화시키는 결과를 산출하였다. 이 과정에서 공적 영역의 사회적 위상은 약화되었고, 정당과 의회는 현실적인 기반을 잃어가는 수동적인 여론으로부터 점차 독립하였다. 물론 이러한 현상은 결과적으로 공중의 자발적인 정치참여를 기반으로 하는 근대 의회민주주의의 위기를 야기하였다.

하버마스는 현대 민주주의의 병리현상의 핵심을 '국가개입주의의 확산'으로 파악하였다. 그는 이러한 국가개입으로 인하여 공적 영역이 본래의 비판적 기능을 상실하고 '탈정치화'되었을 뿐만 아니라, 이로 인하여 국가권력은 상시적으로 '정당성의 빈곤'을 경험하게 되었다고 주장하였다. 그에 따르면 근대 시민사회에서 국가권력의 정당성은 사회적인 개인의 정치적인 공적 영역에 능동적인 참여를 통하여 확보되는 보편적 합의에 의해 확보되었다. 그러나 현대 국가는 스스로 시민사회의 직접적인 개입으로 인하여 공적 영역이 사라지게 되어 결과적으로 정당성의 원천을 상실하였다. 이후 국가의 정당성은 국가의 행정력에 의해 강제되고 이데올로기에 의해 조작되는 '부자연스러운 방법'을 통해서 관리되면서, 결국 만성적인 '정당성의 빈곤'을 경험하게 되었다.

현대 민주주의의 병리현상에 대한 하버마스의 논의는 『의사소통행위이론』을 전후하여 '체계'와 '생활세계'에 대한 분석으로 그 중심이 이동되었다. '후기 하버마스'가 직면한 문제는 근대 자본주의 발전에 내장된 국가와 시민사회의 분리에서 시민사회의 내부분화, 다시 말해서 경제 영역의 합리화에 따른 '사회로부터 경제의 분화현상'을 어떻게 이론화할 것인가에 있었다. 이와 관련하여 그는 '체계'와 '생활세계'라는 틀거리를 제시하였다.

하버마스에 따르면 성찰이나 상호이해보다는 효율성에 천착하는 '체계'는 사적인 '경제체계'와 공적인 '행정체계'로 구성된다. 여기서 '경제체계'는 '화폐'에 의해서 조정되고 '행정체계'는 '권력'에 의해서 조정된다. 그리고 상호이해와 자유로운 상호인정에 근거를 둔 '상호주관성의 영역'으로 지배로부터 자유로운 의사소통의 영역을 의미하는 '생활세계'는 사회화를 담당하는 '사적 영역'과 담론적인 공론형성을 담당하는 '공적 영역'으로 구성된다. 이러한 '체계'와 '생활세계'는 상호 밀접한 관계의 망으로 구성되는데, '사적 영역'은 '경제체계'에 노동력과 수요를 제공하고, '경제체계'는 '사적 영역'에 임금과 재화 및 용역을 제공한다. 그리고 '공적 영역'은 '행정체계'에 세금과 대중의 복종을 제공하고, '행정체계'는 '공적 영역'에 조직적 성과와 공공의사결정을 제공한다.

한편 '공적 영역의 재봉건화' 개념은 '생활세계의 식민화' 개념으로 대체된다. 이는 체계의 과도한 발달의 결과이다. 하버마스에 따르면 근대화가 진행되면서 체계의 복합성과 강제성을 야기하는 자본주의화와 관료제화의 확대는 생활세계를 위협하는 근대적인 병리현상을 산출하는데, 이러한 병리현상은 두 가시 형태로 나타난다. 첫째, 체계가 생활세계의 일상적인 실천을 위협하고 파괴한다. 둘째, 지식생산의 제도화가 낳은 전문가 문화가 생활세계의 문화적 빈곤을 초래한다.

하버마스는 체계의 '도구적 합리성'에 의하여 생활세계의 '의사소통적 합리성'이 압도되고 강제적으로 병합되는 현상을 '생활세계의 식민화'라고 규정하였다. 이러한 현상은 결국 국가 관료제의 비대화와 자본주의 경제체제의 고도화·전면화로 인하여 공적 영역의 비판적 잠재력이 약화되고 소멸되는 것을 의미한다. 이에 따라 정당은 공적 영역에서 발생하는 여론의 관리자 기능을 상실하게 되고, 의회정치 역시 정기적인 '선거 곡마장' 이상의 의미를 가지지 못하게 되었다. 근대사회에서 공적 영역을 담당하였던 주요한 제도들이 생활세계가 식민화됨에 따라 그 기능이 마비되었다는 것이다.

'생활세계의 식민화'로 인해 피폐해진 현대 민주주의의 재생을 위해서 하버마스가 제시하는 방안은 생활세계의 식민화를 저지하려는 전략과 밀접하게 연관되어 나타났다. 그는 현대 자본주의의 기본적인 갈등구조를 생활세계의 식민화의 확산에 따른 '국가와 기술관료' 대 '전체 시민사회' 사이의 대립으로 설정하고 공적 영역의 재활성화를 통해 그 갈등을 해결해야 한다는 관점을 제시하였다. 이러한 전략에 의거하여 그는 시민들의 직접적인 참여를 바탕으로 하여 실천적이고 합리적인 의사소통을 제도화·현실화시켜서 궁극적으로는 체계에 의해 식민화된 생활세계를 회복하려고 하였다. 이러한 맥락에서 하버마스는 체계의 재생산과정에서 발생하는 계급투쟁이나 권력투쟁과 같은 '구사회운동'보다는 국가와 관료조직에 의해서 식민화된 생활세계의 해방과 더욱 밀접한 연관성이 있는 환경운동, 반핵운동, 평화운동과 같은 '신사회운동'에 보다 적극적인 의미를 부여하였다.

하버마스는 공적인 국가와 사적인 시민사회의 분리를 근대의 핵심적인 사회변동이라고 지적하면서, 이를 계몽적인 이성이 사회적으로 실현된 결과라고 인식하였다. 또한 근대 민주주의는 국가와 시민사회를 매개하는 통로인 '공적 영역'에서 발생하는 비판적 여론에 의한 것이라고 주장하였다. 그에 따르면 부르주아 의회민주주의는 부르주아지의 전유물이 아니라 국가와 부르주아지 사이의 갈등을 공개적인 토론을 통해 해결하고자 하는 정치체제의 한 형태이며, 여기서 '공적 영역'은 국가와 시민사회를 매개하는 장치로 여론정치의 주체로서 역할을 수행하였다.

이처럼 하버마스는 근대 부르주아 민주주의에 대하여 긍정적으로 평가하는데, 이것은 경제적 계급관계에 입각하여 시민사회에 접근하는 마르크스의 주장과는 다소 대비되는 입장이다. 즉 하버마스 이론의 정립과정은 마르크스주의에 대한 비판을 내포하는 것이었다. 실제로 하버마스는 "역사유물론의 재구성"(1995)이라는 논문을 통하여 공식적으로 마르크스주이아 결별을 선언하기도 하였다.

2) 사회주의적 시민사회론의 논리

1980년대 이후 서구에서 논의되는 시민사회론의 갈래는 무척 다양하다. 이는 현실 사회주의 체제의 위기와 붕괴의 원인을 '시민사회의 부재'에서 구하고 있는 동구의 이론가들을 비롯하여, 프랑스의 '제2좌파', 이탈리아의 보비오와 '신그람시주의자', 독일의 케베어, 뢰델, 프랑켄베르크, 두비엘, 〈신사회운동〉 그룹, 그리고 영국의 킨과 헬드, 미국의 코헨과 아라토의 '사회주의적 시민사회론' 등으로 이어지고 있다. 이 중에서 킨과 헬드, 코헨과 아라토의 '사회주의적 시민사회론'은 이론적 정합성과 현실적 영향력의 측면에서 주목을 받고 있다.

여기에서는 사회주의적 시민사회론을 구체적으로 분석할 것인데, 이를 위해서 먼저 사회주의적 시민사회론의 '사회주의' 개념에 대해서 살펴보겠다. 사회주의적 시민사회론에서 사회주의는 일반적으로 통용되는 것과는 상이한 의미를 가지고 있다. 이것은 "시민사회와 국가 내의 다양한 집단들의 관심사가 모든 성원들에 의하여 직접적으로든 간접적으로든 결정되는 다원적인 권력체계"(Keane 1988, 3)를 의미하는 개념이다. 이처럼 사회주의적 시민사회론에서 사회주의는 자본주의와 대립하는 경제체제를 의미하는 것이 아니라, 정책결정과 관련된 일종의 제도와 방법을 의미한다.

한편 이러한 사회주의 개념은 국가를 비롯한 여러 제도와 관계에 의해 제한되고 있는 시민적인 삶의 자율성과 다원성의 확장, 즉 '시민사회의 확장'을 의미하는 사회주의적 시민사회론의 민주주의 개념과 중첩되어 사실상 동일한 개념으로 정립된다. 따라서 '사회주의=민주주의=시민사회'가 되는 것이다. 이를 통해서 '민주주의는 사회주의를 통해서만 가능하며 동시에 민주주의가 부재한 사회주의는 사회주의가 아니다'는 논리는 사회주의적 시민사회론의 핵심적인 주장이 된다.

이러한 사회주의적 시민사회론은 '현실 사회주의의 국가사회주의 전략의 실패'와 '신보수주의에 대한 대응'이라는 양 측면의 문제의식을 가지고 대두되었다. 먼저 전자의 문제의식에 대해서 살펴보겠다. 사회주의적 시민사회론에 따르면 마르크스주의의 사회주의론은 사회주의에 대한 보다 민주적인 이론적 원칙과 이에 상응하는 제도적인 장치에 대한 적절한 논의가 없는 모호하고 막연한 슬로건에 불과하다. 또한 인종차별, 성차별, 핵문제, 인권의 침해와 같이 첨예한 민주주의적 문제들을 계급적 문제가 아니라는 이유로 주목하지 않거나 혹은 이것을 계급투쟁으로 환원시켜 버려서 결국 민주주의를 방기하였다.(Keane 1988, 3)

이러한 관점에서 사회주의적 시민사회론은 '민주주의 없는 사회주의'

에서 탈피하여 이론적 · 실천적으로 신뢰할 수 있는 대안으로 사회주의를 재구성하기 위해서 국가와 사회, 사회주의, 민주주의 등을 급진적으로 재편할 필요가 있다고 주장하였다. 그러면서 서구 자본주의의 시민사회에 내재된 '자유주의적 가치'의 긍정성에 주목하여 이를 변화의 재료로 적극적으로 활용하였다. 즉 사회주의적 시민사회론은 시민사회와 같은 부르주아 민주주의의 긍정성을 확대하는 전략을 통하여, 민주주의를 재구축하고자 하였다.

한편 '신보수주의에 대한 대응'이라는 문제의식과 관련하여, 사회주의적 시민사회론은 신보수주의 진영이 시민사회 개념을 선취하고 있는 현실을 주목하였다. 그러면서 신보수주의 진영에게 "그 용어만으로도 과거의 많은 독재자와 현대의 정치적 독재자들에게 커다란 공포" (Keane 1993, 240)를 심어주고 있는 시민사회의 민주적 긍정성을 선점당하지 말고 이것을 '비판이론'의 전통 속에서 적극적으로 '재흡수' 할 것을 주장하였다.

(1) 시민사회: 공적 영역과 사적 영역의 통합

코헨과 아라토(1991, 203-204)는 자신들의 시민사회 개념은 첫째, 뢰델 이후 아렌트와 하버마스에 이르기까지 지속되어 온 시민사회에 대한 관심, 둘째, 사회운동의 자기 이해로서 동구의 민주적 연대, 서구의 신좌파(초기 미국의 신좌파, 프랑스 좌파 2세대, 녹색당의 현실주의 분파) 등에서 제기한 시민사회에 대한 문제의식에 근거하고 있다고 설명하였다. 여기서 전자는 시민사회를 경제의 영역으로 사장시킨 마르크스주의적 시민사회론에 대한 비판과 더불어, 자율적이며 민주적인 시민사회론의 수용으로 연결된다. 또한 후자는 실천적 관점 내지는 이행의 관점에서 시민사회의 긍정성을 함축한다.

코헨과 아라토의 시민사회론은 주로 하버마스에 대한 평가를 중심으로 진행되고 있다. 하버마스의 생활세계는 '인성', '사회통합', '문화'라는 세 가지 요소로 제도화되어 있다. 그런데 이들이 보기에 이러한 접근은 상당한 문제가 있었다. 생활세계를 사적 영역(인성)과 공적 영역(문화)으로 구분하고 이 두 영역을 매개하는 사회통합 영역을 설정할 경우, '제도화된 집단'과 '집합행위자', '사회적 결사'로 구성되는 사회통합 영역은 실제로는 체계와 상호 긴밀한 교환관계를 가짐에도 불구하고 생활세계에 속하게 되어버린다.

코헨과 아라토는 생활세계의 사적 영역과 공적 영역을 통합하는 시민사회 개념을 그 대안으로 제시하였다. 이들은 생활세계를 사적 영역과 공적 영역으로 분리시키고 사회통합 영역을 통하여 이를 매개하려는 하버마스의 논의를 비판하면서, 의사소통적으로 '문화'를 전수하고 '사회통합'을 이루어내며 개인을 '사회화'하는 생활세계의 제도적 차원들을 '시민사회'라는 단일한 개념으로 통합하였다. 이러한 관점에서 이들은 시민사회를 "무엇보다도 친밀한 영역(특히 가족), 결사체들의 영역(특히 자발적 결사체), 사회운동들, 그리고 공공의사소통 형태들로 구성된, 경제와 국가의 사회적 상호작용의 영역"(Arato & Cohen 1992, ix)으로 정의하였다. 이에 기초하여 이들은 통합된 시민사회 개념을 중심으로 '정치·행정체계(국가)'-'경제체계(시장체계)'-'시민사회'의 '삼분모델'을 분석틀로 제시하였다.

'사회운동론'에 대해서 이들은 하버마스와 동일하게 독점 자본주의와 거대 복지국가가 지배하는 후기자본주의의 변화된 조건을 강조하였다. 이러한 맥락에서 이들은 경제적 계급갈등에 기초한 노동운동을 중심으로 여타의 사회운동을 위계적으로 배치하는 기존의 사회운동론을 비판하면서, 서구 선진사회의 고도로 분화된 구조와 여기서 확산되는 사회운동의 다원성, 저항의 다원성에 주목하였다. 이들에게 있어서 사회운동이 다원화된다는 것은 사회운동의 영역이 체제의 혁명적 전복을 목적으로 하는 계급투쟁뿐만 아니라, 민족·성·인종·환경 등 다양한 갈등구조에서 발생하는 탈계급적·초계급적인 운동으로 확장되는 현상을 의미한다. 이처럼 후기자본주의의 구조변화와 이에 따른 사회운동의 다원성에 주목하는 이들은 다원화된 사회운동에 접목되는 다원화된 저항의 근거를 확보하기 위하여 '비판적인 계층이론'을 주장하였다.[17)]

이러한 관점에서 코헨과 아라토는 마르크스주의처럼 경제적 계급투쟁의 절대적 우위성을 전제하지 않으면서 다양한 사회운동의 잠재성을 평가해야 하고, 또한 이러한 운동들의 '수평적 연대'를 적극적으로 도모해야 한다고 주장하였다. 이를 위하여 이들은 민주주의를 위한 '이중적 실천'을 제시하였다. 즉, 한편으로 새로운 정체성·사회규범·연대를 위해 '아래로부터' 광범위하고 자발적인 사회운동을 촉구하면서, 다른 한편으로 현대사회의 복합성에 주목하여 '위로부터' 정치개혁가의 역할 및 제도개혁의 필수불가결함을 주장하였다.

(2) '비가부장적 공적 영역'으로서 시민사회

킨은 중앙집권적 관료제 국가를 의미하는 사회주의 국가는 '확대된 민주주의'를 위해서 급진적으로 재구성되어야 한다고 주장하였다. 그에 따르면 '확대된 민주주의'는 다양한 규모의 집합체와 관련된 이해를 결정함에 있어서 그 집합체의 모든 구성원들이 자율적으로 참여하

---

17) 이에 대해서는 Arato & Cohen(1991)을 참고.

는 '권력이 분화되고 다원화된 체계'이다. 한편 '확대된 민주주의'를 위한 '사회주의의 급진적 재구성'은 국가와 시민사회 사이의 관계를 재구성함으로써 가능해지며, '국가의 행위 영역에 대한 엄격한 제한'과 '자율적인 사회적 삶의 영역을 확대'하는 방향으로 유도되어야 한다. 이러한 관점에서 그는 '국가관리적 사회주의'(state-administrated socialism)와 신보수주의가 상정하고 있는 미분화된 평등과 자유의 개념을 공히 거부하면서, 보다 복합적이고 다원적인 평등과 자유의 개념을 추구하였다. 또한 이를 실현하기 위해서 무엇보다도 국가권력의 개혁과 제한, 시민사회의 급진적 재구성이 필요함을 강조하였다.(Keane 1991)

킨은 공적 영역의 다원성을 통하여 국가관료에게 집중되어 있는 정책결정력을 분산시키고, 비판과 협상, 그리고 타협의 수준에서만 국가제도와 관련을 맺는 '비가부장적(non-patriarchal) 공적 영역'이라는 사회주의적 시민사회론을 지향하였다. 이러한 맥락에서 킨은 시민사회의 의미를 '조합세력과 국가관료제의 권력을 약화시키기 위하여 확대와 강화가 요구되는 자율적인 공적 영역'으로 규정하였다. 이처럼 킨은 시민사회의 자율성과 비판성을 확대하여 시민적인 생활에 침투·간섭하는 국가제도와 관료에 대한 저항을 조직하고 궁극적으로는 새로운 민주주의적인 질서를 창출하려고 하였다.

킨이 제시하는 분석틀은 '국가'-'시민사회(경제 영역+비경제 영역)'의 '이분모델'이었다. 이것은 시민사회에 경제 영역을 포함하고 있다는 점에서, '경제체계'와 '시민사회'를 분리하여 경제체제를 하나의 독자적인 영역으로 설정하는 코헨과 아라토의 '삼분모델'과는 차이가 있다. 한편 시민사회가 경제 영역을 포함하고 있다는 점에서, 이것은 마르크스의 '토대'-'상부구조' 모델과 형식적으로 유사한 측면이 있다. 그러나 마르크스와 킨의 분석틀은 내용적으로 상당히 이질적이다. 마르크스의 '이분모델'에서 시민사회는 국가를 포함한 상부구조를 규정하는 핵심적인 관계 즉 경제적 토대였다. 그러나 킨의 '이분모델'에서 시민 사회는 경제 영역을 포함하고 있지만 '경제적 토대' 개념과는 차이가 있다.

실제로 킨은 시민사회 영역에서 발생하는 계급적인 대립에 주목하고 있으며, 이를 통하여 시민사회의 주체들은 문화적·이데올로기적인 측면뿐만 아니라 경제적 세력관계에서도 영향을 받고 있음을 이론화 하였다. 이는 시민사회에 자기완결적인 구조를 부여하려는 시도라고 볼 수 있다. 그러나 킨의 시민사회는 경제적인 부분뿐만 아니라 비경 제적인 부분을 동시에 포괄하는 영역이며, 이들 양자가 상호 절충되는 복합적인 영역이다. 따라서 시민사회에서 계급균열은 시민사회의 다양 한 균열 중의 하나로 선정되며, 시민사회는 경제적 계급관계가 여타의 부분을 규정하는 일방적이고 특권적인 지위가 보장되는 마르크스의 '토대'와는 내용적으로 상이한 영역이다.

3. 평 가

이상에서 시민사회의 주요한 논리에 대해서 살펴보았다. 탈냉전 이 후 시민사회는 민주주의의 새로운 동력으로 각광받고 있지만, 그 자체 가 민주주의를 보장하는 것은 아니다. '침투의 양식'(mode of interrup tion)[18]이 제도적으로 보상받고 일상에서 실천되는 시민사회만이 '민

---

18) '침투의 양식'은 '해석의 양식'(mode of interpretation)과 대비되는 개념 이다. '해석의 양식'은 하나의 폐쇄적인 이데올로기의 총체적 계층구조 속에 이와 상이한 이데올로기적 요소들의 귀속적인 지위를 강제적으로

주적 시민사회'의 자격이 있기 때문이다. 시민사회가 그 자체로 민주적이라는 가설은 정당하지 않으며, 실제로도 민주주의에 반하는 시민사회의 역사적 사례는 얼마든지 있다. 특히 지역주의와 반공주의, 혈연주의와 같은 비민주적 담론이 시민사회를 지배해 온 한국의 근현대사를 고려하면, 시민사회의 '선험적 민주성'이라는 논리에는 근본적인 회의가 발생하기도 한다.(손호철 1995) 국가가 위기에 처했을 때 시민사회라는 강력한 지원군이 국가를 구출하기 위해서 즉시 출병할 것이라는 그람시의 지적처럼, 한국의 근현대사에서 시민사회가 비민주적 국가의 지원군으로 '출병'한 사례를 찾는 것은 그렇게 어려운 일이 아니기 때문이다.

1987년 6월 당시, 권위주의 국가라는 상부구조적 외피가 붕괴의 위기에 직면했을 때, '기동전'의 도전으로부터 기존의 지배체제를 보호하는 참호체계로서 '시민사회의 완강한 구조'는, '경제발전주의', '지역주의' 그리고 '안보주의'의 형태로 드러났다. 각각은 경제적 생활수준의 저하에 대한 불안과 두려움, '사상이 의심스러운' 특정 정치인의 집권에 대한 불안과 두려움, 급격한 체제변화에 대한 불안과 두려움 등, 기존의 지배체제와 국가가 동요하는 것에 저항하는 대중의식을 불러일으켰다. 87년 '노동자대투쟁' 시기 등장한 '경제위기론', 대통령 선거 국면에서 등장한 배타적 '지역감정', 89년에서 90년 사이의 '공안정국' 등은 그 대표적인 예이다. 그 결과 급진적 이슈와 의제(agenda)들은 배제되었고, 계급적 정체성을 조직화하려는 시도는 방해받았

부과함으로써, 상호 대립적이고 적대적인 담론들 사이의 의미 있는 논쟁의 가능성을 배제시키는 방식을 의미한다. 이에 반해 '침투의 양식'은 '상호 담론적'(inter-discursive)으로 구성되는 이데올로기의 영역을 적극적으로 개방하고 이 영역에 개입하여 상대적인 담론의 제요소를 흡수하고 전유함을 통하여, 서로의 차이를 중화시키는 방식을 의미한다.(Jessop 1982, 254-279)

으며, 정권과 지배체제에 대한 대중적 도전은 분산되어 버렸다. 권위주의 국가라는 겉껍질을 벗겼을 때 드러났던 것은, 늙은 호박의 속 내용처럼 쉽게 파낼 수 있는 엉성한 구조가 아니라, 양파 속처럼 겹겹이 둘러싸여 있고, 눈물샘을 자극하는 매운 냄새와 같이 방어 장치를 가동시키는, 말 그대로 완강한 중층적 지배구조였던 것이다.(박상훈 1996, 187–188)

이와 같은 보다 '현실주의적 관점'에서, 이제 탈냉전 이후 민주주의론의 현재적 의미를 분석하는 작업의 일환으로 '사회주의적 시민사회론'에 대한 구체적인 분석을 시작하겠다. 앞서 밝힌 것처럼, 분석의 기준은 ① '평등의 재구성에 대한 태도', ② '시장경제의 제어에 대한 태도', ③ '분배자로서 국가에 대한 태도'이다.

1) 평등의 재구성

사회주의적 시민사회론은 시민사회에 대한 논의를 중심으로 현실 사회주의 체제의 붕괴 이후 대안적 이념과 대안적 사회운동을 제시하고자 하는 목적에서 제안되었다. 시민사회의 '절대적 자율성'에 기초하여 다원성과 자율성, 연대성의 가치를 중심으로 새로운 민주주의론을 전개하는 사회주의적 시민사회론은 기본적으로 자유주의적인 가치에 개방적인 태도를 취한다. '국가와 시민사회의 분리', '경제적 관계에서 자율적인 시민사회', '시민사회를 통한 민주주의 전략' 등이 그러하다.

'국가와 시민사회의 분리에 기초한 사회 재생산론'은 원래 자유주의자들의 사회관을 대변한다. 이때 자유주의자들에게 있어서 '시민사회'란 자본수의적 시장경제 체제와 이러한 자유시장 경제체제를 가동시키는 부르주아적 개인들이 활동하는 비국가적 영역 전체로서 부르주아적 개인들의 진정한 자유가 실현되는 장소로서 의미를 지니며, 국가는 '조직화된 공적 폭력의 체계'로서 '필요악' 내지 부르주아적 개인들의 자유와 권리를 보호해야 할 '일반적인 보편적 심급'으로서 의의를 지닌다. 그리하여 자유주의자들은 국가가 부르주아적 개인들의 자유와 권리를 침해하지 않는 보장책으로서, '국가와 시민사회의 분리' 및 '시민사회에 의한 국가의 통제'를 정치의 가장 중요한 문제로서 제기한다.(김세균 1995, 166-167)

자유주의적 가치가 중요시되는 사회주의적 시민사회론의 평등관은 일단 평균주의와는 일정한 거리를 두고 있다. 일단 사회주의적 시민사회론의 핵심적 주장인 '다원성', '자율성', '연대성'이라는 가치는 평균주의와 양립할 수가 없다. 따라서 '평등의 재구성에 대한 태도'와 관련하여 사회주의적 시민사회론에서 중심적으로 분석할 문제는 평등이라는 개념을 자신의 이론적 틀거리로 어떻게 재흡수하고 있는가이다. 즉 평균주의적 경향에서 탈피하여 구성되는 사회주의적 시민사회론적 평등의 구체적인 내용과 지향점은 무엇인가라는 문제이다.

(1) 공적 영역의 계급적 분화에 대한 인식

평등의 재구성과 관련하여, 사회주의적 시민사회론의 형성에 많은 영향을 끼친 하버마스의 논의를 살펴보겠다. 그는 도덕적이고 계몽된 시민들의 상호주관성의 영역이며 자유로운 의사소통이 행해지는 '생활세계'가 '체계'의 과도한 성장으로 인하여 '식민화'되는 현상에 깊은 우려를 표시하였다. 여기에서 그의 주요관심은 식민화된 생활세계를 회복하기 위하여 시민들의 직접적인 참여를 통한 실천적이고 합리적인 의사소통을 제도화시키는 문제에 집중되었다. 따라서 체계 영역에서 발생하는 계급적 불평등의 문제는 하버마스의 핵심적인 관심사가 아니었다. 즉 하버마스의 관심은 사회경제적 불평등이 아니라 근대 부르주아 민주주의의 중요한 유산인 공적 영역을 회복하는 데 있었다. 그에게 있어서 '해방'을 위한 방법은 구조적 불평등의 해소보다는 공적 영역의 확대였기 때문이다.

하버마스의 이러한 관점은 공적 영역의 계급적 분화에 대한 시각의 결여로 나타났다. 공적 영역은 하나의 단일한 실체가 아니며 더 깊이 분열되어 있는 계급들로 구성(Petras 2000)되어 있다는 주장과는 달리, 하버마스에게 있어서 공적 영역은 '계급'이라는 체계 영역의 시각으로 분석해야 할 대상이 아닌 '자유로운 의사소통의 세계', '잠재적으로 해방적인 세계'였다.[19] 그러나 서구의 역사를 살펴볼 때, 프롤레타리아트가 국가의 복지정책을 통해 제도화되기 전까지 자본주의 체제는 자본가계급과 노동자계급 사이의 갈등을 증대시키는 경향을 보여주고 있으며 이에 따라 공적 영역 또한 부르주아지 공적 영역과 프롤레타리아트 공적 영역으로 분화되어 온 것이 사실이다.[20]

하버마스의 공적 영역론은 부르주아지 헤게모니의 주요 측면을 강조하는 반면, 지배적인 부르주아지의 공적 영역에 대비되는 '프롤레타리아트 공적 영역'의 형성과 이것의 의미를 간과하는 결과를 가져왔다.

---

19) 이와 관련하여 이병천(1992, 31)은 하버마스에 대하여 "오랜 편견과는 달리 단히이 세계 에서 겉고 지유로운 의사소통의 세계, 갑재적으로 해방적인 세계가 아니라 또 하나의 권력과 지배의 세계, 즉 상징적 권력과 지배, 폭력의 세계"라고 비판하였다.
20) 하버마스는 다소 간과하고 있지만, 이 시기 '프롤레타리아트 공적 영역'은 서서히 형성되고 있었다. 존스(G. S. Jones)는 '노동계급 형성론'을 통하여, 19세기 당시 선술집이나 뮤직홀 등에서 노동자문화가 형성되고 있었음을 지적하였다.(Jones 1984)

이것은 지배계급의 헤게모니에 대한 프롤레타리아트의 대항헤게모니의 형성을 강조한 그람시의 문제의식과 좋은 대조를 이룬다. 부르주아지의 공적 영역에 대비하여 프롤레타리아트의 '노동 영역'이라고 불릴 수 있는 현상에 대한 하버마스의 상대적인 무관심은 근대적 합리성에 대한 다음과 같은 그의 기본적인 접근방법에 기초하고 있는 듯하다.

> 하버마스가 근대와 더불어 발전하고 그럼으로써 근대를 봉건시대와 구획한 합리성들을 다양하게 구분한 것, 그리고 근대에는 마르크스가 극적으로 강조했듯이 노동의 생산력(도구적 합리성)만이 폭발적으로 발전한 것이 아니라 대중들이 말하고 표현할 자유의 소통적 이성도 획기적으로 확대되었다는 그의 비판적 지적은 본질적으로 정당한 것이다. 하지만 그가 전략적 합리성과 소통적 합리성 간의 상극성은 강조해 마지않으면서도 가령 '도구적 행위'로 축소된 '인간적 생명 활동'으로서의 노동의 생산성과 지배 전략적 합리성은 한낱 타협 가능한 '차이'만을 보일 뿐인 동일한 '목적합리성'의 쌍생아쯤으로 간주한 것은 역사해석마저 바꿔놓을 수 있는 프랑크푸르트학파 전통의 근본오류이다. 강제 없는 자유로운 상태에서만 극대화될 수 있는, 따라서 단순히 '도구적 합리성'으로 환원될 수 없는 인간적 노동의 생산성과 최소의 지배비용으로 최대의 지배효과를 노리는 자본의 지배합리성 간에도 근본적인 갈등과 상극성이 개재되어 있기 때문이다.(황태연, 1996, 4-5)

공적 영역 내부의 계급적 분화에 대하여 상대적으로 무관심한 반면에, '소통적 이성'에 대하여 다소 지나치게 의미를 부여하는 하버마스의 주장은 '인텔리적 사회진보관'이라 볼 수도 있다. 하버마스가 강조하는 공적 영역은 '생산 영역 및 노동대중으로부터 분리되어 있는 의사소통 영역'이며, 이러한 영역에서는 인텔리가 사회의 다른 어떤 계급이나 계층보다도 특권적인 지위를 누리는 담론적인 공간이기 때문이다. 또한 인텔리의 이니셔티브가 보장되는 공적 영역에서 작용하는 '이성적이고 민주적인 담론'의 원활한 소통을 사회진보의 원동력으로 간주하는 것은 노동대중을 포함한 여타의 사회계급으로부터 자립화되어 가는 인텔리의 사회발전관을 대변하는 것이기 때문이다.(김세균 2001, 54)

(2) 평등론의 상대적 결여

자본주의적 경제구조에 의해서 강제된 사회적 불평등에 관한 논쟁이 아니라 시민사회의 독자적 위상에 관한 논쟁이었지만, 시민사회와 경제적 불평등의 문제에 대해서 킨과 아라토 사이에 약간의 논쟁이 있었다. 킨은 계급적 모순과 이로 인한 계급투쟁의 문제를 시민사회의 영역으로 흡수하면서, 경제적인 관계에 대해서 지나치게 무관심을 보이는 코헨과 아라토의 논리를 다음과 같이 비판하였다.

> 시민사회에 관한 앤드류 아라토와 진 코헨의 가장 최근의 해석(「시민사회와 사회이론」, 1986 초고)은 하버마스에 주로 의존하고 있다. 그들은 행정 권력에 의해 조정되는 정치체계의 논리와 화폐에 의해 조정되는 경제체계의 논리, 그리고 (잠재적으로) 연대와 의사소통에 기반하고 있는 시민사회 혹은 생활세계의 논리 사이를 구분한다. 생산, 교환 및 소비의 문제와 관련해, 이러한 관점은 두 가지 문제를 발생시킨다. 첫째, 아주 협소하게 정의된 시민사회는 경제적으로는 수동적으로 남겨지게 되고, 그 권력을 방어하거나 강화할 수 있는 물적 자원을 박탈당하게 된다. 둘째, 경제가 오직 화폐만이 말을 하는 필요의 영역으로 명백히 부정적으로 파악되는 반면, (삼재석) 자유의 영역인 시민사회는 긍정적으로 파악된다(신보수주의적 관점을 참고하라). 시민사회에서 생활의 물질적 조건은 시민사회가 추구하는 목표를 위한 단순한 도구로 격하된다.(Keane 1988, 86)

한편 킨의 주장에 대해서 아라토는 경제체계의 영역을 별도로 설정하지 않는 킨의 논리는 경제가 가지는 독자성과 자율성을 무시하고 있다고 비판하였다.

> 우리가 주장하고 있는 반면, 킨이 무시하고 있는 것은 어떤 순수하게 근대적인 그리고 특별히 모든 형태의 사회적 통합으로부터 구분되는 경제적 메커니즘의 존재로서의 시민사회, 다른 말로 하면 폴라니의 '형식적' 의미에서의 경제의 중요성이다. 이 영역은 국가와 시민사회라는 이분화된 틀 속에 조화될 수 없다.(Arato 1993, 264)

아라토는 '경제 영역'과 '시민사회 영역'의 분리를 통하여 경제 영역에서 합리성 또는 효율성과 시민사회 영역에서 도덕적·문화적인 가치의 차별성을 주장하면서, 이러한 각각의 가치들은 민주화 과정에서 더욱 고양되어야 할 부분이지 서로 침해되어서는 안 된다는 점을 분명히 하였다. 이를 바탕으로 아라토는 킨의 '국가-시민사회'의 '이분모델'과는 달리, 경제체계 혹은 시장체계를 시민사회의 한 요소로 보지 않고 이것과 분리하여 독립된 한 층위에 배치하였다.

이러한 아라토의 비판은 화폐를 매개로 하는 경제가 시민사회의 한 요소로 남아 있는 한, 자율성의 공간으로서 시민사회를 주장하는 것은 부적절하기 때문에 경제 영역을 시민사회 영역에서 분리시켜서 시민사회의 독자성을 이론적으로 최대한 확보하자는 의도가 깔려 있다. 킨과 아라토 사이의 논쟁과 관련하여 박형준은 아라토의 손을 들어주었다. 그는 경제적인 합리성과 사회적인 연대를 상징하는 경제(시장) 영역과 시민사회 양자의 관계를 모호하게 만들 가능성이 있는 '이분모델'을 비판하면서 '삼분모델'을 옹호하였다. 또한 그는 삼분모델이 국가를 이용한 위로부터의 민주화가 갖는 한계를 지적함과 동시에 민주

적이고 자율적인 사회적 연대의 원천을 부각시키는 데 유용하다고 주장하였다.(박형준 1992, 28-29)

　경제 영역을 계급갈등과 사회경제적 불평등이 아닌 합리성과 효율성의 관점에서 접근하는 코헨과 아라토는 마르크스주의의 경제결정론을 전면적으로 비판하였다. 특히 코헨은 마르크스주의는 해방을 위한 모든 투쟁을 계급투쟁의 형태로 해소하였으며, 이에 따라 마르크스주의는 시민사회의 제도적인 형태의 다원성과 이것을 가로지르는 '해방투쟁'(emancipatory struggles)의 다원성을 이해하지 못하였다고 비판하였다. 또한 이러한 마르크스주의의 약점을 극복하기 위해서 다양한 형태의 해방투쟁을 추구할 수 있는 영역으로서 시민사회를 재평가하는 포스트 마르크스주의적인 '비판적 성층화'(stratification) 이론을 주장하였다.

　어리(J. Urry)는 현존의 재생산을 위한 계급들의 투쟁은 시민사회의 일부분일 뿐 결코 전부는 아니며, 시민사회에는 계급투쟁만이 아니라 성(gender), 인종, 세대와 민족에 기초한 다양한 사회적 집단들의 투쟁들이 영역을 차지하고 있다고 주장하여 코헨과 입장을 같이하였다. 이처럼 코헨과 아라토는 마르크스주의적 경제결정론을 전면적으로 비판하였다. 그렇지만 이러한 비판은 사회경제적 불평등의 극복을 위한 시민사회적 관점의 새로운 평등전략의 구성으로 연결되지는 못하였다.

　코헨과 아라토는 정치적 차원인 '합법성'을 유지하면서 자신의 실존을 위해 국가라는 존재를 필요로 하며 동시에 국가를 넘어서기 위한 시민사회론의 구성적 재개념화를 구상하였다.(사회문화연구소 1993, 207) 또한 통일성과 보편성의 범주에서 '다원성의 접합', '개인적이며 사회적인 자율성', '규범과 제도에 비교해서 지위 평등과 성찰'을 현대 시민사회의 사회적인 상상력의 결정적인 요소로 파악하면서, 이를 토대로 하여 '사회주의적이고 다원적인' 시민사회 개념을 구성하였다. 이들에게 있어서 사회주의적이고 다원적인 시민사회는 다양한 차원의 사회운동과 민주적인 투쟁을 통해 '법률성', '다원성', '공공성', '사생활'이라는 시민사회의 핵심적 특성들이 충분히 제도화되어 민주정치의 기반으로서 작동되는 것을 의미하는 개념이었다.

코헨과 아라토의 논의에 따르면, '다원성'이란 생활 형태의 다원성을 허용하는 다원성과 자율성을 가지고 있으며, 자치적이고 자기 구성적이며, 자발적인 가족, 비공식집단, 자발적인 결사체를 의미하였다. 그리고 '공공성'이란 커뮤니케이션의 공간, 정치적인 의지와 사회적인 규범들의 발생과 갈등, 반성과 접합에 대한 공적 참여, 즉 '문화와 의사소통의 제도'를 지칭하였다. 한편 '사생활'이란 사적인 자아발전과 도덕적 선택의 영역을 의미하며, '법률성'이란 시민적 · 정치적 · 사회적 평등과 권리들 즉 최소한 국가와 경제로부터의 다원성, 사생활, 공공성을 경계 지우는 데 필요한 일반적인 법률과 기본권 등을 의미하였다.(김호기 1995, 163)

이처럼 경제관계적 규정성에서 자유로운 자유주의 지향의 개념으로 구성된 코헨과 아라토의 시민사회론에서 자본주의에 의해서 야기된 경제적 · 구조적 불평등 문제에 대한 관심을 읽어내는 것은 어려운 일이다. 구조적 불평등의 진원지인 자본주의적 경제 관계에 대한 분석의 결여는 평등에 대한 이론적 관심의 부족으로 이어졌기 때문이다. 실제로도 이들은 평등에 관한 의미 있는 발언과 분석을 거의 하지 않았다.

이제 이들과 부분적으로 대립하고 있는 킨의 평등관을 살펴보겠다. 물론 계급투쟁에 사회의 여타관계를 규정하는 특권적인 지위를 부여한 것은 아니었지만, 킨은 시민사회를 움직이는 무시할 수 없는 구성요소라는 관점에서 계급적 갈등을 시민사회론의 주요 관심 영역에 포함시

컸다. 그에 따르면 시민사회는 자율성과 다원성, 그리고 계급적인 대립이 공존하면서, 어느 한 부분의 압도적인 우위나 결정력을 가지지 않는 상태에서 상호 작용하는 복합적인 영역이다. 즉 킨의 시민사회는 '자유주의적인 전통'에 따라서 시민들의 자율적이고 다원적인 공간인 동시에, '마르크스주의적인 전통'에 따라서 전통적인 적대와 대립 그리고 계급 불평등으로 구성되어 있는 복합적인 영역으로 개념화된다. 이러한 견해는 기존의 자유주의와 마르크스주의 사이에 걸쳐져 있는 대립을 극복하려는 의도에서 제시된 것으로 평가할 수 있다.(김호기 1995, 163)

그러나 '계급'에 관한 킨의 관점은 '제한적'이다. 킨이 시민사회 영역에 경제적 모순관계를 포함시킨 이유는 우선 시민사회 내부의 세력지형과 경제와의 밀접한 상관성을 나타내기 위함이었다. 그러나 그는 시민사회 영역에 경제적인 모순과 함께 자율성과 다원성이 가치를 등가적으로 결합시켜, 결과적으로는 자본주의 경제가 구조적으로 내포하고 있는 다양한 부정적인 현상들을 이른바 '경제의 논리'가 아닌 '비경제적 논리'에 의거하여 해결될 수 있다는 자유주의적 가정을 하였다.(강혜련 1993, 69)

킨이 제시하는 '사회주의적 시민사회'의 의미를 통해서도 자본주의 경제의 모순과 대립구조에 대한 그의 제한적인 견해를 확인할 수 있다. 킨이 추구하는 시민사회는 말 그대로 '사회주의적 시민사회'이다. 그것은 "더 이상 자본주의적 기업, 가부장적 가구(households) 및 여타 비민주적인 형태의 결사체들에 의해 지배되지 않는 초근대적(ultra-modern) 시민사회"(Keane 1988, 51)이며, "더 이상 상품의 생산과 교환에 의해 지배되지 않으며, 국가의 보증을 받는 시민사회"(Keane 1988, 63)이다.

그의 주장처럼 '상품의 생산과 교환에 의해 지배되지 않는 시민사회'는 확실히 '사회주의적 시민사회'이다. 그러나 '상품의 생산과 교환에 의해 지배되지 않는 시민사회'는 구조적 불평등의 근원인 자본주의적 상품관계와 생산관계의 폐절을 의미하지 않는다. 이것은 시민사회 내부의 다른 연대들을 발전시켜서 상품관계를 '상대화'하자는 것을 의미하고 있다. 그러나 상품분석을 통하여 자본주의의 계급적 억압성과 사회적 불평등에 접근한 마르크스와 비교할 때, 시장경제체제의 핵심을 이루는 상품관계의 위상을 다소 가볍게 생각하는 킨의 견해에 대해서는 "이론적 순진성의 표지"(서관모 1993, 67)라는 평가가 뒤따르고 있다.

물론 킨은 상대적으로 평등에 대하여 보다 많은 발언을 하였다. 그는 단일하고 미분화된 상태로 남아 있는 평등과 자유의 개념이 보다 분화되고 복합적인 것으로 전환되어야 할 필요성을 강조하였다. 평등에 대한 이러한 입장은 '다원주의적 평등론'으로 정리할 수 있다. 이것은 다양한 분배정의에 따라서 생산하고 분배하는 시민들 사이의 보다 덜 위계적이고 보다 복합적인 관계를 의미한다.

킨은 다원주의적 평등의 확대를 위해서 자유의 역할을 강조하였다. 킨(1988, 11-12)에 따르면 보다 분화된 자유는 평등의 다양한 형태화에 대한 요구를 통해서 자신을 극대화시켜야 한다. 이를 성취하기 위한 방법은 시민사회와 국가, 그리고 각각의 내부에 존재하는 다양한 제도 속으로 사회적 이슈에 대한 결정권을 배분하는 것이다. 이러한 자유의 극대화를 위해서는 '선택의 확대'가 필요하며, 이를 위해서는 사회와 정치 부문에서 다양성의 평등이 증대되어야 한다. 한편 이러한 킨의 평등론은 일단 내용적으로 상당히 추상적이며 평등이 자유의 확장을 통해서 부여되는 것 같은 논리 때문에, '평등론'으로서는 다소 제한적이다.

이상에서 사회주의적 시민사회론의 평등관을 살펴보았다. 일단 사회주의적 시민사회론은 평등 혹은 불평등에 대하여 거의 발언하고 있지 않다. 이러한 '무관심'은 사회주의적 시민사회론은 국가와 시민사회에 대한 경제적 계급관계의 규정력을 상대화시키고 있기 때문에 발생하는 것으로 평가할 수 있다. 사회주의적 시미사회론에서는 구조적 불평등의 진원지로서 사회적 평등의 문제를 전면적으로 야기하는 '토대'가 '경제'라는 개별적 영역으로 '독립'되어 시민사회와 국가와의 관계맥락이 상대적으로 희석된다. 이러한 상황에서 경제관계의 규정에 따른 계급적 모순과 불평등의 문제가 시민사회론의 핵심적인 이론적 고려에서 거의 제외되는 것은 자연스러운 귀결이다.

시민사회론의 평등관에 대한 검토의 결론은 '평등론의 상대적 결여'라고 정리할 수 있다. 자율성과 다원성, 연대성의 맥락에서 시민사회의 재구성을 구상하는 코헨과 아라토, 킨에게 평등은 정도의 차이는 있지만 공히 주된 관심사는 아니었으며, 오히려 '지나친 평등'이야말로 비판의 대상이 되었다. 앞서 지적하였듯이, 실제로도 이들은 평등에 대하여 두드러지는 내용을 거의 제시하지 않았다.

코헨은 마르크스주의의 시민사회론에 대하여 '목욕물뿐 아니라 아기까지 버린 꼴'이라고 비판하였다. 또한 킨은 국가주의적 실천에 의해서 질식된 시민사회의 재활성화를 '죽어 있는 것에 대한 회상'이라고 표현하였다. 그러나 평등의 문제만을 고려하면, 이들에게 다음과 같은 비판이 가능할 것이다. 즉 코헨은 시민사회의 독자성을 강조하면서 경제결정론을 비판하다가 사회적 평등의 맥락을 놓쳐버린 결과 '목욕물뿐 아니라 아기까지 버린 꼴'이 되어 버렸다. 또한 킨이 '회상'해야 할 '죽어 있는 것'에는 시민사회의 문제뿐만 아니라 '사회적 평등'의 문제도 포함된다.

2) 시장경제의 제어

(1) '자본주의' 시민사회

시민사회는 지배적인 권력에 대한 저항점이 형성되는 장소이며, 경제결정론적 시민사회론은 이를 간과하였다. "형식적이고 극히 제한적일망정 민주화 과정으로 인해 확보된 합법적 타협공간, 그리고 이와 연계된 활성화된 시민사회의 토양에 대한 검증단계 없이 변혁지향운동의 토대를 심화시키는 것은 지난하다. …… 시민사회에서의 투쟁을 통하지 않고서 어떻게 대중의 동의와 힘을 결집할 수 있을 것이며, 또한 어떻게 대항헤게모니를 형성해 갈 수 있을 것인가."(강문구 1995, 225)

하지만 시민사회는 그 자체로 '민주주의의 수호신'이 될 수는 없으며, 사회적 모순과 그 모순의 담지자 사이의 역관계에 의해서 그 현실적인 성격이 규정된다. 즉 시민사회는 지배와 저항이 교직되어 구체적인 모습으로 발현되는 장소이며, 따라서 복합적인 맥락이 고려되지 않은 채 시민사회의 어느 한 측면을 지나치게 특권화하는 것은 시민사회에 대한 정당한 관점이 아니다.

논의의 대상은 '시민사회 일반'이 아니라 자본주의라는 특수한 경제체제와 결합되어 있는 시민사회 즉 '자본주의 시민사회'이다. 상식적인 관점에서 보아도 '자본주의 시민사회'는 자본주의적 시장경제의 모순에 의해서 많은 영향을 받는다. 예를 들어 시장경제의 모순에 의해서 야기되는 '양극화'에 영향을 받지 않는 시민사회는 존재하지 않을 것이다. '자본주의 시민사회'는 시장경제의 원리에 의해서 상당 부분 관리·통제되고 있다는 것이다.

자본주의적 시장경제는 봉건주의의 억압구조를 내부로부터 파괴함으로써 근대적 시민사회를 발생시킨 원동력으로 작용하였다. 그러나 이것은 '시민'이라는 민주주의의 주체뿐만 아니라 '사회적 생산과 사적 소유'라는 새로운 모순구조를 동반하여 민주주의의 내적인 분열요인을 발생시켰다. 즉 자본주의 시장경제는 근대 민주주의와 더불어, 이것의 저해요소도 동시에 제공하였다.

시민사회에 내재한 '민주적 속성'에 천착하는 사회주의적 시민사회론은 자본주의 경제체제의 내적 모순에서 야기되는 다양한 비민주적 요소의 사회적 영향력을 단순화시키는 경향이 있다. 기본적으로 사회주의적 시민사회론은 '영역분리론', 즉 '국가', '시민사회', '경제'가 각자 독자적인 원리에 의해서 지탱되면서 서로 '비결정적인 관계'를 맺는다고 가정하고 있다. 이러한 관점에서 보면 자본주의적 시장경제의 모순은 시민사회의 민주적 발전을 저해하는 여타의 모순 중이 하나이며, 따라서 시민사회의 확장을 위하여 고려되어야 할 많은 변수 중의 하나이다.

그러나 자본주의 시민사회에 대한 시장경제의 영향력은 다른 변수에 비해 압도적인 것이 사실이다. 따라서 시민사회의 확장을 위한 전략의 성공적인 실천을 위해서는 무엇보다도 시민사회의 민주화에 대한 '시장경제의 반작용'에 보다 구체적으로 대처해야 할 필요가 있다. 그러나 사회주의적 시민사회론은 자본주의적 시장경제의 모순이 야기하는 반민주적 영향력을 다소 간과하고 있으며, 실제로도 이에 대한 대응전략을 구체적으로 제시하지 않았다. 즉 시민사회의 민주적 속성에 대한 지나친 낙관으로 인하여, '시민사회의 민주적 확장'을 위해서 신중하게 고려되어야 할 과제인 '시장경제의 제어 필요성'에 대한 인식은 사회주의적 시민사회론의 주요 관심사에서 밀려나게 되었다.

자본주의 시장경제의 부작용이 시민사회의 민주적 확장을 저해하는 현실적으로 매우 중요한 요인이라면, '민주주의적 시민사회론'은 우선적으로 이것의 제어를 위한 합리적인 대응방안을 모색해야 한다. 물론 이러한 모색이 시민사회의 민주적 의미를 질식시키는 경제결정론으로 나아가서는 곤란하며, 따라서 시민사회와 관련하여 시장경제의 문제점에 대한 대응은 '위계론적 접근'이 아니라, '영향론적 접근'이 필요하다.

시민사회의 민주적 확장을 저해하는 다양한 요인과 변수에 대하여 '경제적 관계'를 중심으로 위계적으로 질서 지우려는 결정론적 시각은 많은 문제점을 내포하고 있다. 그러나 '현실적인 영향력'이라는 관점에서 보면 여타의 변수에 비해 '자본주의 시민사회'에 대한 시장경제의 영향력은 여전히 압도적임을 부정할 수 없다. 실제로 시민사회의 현실은 성, 인종, 인권, 환경을 둘러싼 다양한 균열보다 상대적으로 '경제적 균열'에서 보다 큰 영향을 받고 있다. 따라서 이에 대한 '위계론적 논리'의 접근은 부정되어야 하겠지만, '영향론적 우위'라는 관점에서 볼 때 '경제적 균열'은 여전히 자본주의 시민사회의 핵심적인 문제가 될 수 있다. 이러한 관점에서 보면 경제적 균열과 여타의 균열은 등가적이지 않으며 현실적으로 전자가 후자보다 '훨씬 비싸다.'

이러한 논리는 환경과 같은 비경제적 균열요인을 경제적 균열로 무리하게 환원하거나, 혹은 이러한 요인들의 사회적 의미를 축소하려는 시도와는 상이하다. 다만 이것은 '시민사회의 민주화'를 위한 우선적이고 필수적인 작업은 자본주의적 시장경제의 제어를 통한 경제 영역의 모순의 해결이라는 점을 지적하고 있다. 이러한 주장은 '신자유주의적 세계화'라는 현실을 고려하면 더욱 강조될 필요가 있다. '시장사회'의 논리가 시민사회를 압박하고 있는 지금, '자본주의 시민사회'의 민주화를 위한 전략에서 경제적 적대관계에 기초한 균열이 차지하는 '영향론적 중요성'은 현실적으로 더욱 부각되고 있기 때문이다.

(2) 시장경제적 모순의 위상

여기에서는 경제적 균열의 '영향론적 우위'라는 관점에서 '신사회운동' (new social movement)의 논리를 중심으로 사회주의적 시민사회론의 시장관을 평가하겠다. '영역분리론'에 입각한 시민사회의 내재적 민주성에 대한 지나친 기대로 인하여 시장경제의 공격성을 간과하는 사회주의적 시민사회론은 신사회운동의 논리를 통해서 자신의 시장관을 간접적으로 전개하고 있다.

'신사회운동'은 주로 경제적인 모순에 주목하는 노동운동 중심의 '구사회운동'(old social movement)과 내용적으로 질적인 차이가 있다. 신사회운동은 1970년대 이후 본격화된 환경운동, 반전운동, 민권운동, 여성운동, 소비자운동 등을 사회운동의 새로운 의제로 제시하였다. 그러면서 자본주의의 구조적 모순에 근거하여 전통적인 노동운동이 제기하였던 계급적 이슈와는 전혀 다른 사회적 이슈들의 중요성을 강조하였다. 이러한 신사회운동은 '물질적 풍요의 증대가 곧 진보'라는 산업사회의 지배적인 가치를 비판하면서, 노동과 자본이 공유하였던 '구시대적인 가치' 대신에 '삶의 질'을 높이기 위한 새로운 사회적 관계를 강조하였다.

전통적인 사회운동이 경제적 계급과 같은 '사회적 배경'을 공유하는 집단에 기반을 두어 진행되었던 것과는 달리, 신사회운동은 주로 '목표나 가치'를 공유하는 집단에 의해서 이루어졌다. 그리고 신사회운동의 결과는 구사회운동의 경우와는 달리 운동에 참여한 특정 집단들에 의해 독점되지 않으며 구성원 전체로 배분된다. 예를 들어 환경파괴를 막고 전쟁의 재앙으로부터 사람들을 피하게 하고 억압적인 성별관계를 폐기하는 신사회운동의 성과는 노동조합원이 아닌 사회구성원 전

체의 혜택으로 현실화된다.(신광영 1991, 25-230)

<표-2> 구사회운동과 신사회운동의 비교

	구사회운동	신사회운동
-사회성격	· 전기산업사회	· 후기산업사회
-정치	· 제도화된 정치	· 비제도화된 정치
-이데올로기	· 경제적/물질적	· 정치적 자율과 삶의 질
-행위자	· 기본 계급(노동자)	· 탈계급적 행위자(시민)
-조직원리	· 위계적/집중	· 평등적/분산
-핵심조직	· 노동조합	· 시민사회단체
-이론	· 마르크시즘	· 탈물질주의

출처: 신광영(1991, 29)의 도표를 부분적으로 재구성.

사회주의적 시민사회론의 운동론인 신사회운동론의 기본적인 문제의식은 경제 영역의 문제의 해결로는 다양한 근원을 가지는 사회적 문제에 적절하게 대응할 수 없으며, 따라서 민주주의의 확장을 위해서는 경제적 계급모순에 천착하는 '산업사회 기반의 구사회운동'보다는 다양성과 자율성, 그리고 자발성에 기초하는 신사회운동에 주목해야 한다고 주장하였다. 이처럼 신사회운동론은 다원화된 사회적 모순들 사이의 '결정론적 위계'는 물론, '영향론적 위계'도 인정하지 않는 경향이 있다. 이러한 관점에서는 자본주의적 시장경제에 대한 견제의 필요성이 이완될 수밖에 없다.

이러한 운동론의 근저에는 지배적인 사회적 가치가 경제적·물질적 풍요에 기초한 '물질주의적 가치'에서 '삶의 질'과 '자율성'을 강조하는 '탈물질주의(post-materialism)적 가치'로 전환되었다는 가정이 놓여 있다. 한편 이러한 입장은 '물질주의적 가치'를 추구하는 것으로 관계가 설정된 경제적 모순관계의 중요성에 대한 인식을 희석시키는 결과를 가져온다.

'탈물질주의론'은 사회적 환경의 구조적 변동에 의해서 물질주의적 이슈의 중요성이 확실히 약화되었다고 주장한다. 이에 따르면 인간이 추구하는 가치의 축이 물질주의에서 탈물질주의로 전환되어, 이제 인간의 행복과 사회의 민주주의는 물질을 둘러싼 갈등과 소외의 극복을 통해서 달성되는 것이 아니라 탈물질주의를 추구하는 다원적인 행위와 이러한 행위 사이의 접합을 통해서 달성된다.

잉글하트(Ronald Inglehart)는 이미 서구에서는 물질주의적 가치에서 탈물질주의적 가치에로 문화적인 변화가 일어나고 있으며, 이러한 변화는 정치의 성격을 포함한 사회전반을 변화시키고 있다고 주장하였다. 잉글하트(1971)에 따르면, 첫째, 제2차 세계대전 이후 서구사회에서는 경제적 풍요를 기반으로 하여 가치의 변화가 일어나고 있다. 이는 경제적 풍요와 사회적 안정을 중시하는 물질주의적 가치에서 자기표현, 참여, 삶의 질 등을 강조하는 탈물질주의적 가치로의 변화로 요약할 수 있다. 둘째, 탈물질주의적 가치의 추구는 일생 동안 지속되는 경향이 있는데, 이는 주로 젊은 세대에게서 확인할 수 있다. 셋째, 탈물질주의적 가치의 확장은 정치참여의 형태, 정치이념, 정당정치의 성격을 변화시켜서 궁극적으로는 그 사회의 민주주의의 성격을 변모시킬 것이다.

여기에서는 탈물질주의가 야기하는 정치와 민주주의의 변화에 대하여 살펴보겠다. 성기중·박형(1999, 145-148)에 따르면 탈물질주의는 다음과 같은 측면에서 민주주의에 큰 영향을 미치고 있다. 첫째, 정치참여 유형에 있어서 질적인 변화가 발생한다. 정부를 불신하고 권위에 도전적인 탈물질주의자들은 선거와 같은 공식적인 제도에 순종적으로 참여하기보다는 보다 도전적인 '직접적 참여'를 선호하는 경향이 있다.

둘째, 탈물질주의는 산업사회의 이념적 특성을 변화시킨다. 보다 젊고 교육수준이 높으며 풍요로운 경제적 기반을 가진 탈물질주의자들은 사회의 변화를 지지하면서, 이를 위하여 대체로 환경운동, 여성운동, 평화운동, 반핵운동 등 새로운 사회운동을 지지한다. 한편 새로운 운동의 이념은 물질적 분배문제를 둘러싸고 대립하는 전통적인 좌파와 우파의 '물질주의적 이념 축'과는 상관이 없거나 혹은 이것을 가로지르는 경향이 있다.

셋째, 탈물질주의에 의한 대중의 정치이념의 성격은 정당지지에 대한 패턴의 변화를 야기하고, 그 결과 서구 정당정치의 성격이 변하고 있다. 산업사회에서 정치적 양극화는 사회계급적 갈등을 반영하는 것으로서 이는 생산수단과 소득의 분배와 관련되었다. 여기서 노동계급은 좌파정당의 지지기반이었고, 중산층은 그들의 경제적 이익을 옹호하는 우파정당을 지지하였다. 그러나 탈물질주의 시대에는 유권자와 정당과의 이러한 연계가 점차 약화되고 있다. 이러한 가운데 '생태주의'나 '환경주의'와 같은 탈물질주의적 가치를 대변하는 '신좌파 정당'의 지지가 높아지고 있다. 한편 전통적으로 좌파정당을 지지해 온 노동계급은 전후 경제수준의 전반적인 상승과 소득의 증가에 따라서 자신의 현재적 지위를 보호해 줄 우파정당을 지지하는 조짐을 보인다. 다시 말해서 '노동계급 보수주의'(working-class Tory) 현상이 나타난다. 이처럼 물질주의 시대의 물질적 재화의 분배문제와 관련된 정치적 균열과 갈등은 탈물질주의 시대에는 '물질주의 대 탈물질주의'의 차원으로 점차 대체된다. 이러한 상황에서 점차 우파정당은 기존의 물질주의적 가치를 대변할 것이고, 새로운 좌파정당은 참여, 연대, 공동체와 같은 탈물질주의적 이념을 대변하게 될 것이다.

넷째, 탈물질주의의 증가는 범세계적인 민주화와 관련이 있다. 탈물질주의적 가치를 선호하는 비율은 일반대중보다는 지식인 등 사회 엘리트에서 상대적으로 높게 나타나는데, 우선 이들은 비민주적이고 억압적인 정치체제를 민주화하도록 압력을 행사할 것이다. 다음으로는 보다 탈물질주의적인 젊은 세대가 시위 등의 방법으로 비민주적인 체제에 대하여 압력을 행사할 것이다.

탈물질주의가 야기한 정치와 민주주의의 변화양상과 관련된 이상의 논의의 결론을 정리하면, 민주주의의 핵심적인 토대는 물질주의적 가치에서 확실히 탈물질주의적 가치로 이동하고 있다는 것이다. 한편 이러한 시각은 새로운 사회적 적대에 주목함으로써 결과적으로는 경제적 균열의 '영향론적 우위'를 간과하는 신사회운동론의 시각과 상통하게 된다.

한편 멜루치(A. Melucci)의 '복합체계(complex system)론' 역시 신사회운동론의 이론적 근거를 제공하고 있다. 멜루치는 '후기현대사회'를 '복합체계'의 사회로 파악하는데, 여기서 복합체계란 여러 가지 의미를 함축하고 있다. 이 가운데 주로 신사회운동과 관련되는 부문을 정리하면, 첫째, 복합체계는 세계화 경향과 동시에 발생하고 있는 '상호의존망의 복합성'을 의미한다. 이것은 어떤 하나의 중심적 체계로 다른 체계들을 환원시키는 것이 불가능하다는 의미를 내포하고 있다. 이는 사회운동에서 계급적 논리가 차지하는 '부당한 위상'이 조절되어야 한다는 의미로 해석될 수 있다.

둘째, 멜루치는 현대의 복합체계 안에서 일상생활과 개인적 삶의 중요성이 질적으로 커지고 있음을 강조하였다. 일상생활 및 개인적 삶의 세계는 일종의 의미체계로서 개인이 욕망을 관리하고 실현하며, 그 가운데 자아와 사회에 대한 성찰성을 키우고 정체성을 형성하는 장이다. '새로운 사회운동'을 '자기성찰적인 행위자'들이 일상생활의 장에서 새로운 집합적 정체성과 자아정체성을 바탕으로 전개되는 운동이라고 정의하면, '새로운 사회운동'은 물질적인 성취나 사회적인 불평등구조와 같은 외적인 것에 관심을 가지기보다는 주로 개인의 내적인 것에 관심을 가지는 운동이라고 볼 수 있다.(박형준 1998, 130-132)

이처럼 사회주의적 시민사회론은 자본주의의 전개에 따른 사회구조의 변화와 가치의 이동에 주목하면서, 새로운 이념에 기초한 새로운 방식의 사회운동을 주장하였다. 이러한 상황에서 사회주의적 시민사회론의 시장경제에 대한 태도는 다소 명백하다. 즉 자본주의의 발전과 구조변화에 의하여 시민사회를 포함한 사회전반에 대한 경제 영역의 규정력은 상당히 약화되어서, 시장경제의 모순에 의한 균열은 성, 환경, 인권과 같은 여타의 갈등과 등가적이거나 오히려 부차적인 것이 되었다. 따라서 시민사회의 민주적 확장과 관련하여, 사회주의적 시민사회론은 자본주의 시장경제의 적절한 제어에 대한 필요성을 적절하게 사고하지 못하고 있다.

주요 관심사에서 제외되었기 때문인지, 사회주의적 시민사회론의 시장경제에 대한 인식은 그다지 구체적이지 못하다. "국가주의나 근대 이전의 공동체 발상으로 되돌아가지 않으면서도 자유주의에 저항하려는 새로운 대안으로서 '사회주의적 시민사회'를 구상하려 한다면, 시장 영역의 주체적 내용을 면밀히 검토"(서규환 1993, 259)할 필요가 있음에도 불구하고, 사회주의적 시민사회론의 시장관은 내용적으로 추상적이고 빈약한 편이다. 예를 들어 코헨과 아라토는 사회를 매개하는 '조정매체'라는 추상적인 수준에서 시장을 위치 지우고 있다.

사회주의적 시민사회론에서 시장경제에 대한 제어의 필요성은 '국가', '시민사회', '경제'의 '영역분리론'에 의해서 일차적으로 축소되고, '탈물질주의 시대'의 전개와 발전에 의해서 재차 축소된다. 이러한 입장에서 보면 시장경제에 대한 '지나친 고려'는 현대사회의 변화를 이해하지 못하는 시대착오적인 판단일 수 있다. 예를 들어 하버마스에게 있어서 노동조합은 자본주의 시장경제를 제어하고 견제하는 장치가 아니라 그 자체가 공적 영역을 침범하여 민주주의를 왜곡하는 '거대한 사회조직'이다. 또한 '탈물질주의 사회'에서 물질주의적 가치를 추구하는 계급적 대립은 민주적 저항을 교란시키는 무언가 '촌스러운 행위'이다.

이러한 상황에서 시장경제에 대하여 추상적이고 빈약한 인식을 가진 사회주의적 시민사회론은 과연 '자본주의 시민사회'의 민주적 해방을 효율적으로 추구할 수 있을까에 대한 의문이 발생한다. 자본주의 경제체제에서 시장경제적 억압구조에 대한 충분한 고려가 부족한 상태에서 '자본주의 시민사회'의 민주화는 제대로 모색될 수 없으며, 따라서 시장경제의 모순에 의해서 발생하는 계급적 갈등은 이를 위해서 우선적으로 고려되어야 할 부분이다.

민주주의에 대한 자본주의 시장경제의 공격성은 매우 강력하고 포괄적이라고 볼 수 있다. 신자유주의적 세계화 이후 세계적인 차원에서 시민사회의 일상을 시장경제의 논리로 관리하려는 현실을 고려하면 더욱 그러하다. 시장경제의 논리는 단지 자본주의 경제체제의 재생산 과정에만 국한되어 작동하지 않는다. 이것은 시민사회의 저항에도 불구하고 시민사회를 식민화하여 사회 전체를 '시장사회'로 통합하려 한다. 즉 시장적 이익의 확장을 위해서 이것에 방해되는 모든 '공적인 것'을 자신의 영토 아래로 '식민화'하려 한다. 물론 '민주적 시민사회'도 시장경제가 식민화하려는 '공적인 것'에 포함된다.

시민사회의 '공적인 방벽'이 아무리 높더라도, 시민사회의 내재적 민주성이 아무리 강고하더라도, 이것이 '자본주의 시민사회'인 한 시장의 공격에 취약할 수 있다는 사실은 신자유주의적 세계화의 현실을 통해서 구체적으로 확인할 수 있다. 따라서 민주적 시민사회의 확장을 도모하면서도 자본주의 시장경제의 공격성을 간과하는 사회주의적 시민사회론의 논리는 다소 모순적이라고 볼 수 있다. 사회주의적 시민사회론이 시장경제의 제어에 대하여 충분하게 고려하지 못한 것은 아마도 경제결정론에 대한 '역편향'에서 기인하였을 것이다. 그러나 이를 고려하더라도, 시장경제의 제어에 대한 논의는 '영향론'의 관점에서 충분하게 접근할 수 있다는 점을 사회주의적 시민사회론은 간과하고 있다.

정리하면 자본주의적 시장경제에 대한 적절한 제어가 구체적으로 설정되지 않은 사회주의적 시민사회론의 '현실적인 민주성'은 상당히 제한적이라고 평가할 수 있다. 시민사회의 내재적 공공성이 시장경제의 공격성을 충분히 방어할 수 있다는 가정은 사실 공허한 측면이 있다. 민주주의는 규범의 문제가 아니라 현실의 문제이기 때문이다. 따라서 시장경제의 공격성과 같은 보다 구체적이고 현실적인 맥락에 대한 분석보다는 시민사회의 민주적 강화라는 당위와 규범의 제시에 치중하는 사회주의적 시민사회론은 다음과 같은 비판을 비껴갈 수 없을 것이다.

> 시민사회에 관한 논의는 규범적인 수준에서 더 많이 이루어지고 있다. 현실태로 존재하는 사회의 성격 문제보다는 미래의 바람직한 사회상으로서 시민사회를 논의하는 경우가 그 예이다. 시민사회의 강화 혹은 공공 영역의 민주화가 없이는 오늘날의 세계에서 해방이 불가능하다는 비판이론은 규범적인 시민사회 논의를 대표하고 있다.(신광영 1995, 81)

사회주의적 시민사회론은 국가주의와 경제주의에 대한 비판을 통하여 국가와 계급 '바깥'의 정치를 사고하고 또한 '새로운 사회운동'의 민주적 잠재력에 주목하여 민주주의의 영역을 확장시켰다는 점으로도 그 가치를 충분히 인정해야 한다. 그러나 시민사회의 민주적 강화를 위하여 반드시 그리고 적극적으로 고려해야 할 시장경제에 대한 제어를 다소 간과하고 있다는 사실은 사회주의적 시민사회론의 현실적인 한계로 지적되어야 한다. 따라서 사회주의적 시민사회론은 시장경제에 대한 적극적인 제어와 통제라는 시각을 자신의 이론체계에 적극적으로 흡수해야 할 것이다.

3) 분배자로서 국가

사회주의적 시민사회론에서 '국가'와 '시민사회', 그리고 '경제'는 하나의 사회구성체이 상대적으로 분리되는 계기들이라기보다는 서로 영향을 주고받는 관계에 놓여 있는 각각 독립적이고 자율적인 실체로 설정된다.(김세균 1995, 171-172) 따라서 국가는 비계급적인 영역으로 규정되면서, 국가의 개념은 '계급적 지향성'이 아니라 '기능적 역할'을 중심으로 정의된다. 즉 사회주의적 시민사회론에서 국가는 계급성에 따라서 계급지배의 도구 내지는 '부르주아지의 운영위원회'로 정의되는 것이 아니라, "입법을 수행하고 권리를 실행하며, 새로운 정책을 조정하고, 특정한 이해들 사이의 불가피한 갈등을 억제하는 데 필수적인 장치"(Held 1991, 29)로 정의된다.

또한 이렇게 정의된 국가는 사회의 민주화 과정에서 부분적으로는 시민사회와 쌍방적 지지의 역할을 수행한다. 사회주의적 시민사회론의 민주주의 프로젝트는 시민사회 우위의 '이중석 민주화 과정'(double sided process)이라고 볼 수 있다. 이것은 시민사회를 중심으로 국가와 시민사회 양자의 동시적이며 상호의존적인 민주화를 추구하는 전략을 의미한다. 이는 "오늘날 민주주의를 부흥시키기 위해서는, 한편으로는 국가권력의 개혁과, 다른 한편으로는 시민사회의 재구성과 연관되는 이중적 현상으로 민주주의를 다시 규정해야 한다. 자율성의 원리는 국가와 시민사회 양자의 상호의존적 변형이라는 '이중적 민주화'의 과정이 불가피하다는 것을 인식할 때만 실현"(Held 1987, 283)될 수 있다는 인식과 동일한 맥락이다. 이와 유사하게 킨은 '이중적 민주화 과정'을 다음과 같이 정의하면서, 민주화 과정에서 국가와 시민사회의 역할적 상호연관성을 다음과 같이 지적하였다.

> 자율적 공공 영역에서의 안전하고 독립적인 시민사회가 없다면 자유, 평등, 사회적 결정과정과 계획에의 참여와 같은 목표는 공허한 슬로건밖에 되지 못할 것이다. 그러나 국가의 보호적, 재분배적 갈등조정적 기능이 없다면, 시민사회를 개혁하려는 투쟁은 빈곤, 분열, 침체 상태에 빠지게 되거나, 혹은 그들 스스로가 새로운 형태의 불평등과 속박을 만들어낼 것이다.(Keane 1991, 235)

그러나 사회주의적 시민사회론에서 사회민주화의 중추는 역시 '시민사회'이다. "국가의 직접적인 통제 바깥에서 개인들과 집단 사이의 사적 또는 자발적 묶음으로 조직되는 사회생활의 영역"(Held 1991, 29)인 시민사회의 공공성은 모든 민주적 질서의 중심적인 특성이기 때문이다. 또한 국가는 시민사회에 의해서 민주적으로 견인되지 않는 한, 본질적으로 비민주적으로 '간섭하는 국가'이기 때문이다.

사회주의적 시민사회론은 국가의 관료화, 비대화에 따른 사회에 대한 부당한 개입현상을 현대국가의 주요한 특성으로 간주한다. '개입적 국가'에 대한 비판적인 시각을 견지한다는 점에서, 사회주의적 시민사회론은 자유주의적 시민사회론의 이론적 전통을 유지하고 있다. 이러한 입장에서 현대사회의 '거대 국가화'는 사회전반의 민주화의 핵심적인 저해요소로 인식된다. 거대화된 국가와 시민사회의 공공연한 재결합으로 인한 공적 영역의 축소를 비판하는 하버마스의 논의는 이에 대한 좋은 사례이다.

사회주의적 시민사회론은 국가와 시민사회의 상호의존성에 기초한 양자의 동시적 개혁을 주장하는 '이중적 민주화 과정' 프로젝트에서 나타나고 있는 것처럼, 국가에 대한 단순한 비판에서 한 걸음 더 나아간다. 그러나 사회주의적 시민사회론은 기본적으로 국가에 대한 '시민사회의 민주적 우월성'에 기초하고 있다. 여기에서 '국가의 민주성'은 시민사회에 의해서 개념화되고 현실화된다. 즉 국가는 입법, 갈등의 중재와 같은 공적인 역할을 통해서 시민사회라는 존재를 보장하는 역할을 하는 것으로 설정되며, 또한 국가의 민주화도 국가에 대한 시민사회의 민주적 통제의 결과로서 설명된다.

민주주의와 관련하여 보면, 시민사회와 국가 사이에는 시민사회 주도의 '위계적 질서'가 형성되어 있다. 이러한 상황에서 민주주의를 위한 사회적 가치의 분배자로서 시민사회에 대한 국가의 능동적인 기능과 역할은 '개입'이라는 이름으로 기본적으로 제한된다. "국가제도들의 책임성 있는 틀거리에 의해 보호되고 장려되는 시민사회 내부 권력의 다원화만이 국가-시민사회 관계의 유일하게 가능한 형식"(Keane 1988, 61)이라는 킨의 주장에서도 나타나듯이, 국가의 역할은 '시민사회에 대한 보장'의 수준에서 제한되고 어떤 의미에서든 '개입적 국가'는 긍정적이지 못한 것이 된다. 이렇게 국가는 시민사회에 '종속'된다.

이는 민주주의에 대한 시민사회의 주도적 역할을 설정하는 논리에서도 나타난다. 사회주의적 시민사회론은 자본주의 국가의 '계급성' 즉 자본주의적 억압구조를 유지하고 재생산시키는 계급지배의 메커니즘으로서 국가의 속성을 인정하지 않는다. 이러한 상황에서 민주적 시민사회를 위한 핵심적 과제는 '자율적인 시민사회'가 '권위적 국가'를 민주적으로 통제하고 견인하여 민주화 과정에 '하위 파트너'로 포섭하는 것이다. 여기서 시민사회는 자유롭고 평등한 구성원들의 적극적이고 자발적인 참여를 통하여 자율적인 여론을 형성하는 건전한 의사소통의 영역으로 설정된다.

이처럼 시민사회는 구성원 모두에게 평등하게 개방된 수평적인 상호관계가 지배하는 영역으로, 구성원들은 이러한 시민사회를 통하여 타인과의 연대 속에서 사회의 구조적인 모순과 억압을 제거하면서 자신의 '삶의 질'을 향상시킬 수 있다. 이에 대해서 시민사회는 "다양한 집단의 참여를 전제하기 때문에 오히려 확실한 주체가 없는 영역으로 머물 수 있다"(오세철 1993, 32)는 비판도 가능하겠지만, 여하튼 민주주의의 주도권은 국가에서 시민사회로 넘어가게 되었다.

'시민사회 르네상스'는 국가주의적 실천이 한계에 직면함에 따라 국가 바깥의 영역, 혹은 비국가적 영역에서 민주주의의 활로를 모색하고자 하는 시도로 나타나게 되었다. 따라서 이것의 저변에는 '국가의 실패'라는 문제의식이 깔려 있다. 실제로 이러한 상황은 '없는 국가이론과 넘치는 시민사회이론'(서관모 1993, 63)의 시대를 야기하였다.

그러나 엄밀하게 말하면 '국가의 실패'는 두 가지 유형으로 구분할 수 있다. '스탈린주의적 국가의 실패'와 '사회민주주의적 국가의 실패'가 그것이다. 전자는 현실 사회주의 체제의 붕괴로 현실화된 지배(통치)이데올로기로서 속류화된 마르크스주의의 실패를 의미한다.21) 또

---

21) 박호성(1991)은 '저항(혁명)이데올로기-지배(통치)이데올로기', 혹은 '운동의 논리-제도권의 논리'라는 기준을 중심으로 마르크스주의와 레닌주의, 그리고 스탈린주의를 구분하였다. 그에 따르면 마르크스주의는 '저항(혁명)이데올로기'이고 스탈린주의는 '지배(통치)이데올로기'이며, 레닌주

한 이것은 '프롤레타리아트의 국가'가 아닌 '프롤레타리아를 지배하는 국가'의 실패를 의미하는 것이기도 하다. 한편 '사회민주주의적 국가의 실패'는 전후 '케인즈적 타협'에 기초한 개입주의적 복지국가의 실패를 의미한다. 물론 이것은 20세기 후반 신자유주의라는 '반국가주의적 자유주의'의 탄생을 야기하였다.

이처럼 '국가의 실패'의 구체적인 내용은 상이할 수 있다. 실제로 스탈린주의적 국가의 실패는 '프롤레타리아트의 계급독재'가 '국가의 독재, 당의 독재'로 변질되면서 사회주의 진영에서 발생하였다. 그러나 사회적 가치의 분배자로서 개입과 재분배를 통하여 계급적 갈등을 포함한 사회적 갈등을 완화하거나 해결하고자 하였던 사회민주주의적 국가의 실패는 자본주의 진영에서 발생하였다.

서구 시민사회의 민주적 확장을 모색하는 사회주의적 시민사회론의 관점에서 보다 문제가 되는 '국가의 실패'는 '사회민주주의적 국가의 실패'이다. 그러나 이러한 국가의 실패가 민주주의를 위한 분배자로서 국가의 고유한 역할의 축소를 정당화하는 논거로 사용될 수는 없다. "문제의 뿌리로 들어가 보면 복지국가의 위기는 단순히 국가만의 실패가 아니라 이와 공존하던 시민사회의 실패를 의미"(손호철 1995, 46)하기 때문이다. 그렇다면 문제의 핵심은 '국가를 해체하는 것이 아니라 국가를 재구성'(Evans 1992, 141)하는 것이어야 한다.

'분배자로서 국가'는 민주주의를 주도할 가장 현실적인 능력이 국가에게 있다는 '국가능력의 우위'의 관점에 기초하여, 시민사회에 대한 국

의는 혁명이데올로기적인 속성을 본질로 하면서 통치이데올로기적인 성격도 동시에 지니고 있다. 이 중에서 순수한 통치이데올로기인 스탈린주의는 사용되는 용어, 논리체계, 서술방식 등 이데올로기의 형식적인 측면만 부각시킨다면 마르크스주의의 명백한 계승과 발전으로 볼 수 있지만, 그 본질은 사실상 마르크스주의의 변조, 교조화, 단순화이다.

가의 민주적인 개입을 적극 수용하는 개념이다. 앞서 지적한 것처럼, 국가개입은 '범위의 문제'가 아니라 '대상의 문제'이다. 더욱 다원화되고 있는 현대사회의 공적 운영자로서 국가의 역할이 보다 강조되는 현실에서, 국가개입의 핵심은 '얼마나 넓게 이루어지느냐'가 아니라 '무엇에 대하여 이루어지느냐'에 초점이 주어진다는 것이다.

이러한 관점에서 보면, '시민사회 우위론'의 사회주의적 시민사회론은 시민사회에 대한 국가의 적극적인 역할의 정당성과 필요성을 다소 제한하고 있다고 평가할 수 있다. 사회주의적 시민사회론도 시민사회의 민주적 통제에 의한 국가의 민주적 개입을 부정하지는 않는다. 그러나 여전히 문제는 남는다. 가령 사회주의적 시민사회론이 시민사회에 대한 국가의 개입을 일부 인정하더라도 이것은 시민사회의 통제를 전제하고 있기에, 결과적으로는 분배자의 역할을 국가 고유의 독자적인 기능으로 설정하지 않는다.

물론 국가가 원천적으로 민주적이라는 보장은 없다. 그러나 이것은 시민사회도 마찬가지이다. 최장집(1993, 78)의 지적처럼, "오늘날 우리는 시민사회가 민주화의 사회적 기반이라는 안일한 시민사회론에만 의존할 수 없으며, 오히려 지금 민주화를 가로막고 있는 것이 시민사회라는 역설적 인식을 가질 필요가 있는지 모를 정도"이다. 특히 한국의 경우, '국가의 거대한 권력과 영향력이 일정하게 벗겨진 이후 드러나는 시민사회는 지역차별과 학연에 뿌리를 둔 완강한 엘리트 구조, 현상유지에 안주하는 광범한 중간층, 재벌을 중심으로 한 거대한 부르주아 지배구조의 체계로서 장기간의 군부 권위주의 권력구조의 사회적 그물망의 복제판 이상의 것이 아닌 것'으로 나타나기도 했다.

시민사회는 다원적인 적대와 이해관계가 상호 경쟁하는 장소이기에, 타협과 공론의 안정적이고 지속적인 형성 가능성은 실제로 그리 높지 못하다. 이러한 현실적인 상황을 고려하면, 사회주의적 시민사회론이 제시하는 가정과는 달리 민주주의를 위한 국가역할의 능동성은 한층 더 요구된다고 볼 수 있다. 분배자로서 국가의 개입이 없이 단지 성숙한 시민들 사이의 대화와 타협을 통하여 사회의 다차원적 적대들이 해결될 수 있다고 보는 견해는 다분히 비현실적인 규범적 주장이다. 시민사회는 다양한 적대와 모순을 민주적으로 정리하기 위하여 사회적 가치를 적절하게 분배하는 '공적인 권력'을 가지고 있지 못하다. 이를 보유하고 있는 영역은 현실적으로 국가가 유일하다.

'시민사회 우위론'이 민주주의를 위한 국가의 독자적 기능을 제한하는 것은 정당하지 못하다. 민주주의를 위한 자원은 시민사회보다 국가에 더 많이 있을 수 있다. 더욱이 사회적 가치의 분배자로서 국가의 기능은 시민사회로서는 가질 수 없는 국가만의 고유한 기능으로 민주주의를 위한 최종적인 안전장치이다.[22] 이것은 시민사회에 의해서 통제되어야 하는 것이 아니라 국가기구에 의해서 보다 적극적으로 실행되어야 하는 것이다. 따라서 사회적 약자를 보호하기 위한 사회민주주의적 국가개입을 시민사회의 식민화와 연결시키는 것은 문제가 있는 접근법이다.

이상의 내용을 고려하면, 사회주의적 시민사회론은 시민사회의 민주적 우월성이라는 규범적 논리에 의거하여 국가에 대한 시민사회의 민주적 통제만을 강조할 것이 아니라, 국가가 가진 현실적인 능력을 인정하면서 시민사회에 대한 국가의 통제의 정당성과 필요성을 보다 분명하게 인식해야 할 것이다.

---

[22] "중요한 것은 '누가 사회적 약자를 보호할 것인가'입니다. 여기서 핵심적인 것은 경제적 분배의 문제지요. 제가 볼 때 이런 역할을 담당할 수 있는 최후의 거점은 국가일 수밖에 없습니다."(권혁범·김호기 2001)

V. 제3의 길

'제3의 길'은 현실 사회주의 체제가 붕괴한 이후 깊은 침체에 빠졌던 좌파진영에게 새로운 활기를 제공한 '사회민주주의의 새로운 버전'이다. 한동안 한국에서도 크게 유행[1]하였던 '제3의 길'은 아카데믹한 '이론'으로서뿐만 아니라 한동안 영국과 독일을 비롯한 대부분 서유럽 선진국에서 권력을 획득하였던 '현실'이라는 의미에서, 현실 사회주의 체제의 붕괴 이후 좌파를 대표하는 논리라고 볼 수 있다. 따라서 제3의 길의 의미는 일부 지역에 국한되는 통치이데올로기 이상의 것으로 이해해야 할 것이다. 즉 이것의 현실적인 의미는 과거의 마르크스주의가 그러했듯이, '좌파의 주류'가 표방하는 '민주주의론의 현실태'로 간주할 수 있을 것이다.

---

1) 실제로 기든스의 『The Third Way』은 한국에서 세계 최초로 번역되어서 사회과학 서적으로는 드물게 베스트셀러가 되었다. 당시 정치권에서는 '386세대' 열풍과 맞물리면서 한동안 '한국의 블레어' 소동이 발생하기도 하였다. 한편 당시 김대중 정권의 '시장과 민주주의의 병행 발전론', '생산적 복지론'이 제3의 길의 정책과 유사하다는 점이 부각되면서, 한상진·박찬욱(1998), 김광식(1999), 황태연(1999), 김윤태(1999) 등은 '한국적 제3의 길'의 실현 가능성에 대한 학문적 검토를 진행하였다. 현재의 관점에서 평가하면, 당시 한국 사회에서 발생한 '제3의 길 열풍'은 '제3의 길'에 대한 '탈맥락적인 접근'(정대석 1999)의 결과였다고 볼 수 있다.

1. 이론적 개요

현실 사회주의 체제의 붕괴를 전후하여 서유럽의 좌파진영은 전통적인 사회민주주의 가치의 몰락과 신자유주의의 득세 속에서 '좌파의 재창출'이라는 부담스러운 과제에 직면하였다. 이러한 가운데 좌파진영은 과거에 공유하였던 이념, 전략과 근본적으로 단절하고 현실에 대한 '새로운 사고'가 필요하다는 점에서 일치된 견해를 형성하였다. 이러한 원칙적 수준의 합의에 기초한 모색을 통하여 나름의 일관된 체계와 전망을 가지면서 마침내 '집권'에 성공한 것이 바로 '제3의 길'이다.

현실 사회주의 체제의 붕괴 이후 '제3의 길'로 대표되는 서유럽 좌파의 부활은 그 사실만으로 역사적인 사건이라고 평가할 수 있다.[2] 현실 사회주의 체제가 역사의 무대에서 퇴장하였고, "보수주의는 헤게모니적이며, …… 어느 도시에서나 유일하게 발견할 수 있는 게임"(Hutton 1995, 58)처럼 보이는 신자유주의적 세계화의 한가운데에서 스스로를 좌파라고 주장하는 세력이 유럽 선진국의 정치권력을 차지한 풍경은 '역사의 새로운 순환의 예고편'이라고 볼 수도 있기 때문이다. 즉 현실 사회주의 체제의 붕괴가 현실화된 20세기 말 당시, 월러스틴(한겨레신문 99/03/22)의 주장처럼 20세기 후반 당시 미국 중심의 안정된 세계질서에 대한 강력한 도전세력으로 평가되는 유럽연합의 회원국 대부분이 '새로운 좌파'에 의해서 지배되었다는 것은 매우 주목할 만한 사실이라는 것이다.

이처럼 '제3의 길'은 역사적 주체로서 현실성을 상실한 공산주의가 퇴장한 이후, 그 공백을 메우면서 신자유주의라는 주류 질서에 필적할

---

2) 1999년 당시 유럽 좌파정당의 득표율과 집권현황, 그리고 국가별 상황에 대한 개괄은 최연구(1999, 128-134)를 참고.

수 있는 강력한 '좌파적 가능성'으로 등장하였다. 현실 사회주의 체제가 붕괴된 이후 현실적으로 좌파의 민주주의론을 대표하는 유력한 대안이 사회민주주의라고 할 때, '좌파'와 '사회민주주의'를 동시에 주장하고 있는 '제3의 길'은 '좌파적 민주주의론'의 현재성에 접근하기 위한 좋은 사례이다. 여기에서는 '제3의 길'은 현실적인 영향력이 약화된 좌파세력의 주요한 담론이라는 점에 주목하면서, 이것을 통하여 민주주의에 대한 좌파적 접근의 현실태를 구체적으로 분석하겠다.

본격적인 논의에 앞서, '제3의 길'의 의미에 대한 정리가 필요하다. 제3의 길은 이미 과거부터 다양한 의미로 사용되고 있으며, 마르크스주의나 신자유주의처럼 구체적인 정치이념이나 사상적 흐름을 지칭하는 개념이 아니다. 역사적으로 보면 제3의 길은 20세기 초반에 고안이 되어 1920년대에 주로 유럽의 우파에 의해서 사용되었으며, 제2차 세계대전 이후에는 사회민주주의자들이 자신의 노선이 미국의 시장자본주의와 소비에트의 공산주의와 다르다는 것을 강조하려는 목적으로 주로 사용하였다. 한편 1951년 '사회주의 인터내셔널'도 제3의 길이라는 표현을 사용하였으며, 1980년대 후반 스웨덴 사회민주당은 자신들의 강령개정을 '제3의 길'이라고 주장하기도 하였다.(김윤태 1999a, 247)

여기에서 분석하는 '제3의 길'은 기든스의 '제3의 길'이다. 그러나 기든스의 '제3의 길'은 영국 '신노동당'(New Labour)과 독일 '신중도'를 포함한 서유럽 '신좌파'의 전반적인 정책기조와 부분적인 차이에도 불구하고 내용적·형식적으로 일정한 연관성을 가지고 있다. 그러므로 이 글의 '제3의 길'이 가지는 외연은 소위 '제3의 길'로 통칭되는 기든스와 서유럽 '신좌파'의 전반적인 주장이나 정책기조를 포함한다.

이제 탈냉전 이후 '좌파적 민주주의론'의 현재적 의미성을 평가하기 위하여, '제3의 길'의 주요내용을 검토하겠다. 이것은 '제3의 길'이 제시하고 있는 '사회민주주의의 현대화 전략'과 '다섯 가지 딜레마', 그리고 '정치 프로그램'을 중심으로 진행할 것이다.

1) 사회민주주의의 현대화 전략

'제3의 길'의 핵심은 '사회민주주의의 현대화'이다. 기든스는 이를 위해서 '민주적 사회주의'와 '자유주의'라는 '두 가지의 위대한 사상적 조류'를 통합하고자 하였다.[3] 그에 따르면 자신의 제3의 길은 그 자체로 특별한 의미를 지닌 것은 아니며, "사회민주주의의 쇄신, 즉 사회민주주의자들이 과거 100년이 넘는 기간 동안 수행해야 했던 주기적인 사고 전환의 현대적 의미"(Giddens 1998, 26)이다. 이것은 "제3의 길은 현대 사회민주주의의 부활과 성공으로 가는 길"(Blair 1998b)이라는 블레어(Tony Blair)의 견해와 일치하는 견해이다.

이러한 관점에서 기든스의 '제3의 길'은 구식 사회민주주의라는 '제1의 길'과 신자유주의라는 '제2의 길'을 아우르면서 동시에 초월하는 말 그대로 '제3의 길'의 의미로 사용된다. 즉 "이것은 구식 사회민주주의와 신자유주의를 뛰어넘는 시도라는 의미에서 제3의 길"(Giddens 1998, 62)이다. 여기서 그는 지나친 단순화의 위험성을 전제하면서, '제3의 길'이 초월하고자 하는 '제1의 길'과 '제2의 길' 사이의 대칭점들을 다음과 같이 제시하였다.

---

3) 황태연(1999, 175)은 이러한 '제3의 길' 노선에 대해서, "굳이 학술적으로 분류하자면 막스 베버식의 '사회 자유주의'에 속한다."고 지적하였다.

〈표-3〉 구식 사회민주주의와 신자유주의의 비교

고전적 사회민주주의(구좌파)	대처리즘 또는 신자유주의(신우파)
-사회적·경제적 생활에서 광범한 국가개입	-최소한의 정부
-시민사회에 대한 국가지배	-자율적 시민사회
-집산주의	-시장 근본주의
-케인즈적 수요관리와 코포라티즘	-도덕적 권위주의와 강한 경제적 개인주의
-제한적 시장: 혼합적 또는 사회적 경제	-다른 시장과 마찬가지로 노동시장 개방
-완전 고용	-전통적 민족주의
-강한 평등주의	-불평등의 수요
-포괄적 복지국가	-안전망으로서의 복지국가
-단선적 근대화	-단선적 근대화
-생태계에 대한 낮은 수준의 의식	-생태계에 대한 낮은 수준의 의식
-국제주의	-국제질서에 대한 현실주의적 이론
-양극적 세계에 귀속	-양극적 세계에 귀속

출처: Giddens(1998, 39)의 도표.

기든스는 "구좌파는 변화에 저항하였다. 신우파는 변화를 관리하려고 하지 않았다. 우리가 그 변화를 관리하여 사회적 연대와 번영을 창출해야 한다"(Blair 1998a)는 블레어의 주장을 거론하면서 제3의 길의 구체적인 의미를 밝혔다. 그것은 중도좌파의 본질적 가치를 유지하면서 이것들을 근본적인 사회경제적 변화가 일어난 세계에 적용하고 낡은 이데올로기로부터 벗어나는 것(Blair 1999, 199), 다시 말해서 '사회민주주의의 현대화 프로젝트'이다.

여기서 그는 '경제 관리 체제로서 사회주의의 사망', '생태적 관점', '세계화를 포함한 새로운 문제의 출현', '구식 사회민주주의와 신자유주의의 한계', '정치적인 지지 구조의 변화' 등을 사회민주주의의 현대화가 요구되는 배경으로 제시되었다. 이 중에서 '구식 사회민주주의와 신자유주의의 한계'는 '제1의 길'인 구식 사회민주주의와 '제2의 길'인 신자유주의에 대한 비판이다.

기든스는 세계화에 대한 견해가 결핍된 구식 사회민주주의와 생태적 전망이 부재한 신자유주의를 공히 비판하였다. 특히 신자유주의와 관련하여 그는 역동성과 자율성을 상징하는 '시장'과 시장을 '물신숭배'하는 '시장 근본주의'는 상이하다고 지적하면서, 신자유주의는 자신의 구성 요소인 시장 근본주의와 보수주의의 긴장 관계로 인하여 곤경에 빠져 있다고 주장하였다. 신자유주의는 한편으로는 시장의 사회적 기반인 공동체적 형태를 부정하는 시장 근본주의의 속성을 유지하면서, 다른 한편으로는 시장의 유지를 위해서 전통적인 유대와 상징체계를 유지하려는 모순을 지니기 때문이다.

한편 '정치적인 지지 구조의 변화'와 관련하여 그는 정치적인 환경의 변화의 징표로 육체 노동계급의 급격한 감소와 여성 노동자의 대대적 유입, '정치적 무관심파'의 급증 등을 지적하면서, '희소성 가치에서 탈물질주의 가치로의 가치관의 전환'과 좌파 – 우파의 양분법에 포섭되지 않는 현대의 다양화된 가치분포의 스펙트럼을 강조하였다. 이 중에서도 1980년대 이후 더욱 두드러지게 나타나는 '육체 노동계급의 급격한 감소'는 '사회민주주의적 좌파'에게 큰 시련을 안겨주었다. 이 현상은 노동계급과 노동조합의 지원을 바탕으로 하는 사회민주주의 정당의 세력을 약화시키는 직접적인 원인이자, 특히 영국 노동당의 '현대화 혁명'을 강제한 결정적인 요인으로 작용하였기 때문이다.

2) 다섯 가지 딜레마

기든스는 지난 10여 년 동안 발생한 사회민주주의의 미래에 관한 논쟁에서 크게 부각된 다섯 가지 기본적인 딜레마를 '세계화', '개인주의', '좌파와 우파', '정치적 행위체', '생태적 문제들'로 규정하였다. 먼저 '세계화'에 대해서 살펴보겠다. 기든스에 따르면 세계화는 정치적·경제적인 영향들의 혼합에 의해서 이루어지는 여러 가지 과정의 복합적인 영역이다. 이것은 새로운 초국가적인 체제와 세력을 창조하는데, 특히 선진국에서 세계화는 우리의 생활을 변화시키는 '시간과 공간의 변형'에 관한 것이다. 기든스는 세계화를 기껏해야 오랫동안 지속되어 온 추세의 연장일 뿐이라고 평가 절하하는 구식 사회민주주의의 태도를 비판하면서 세계화를 '엄연한 현실'로 인정해야 함을 강조하였다. 이러한 관점에서 그는 세계화는 위로는 국민국가의 영향을 약화시키고 아래로는 새로운 수요와 지방적인 정체성을 다시금 재고시키며, 옆으로는 국민국가들의 경계를 가로지르는 새로운 경제적·문화적인 지역들을 형성한다고 주장한다. 또한 세계화의 결과 국가의 주권과 지위는 신대한 변화를 경험하게 되어서, 국가행위의 주안점은 '통치'(government)에서 '관할'(governance)로 이동하게 되었다고 주장하였다.

세계의 경제구조와 일상생활 전반에 심대한 변화를 야기하는 세계화는 기든스에게 있어서 가장 중요한 화두 중의 하나이다. 이와 관련하여 그는 현대를 '인위적 불확실성(manufactured uncertainty)[4]의 시대'로 정의하면서, '탈전통적 질서'(post-traditional order), '사회적 성찰성(social reflexivity)의 확장'과 더불어 '세계화'를 우리의 정치적 삶의 맥락을 파악하기 위해서 필수적으로 지적해야 할 가장 중요한 요소로 지목하였다. 또한 그는 세계화의 구조는 '탈중심화'(decentralization)이기에, 세계화를 단순히 미국패권의 재확립과정으로 이해하는 조악한 '경제주의적 시각'에 반대하였다. 그리고 세계화가 중심국의 패

---

4) 기든스에 의하면 '인위적 불확실성'은 근대적 제도가 성숙해지면서 나타나는 산물이다. 이것은 인간이 사회적 삶의 조건과 자연에 개입한 결과로 나타나는 위험의 원천과 영역 등의 변화를 의미하는 개념이다.(Giddens 1997, 16-20)

권을 확산하는 과정일 뿐 아니라 지역의 문화 의식과 주권을 활성화하는 계기로 작용한다는 점을 강조하면서, 세계화에 따른 상호 소통(communication)의 혁명적인 변화를 강조하였다.(Giddens & 한상진 1998, 263-268)

두 번째 딜레마인 '개인주의'와 관련하여, 기든스는 '자기우선 사회'에 대한 사회민주주의의 태도와 신자유주의의 태도를 모두 비판하면서 개인주의에 대한 자신의 논의를 전개하였다. 그는 현대의 탈물질주의적 가치를 강조하면서, '새로운 개인주의'는 "대처리즘이 아니고, 시장 개인주의도 아니며, 원자화도 아니다. 그와 반대로 '제도화된 개인주의'(institutionalized individualism)를 의미"한다고 주장하면서, "사람들은 자신을 개인으로 설정하도록 유도된다. 즉 개인으로서 스스로를 계획하고, 이해하고, 설계하는 것"이라는 벡(Ulich Beck)의 견해를 인용하였다.(Giddens 1998, 77) 이러한 관점에서 그는 보다 많은 민주화를 향한 압력과 서로 협력하며 나아가야 할 '새로운 개인주의'와 관련하여, 개인과 집단적인 책임 사이의 새로운 균형을 찾아야 한다고 주장하였다.

한편 '좌파와 우파'와 관련하여, 기든스는 '경제 관리 이론으로서의 사회주의의 사망'과 함께 좌파와 우파를 가르는 전통적인 구분은 약화되었다고 주장하였다. 즉 이제 더 이상 어느 누구도 자본주의를 대신할 대안을 갖고 있지 않으며 "남은 논쟁은 얼마만큼, 그리고 어떤 방법으로 자본주의를 통제하고 규제해야 하는가에 관한 것"(Giddens 1998, 785-86)이 되어 버렸을 뿐만 아니라, 또한 생태적 문제와 가족, 노동, 정체성의 변화와 관련된 쟁점들이 대두되고 있는 현실에서 좌파와 우파를 명확하게 구분해야 할 필요성은 현실적으로 점차 약화되고 있다는 것이 기든스의 진단이었다.

이러한 관점에서 기든스는 '정치적 중도주의'를 보다 적극적으로 해석하면서 '중도 좌파'(centre-left)의 가치를 강조하였다. 즉 그는 '중도 좌파'와 '온건 좌파'는 반드시 동일하지는 않으며, '쇄신된 사회민주주의'는 '해방의 정치'와 '생활 정치'(life politics)가 결합하는 '중도 좌파'의 정치임을 주장하였다.

이제 네 번째 딜레마인 '정치적 행위체'에 대해서 살펴보겠다. 기든스는 정치 쇄신을 위한 모든 시도에는 '행위체'의 문제가 제기된다고 전제하면서, 주로 신사회운동이나 비정부기구(NGO)의 활동에 주목하였다. 그에 따르면 공식적 정치제도 외부에서 발생하는 일상적 쟁점을 다루는 '하위정치'(sub-politics)의 활성화를 통하여 모든 가능한 수준에서 사회적인 행위체의 기동성이 활성화되고 있는 반면, 정당과 정부기구의 경직성이 명백하게 드러나고 있는 것이 현재의 상황이다. 따라서 정부는 '하위정치'를 주도하는 사회운동단체와 NGO와 같은 집단에게 배워야 하고 또한 이 집단과 협상해야 한다.

한편 기든스는 이 집단과 구분되는 정부의 고유한 역할에 대해서도 강조하였다. 그는 "그러한 집단들이 정부가 실패하고 있는 영역들을 인수하거나, 정당의 지위를 대체할 수 있을 것이라는 생각은 환상"(Giddens 1998, 96)이라고 분명히 규정하면서, 사회민주주의자들은 시대의 요구에 부응하는 정부로 재정비하는 방법을 고민해야 한다고 주장하였다.

마지막으로 '생태적 문제들'이라는 딜레마와 관련하여 기든스는 생태적 위험성에 대한 대처는 가까운 장래에 매우 중요한 사안이 될 것이라고 주장하였다. 그러면서 생태적 쟁점을 사회민주주의 의제로 수용해야 할 필요성을 강조하였다. 또한 그는 '생태적 현대화'(ecological modernization)와 과학 기술에 대한 민주적인 통제의 중요성을 부각시키면서, 생태적 위험성이 인류가 직면한 새로운 위험성으로 대두하고 있다고 주장하였다. 그에 따르면 이러한 '인위적 위험'은 '구식 처방'으로는 다루어지지 않는 특징(Giddens 1997, 16)이 있기에 위협인 동시에 하나의 기회를 제공하며, 이제 사회민주주의는 현재의 변화된 환경에 적극적으로 대응하고 생산적인 방식으로 모험할 수 있는 능력을 요구받는다.

'생태적 문제들'이라는 딜레마와 관련하여, 유사한 맥락의 '위험사회론'을 살펴보겠다. 벡(1993, 262–270)에 따르면 현대는 '계급사회'로부터 '위험사회'로 전환되는데, 동물과 식물, 그리고 인간에 대한 이러한 위험은 더 이상 19세기와 20세기 초 기업상·직업상의 위험처럼 특정 지역, 특정 집단에 한정되지 않는다. 즉 이것은 초국가적이자 특정 계급을 뛰어넘는 지구 전체를 범위로 한다. 이로 인하여 현대는 '결핍의 연대로부터 공포의 연대로'라는 문제와 환경문제를 포함하여 '비정치적인 것의 정치화'의 문제를 잉태하게 되었다. 한편 이러한 위험의 증대로 인하여 민주주의에 대한 새로운 요구가 제기되는데, 이제 민주주의는 위험에 대처하기 위해서 상향이든 하향이든 '정당성을 가지는 전체주의'로 전환되어 가는 경향을 가지게 되었다.

이상과 같이 '다섯 가지 딜레마'를 정리하면서, 기든스는 상호 연결된 이러한 딜레마들에 대한 종합적 대응으로서 '제3의 길의 정치'를 제안하였다. 그에 따르면 이것의 목표는 '세계화', '개인 생활에서의 변화', '자연과의 관계'와 같이 우리 시대의 중요한 환경적인 변화 속에서 시민들이 그들의 길을 개척하도록 돕는 것이다. 이를 위해서 그는 '평등', '약자 보호', '자율성으로서의 자유', '책임 없이 권위 없다', '민주주의 없이 권위 없다', '범세계적 다원주의', '철학적 보수주의' 등을 제3의 길이 추구해야 할 가치로 제시하였다.

이러한 가치들 중에서 '철학적 보수주의'는 다소 의외이다. '제3의 길'에서 기든스는 줄곧 진보와 좌파를 표방하였기 때문이다. 이것은 변화에 대응하는 데 있어서 실용주의적 태도, 과학 기술이 우리에게 가져다주는 양면적인 결과를 인식하는 태도, 과거와 역사에 대한 경외심, 그리고 환경 영역에서 현실적으로 가능한 경우 예방 원리의 채택 등을 의미하는 개념이다. 따라서 이것은 형식적 표현만큼 특별한 내용을 담고 있지는 못하다. 그래서인지 "기든스는 과학 기술적 근대화의 결과와 영향에 대한 매우 조심스럽고 책임 있는 반성적 자세를 굳이 '철학적 보수주의'라는 거창한 개념으로 표현하여 수용도를 떨어뜨리고 있다"(황태연 1999, 197)는 비판을 받기도 하였다.

3) 정치 프로그램

이상과 같은 논의를 바탕으로 하여, 기든스는 '급진적 중도', '새로운 민주 국가(적이 없는 국가)', '활발한 시민사회', '민주적 가족', '신혼합 경제(new mixed economy)', '포용으로서의 평등', '적극적 복지', '사회 투자 국가(the social investment state)', '세계주의적 민족', '세계적 민족주의'를 제3의 길의 프로그램으로 제시하였다. 여기에서는 몇 가지 중요한 사안을 중심으로 제3의 길이 제시하는 정치 프로그램을 설명하겠다.

기든스에 의하면 적이 아니라 위험에 직면하고 있는 현대의 국가들은 과거와는 다른 것에서 정당성의 원천을 찾아야만 하는 '민주주의의 민주화'라는 과제에 직면하였다. '민주주의의 민주화'에 따른 '새로운 민주국가' 혹은 '적이 없는 국가'는 '권력의 지방 이양', '이중적 민주화', '공적 영역의 쇄신(투명성)', '행정적 효율성', '직접민주주의 메커니즘', '위험성 관리자로서의 정부'와 같은 사안을 포함하고 있다. 이

중에서 '이중적 민주화'는 헬드의 '이중적 민주화'와 그 의미가 상통한다.

한편 그는 '시민사회의 쇄신'을 위한 과제로서 '정부와 시민사회의 동반자 관계', '지방 주도를 통한 공동체 쇄신', '제3부문의 관여', '지방 공적 영역의 보호', '공동체에 기반을 둔 범죄 예방', '민주적 가족' 등을 그 정책으로 제시하였다. 여기서 그는 새로운 정치에서 '가족'의 위상을 강조하였는데, '정서적·성적 평등', '관계에 있어서 상호 관리와 책임', '공동 양육', '평생 양육 계약', '아이들에 대한 타협적 권위', '부모에 대한 아이들이 책무', '사회적으로 통합된 가족' 등을 '민주적 가족'의 조건으로 제시하였다.

'복지의 개혁'과 관련하여 기든스는 경쟁력과 부의 산출을 중요시하는 신자유주의적인 관점에 상대적인 호감을 보이면서, 기존의 '구혼합경제'는 시장이 정부에 상당히 종속적이었다고 비판하였다. 그러면서 그는 이에 대한 대안으로서 시장의 역동성을 이용하는 '신혼합경제'를 제시하는데, 이는 "공공 부문과 민간 부문 사이의 상승효과를 추구하며, 공익을 염두에 두고 시장의 역동성을 이용"(Giddens 1998, 158)하려는 목적을 가진다. 이를 위해서 그는 국가적 수준, 지방적 수준과 더불어 초국가적 수준에서의 규제와 탈규제 사이의 균형, 사회생활의 경제적인 것과 비경제적인 것 사이의 균형이 수반되어야 함을 강조하였다.

이러한 논의를 통해서 기든스는 사회민주주의는 '자원의 재분배'보다는 '가능성의 재분배'로 강조점이 이동해야 함을 재차 역설하였다. 이에 따라 '평등'의 의미가 재고되었다. 이와 관련하여 그는 '승자독식 현상'(winner-take-all phenomena)에 대하여 완전한 능력지배 사회는 불가능하며 자기 모순적인 관념이라고 비판하는 동시에, 구식 사회민주주의의 평등에 대해서도 강하게 비판하였다.

제3의 길 프로그램의 마지막은 '세계주의적 민족', '세계적 민주주의'라는 겉보기에도 이상적인 전망이 차지하고 있다. 기든스는 '현실주의'는 기본적으로 자기 파괴적인 관점이라고 지적하면서, 따라서 현실주의적인 입장만을 수용하게 되면 국제 관계는 파멸을 가져올 대결 정치에 지배당하게 된다고 주장하였다.(Giddens & 한상진, 1998, 258) 이러한 현실주의에 대한 비판은 '세계주의적 민주주의'라는 이상주의적 구상으로 이어졌다.

기든스는 세계화로 인한 파편화에 대한 저항 요인 혹은 '안정화 세력'으로서 '민족'의 역할에 대한 재정립을 강조하였는데, 이는 '다문화주의'와 이질적인 문화적 정체성을 인정하는 '세계주의적 민족'에 대한 주장으로 이어졌다. 이것은 '세계적인 규모로 작동하는 민주주의'와 연결되는데, 이와 관련하여 그는 전쟁의 발발 가능성이 줄어들고 상호의존성이 더욱 심화되는 현재의 상황에서 세계적 범위의 시민사회의 등장에 적합한 '세계적 관할'의 가능성이 등장하고 있다고 주장하였다. 그리고 기든스는 이러한 '세계적 민주주의'의 확장은 세계경제를 효과적으로 조절하고 범세계적 경제 불평등을 해소하며 생태적 위험성을 통제하기 위한 조건으로 간주하였다. 유럽연합의 가능성과 당위성이 강조되는 지점도 바로 이 지점이다.

2. 평 가

이상에서 '제3의 길'의 이론적 개요를 살펴보았다. 제3의 길은 현실사회주의 체제의 붕괴로 상징되는 좌파의 전반적인 퇴조 속에서, 좌파에게 새로운 기회를 제공하는 민주주의 담론이다. 또한 이것은 '이론적 담론'의 수준을 넘어서는 '국가경영의 담론'이기도 하다. 따라서 '제3의 길'은 탈냉전 이후 '현실적 주류좌파의 민주주의론'을 대표하는 것으로 그 위상을 설정할 수 있다.

그러나 기본적으로 이 글은 '제3의 길'의 '좌파성'에 대하여 다양한 측면에서 비판적인 입장을 가지고 있으며, 이에 대한 구체적인 논의는 이후에 진행되는 평가를 통해서 진행하겠다. 한편 여기에서는 본격적인 평가에 앞서, 비판적인 관점에서 '제3의 길'을 이해하기 위한 중요한 요소인 이것의 '개념적 모호성'에 대해서 논의하겠다.

"대안이 없기 때문에, 제3의 길은 앞으로 20년 정도는 세계를 이끌어 갈 이론"(Giddens & 한상진, 1998, 263)임을 자신하는 '제3의 길'은 사실 그 의미가 확실한 개념이 아니다. 무엇보다도 '제3의 길'이 제시하는 개념이 전반적으로 모호하기 때문이다. 여기에서는 기든스의 '제3의 길'이 제시하는 다양한 개념의 치명적인 약점을 '개념적 모호성'으로 규정하면서, '급진적 중도, 혹은 중도 좌파', '현대국가＝적이 없는 국가'와 같은 구체적인 사례를 통하여 이를 검토하겠다.

먼저 '급진적 중도, 혹은 중도 좌파'를 살펴보겠다. 기든스는 자신의 제3의 길 노선을 '급진적 중도'라고 정의하였다. 생활의 결정과 관련이 있는 '생활 정치'에 관한 거의 모든 질문은 급진적 해답을 요구하거나 급진적 정책들을 제시하기 때문에 이것과 연계한 중도 노선인 '제3의 길'은 '온건 중도'가 아니라 '급진적 중도'라는 것이 그의 주장이다. 이것이 제3의 길의 이념적 위상과 관련된 '급진적 중도'와 '중도 좌파'에 대한 그의 설명의 대부분이다.

구식 사회민주주의적 복지처방의 문제점을 다양한 사례의 인용을 통하여 설명하는 것과 비교하면, 제3의 길의 '이념적 위상'이라는 중요한 문제에 대한 그의 설명은 지나칠 정도도 빈약한 것이 사실이다. 이 정도의 설명으로는 생활 정치가 '급진적'이라면 생활에 기회를 주는 것과 관련되는 '해방의 정치'보다 더 급진적이라는 것인지, 아니면 그 것보다는 덜 급진적이지만 상대적으로 급진적이라는 것인지 제대로 이해할 수가 없다.

만약 '중도'라는 개념에 의해서 희석될지도 모르는 제3의 길의 '좌파 성'을 강조하기 위해서 기든스가 '급진적'(radical)이라는 용어를 사용 하였다면, 이는 그다지 효과적이지 못하다. '급진'은 변화의 객관적인 속도와 방법을 표현하는 본질적으로 '무가치적인 개념'이기에, 이것은 정치사회적으로 가치지향성이 강하게 전제된 '좌파'와는 다른 차원의 개념이기 때문이다.5)

또한 기든스는 '해방의 정치'는 구식 사회민주주의에서 보존되어야 할 가치이며 쇄신된 사회민주주의는 생활에 기회를 주는 것과 관련되는 '해방의 정치'를 보존하기 때문에 '중도 좌파'여야 한다고 주장하였다. 그러나 '해방의 정치'에서 '해방'의 구체적인 의미에 대한 설명이 부족 하다. 그의 주장을 살펴보면 구식 사회민주주의의 '해방'과 소위 '쇄신 된 사회민주주의'의 '해방'은 거의 동일한 의미로 사용되는 것 같은데, 구식 사회민주주의에서 주로 계급적 · 국가권력과 관련하여 제기되는 '해방'의 의미가 '쇄신된 민주주의'에서는 어떤 이유로 '기회 부여' 정 도로 그 의미가 변화하게 되는지에 대한 충분한 설명이 제시되지 않 았다.

'현대국가=적이 없는 국가'는 개념적인 모호성의 정도가 더욱 심하 다. "오늘날 자유민주주의가 위기에 처해 있다면, 그 이유는 반세기 전 처럼 적대적 경쟁자들에 의해 위협을 받기 때문이 아니라, 어떠한 경쟁

---

5) '진보'와 '급진', '개혁', '발전'의 의미상의 차이점에 대해서는 채장수(1999, 235 236)를 참고.

자도 없기 때문이다. 양극 시대가 끝났기에, 대부분의 국가들은 뚜렷한 적을 갖고 있지 않다"(Giddens 1998, 121)는 정도의 추상적이고 평면적인 설명 이외에는 별다른 근거를 제시하지 못하고 있는 이 '현대 국가=적이 없는 국가'라는 도식은 제3의 길 프로젝트의 핵심 개념 중 하나이다. 이 개념은 현대국가의 정당성 확보의 문제와 이를 위한 '민주주의의 민주화'의 추진 필요성의 근거로서 제시되고 있기 때문이다.

무엇보다도 '민주주의의 민주화'라는 중요한 개념을 강조하기 위해서 설명도 부족하고 근거도 빈약한 '적이 없는 국가'라는 다소 '선정적인 개념'을 선택한 이유가 불분명하다. 굳이 그 이유를 추측하면, '새로운 이론'을 과시하기 위한 '화려한 레토릭'의 필요 때문일 수도 있었을 것이다. 그러나 현대성의 가장 어두운 측면인 '핵폭탄의 확산'처럼 "기술 문명과 전쟁이 서로를 도와주는 경향을 우리가 억제할 수 있을지 의문"(Giddens & 한상진 1998, 258)이라는 기든스의 주장은 '적이 없는 국가'라는 그 자신의 주장과 상치되는 측면이 있다.

'적이 없는 국가'라는 개념의 정당성을 위해서는 세계화의 진행과 함께 민족·인종·종교 사이의 극단적인 분쟁이 감소하기는커녕 오히려 증가하고 있는 현실6)에 대한 설득력 있는 설명이 필요하다. 또한 '제3의 길'이 지배하는 영국이라는 국가가 '코소보'와 '이라크'에서 보여준 '적이 있는 행동'에 대해서 최소한의 변명도 필요하다. 이것이 수행되지 않는다면, '적이 없는 국가'는 "정말 최악의 이데올로기적 말장난"(Calli

---

6) 냉전체제가 종식된 이후 발생한 분쟁 건수는 냉전체제 당시보다 오히려 증가하는 추세이다. 지역분쟁은 1992년에 51개 지역에서 발생하여 '20세기 최다.'를 기록하였으며, 1997년에는 분쟁 지역이 29개로 줄어들면서 최저치를 기록하였다. 그러나 21세기에 접어들면서 분쟁의 수치는 다시 증가하여 2000년 9월 현재 35개 지역에서 서로를 적대시하면서 대립(중앙일보 00/09/17)하였으며, 이후 '9·11'과 '이라크전쟁'이 발생하였다.

nicos & 정성진 1999, 333)이라는 노골적인 비난을 면하기 어려울 것이다.

제3의 길의 개념적 모호성은 제3의 길을 옹호하는 멀건(Geoff Mulgan)의 다음과 같은 주장에 대한 비판을 통해서도 접근할 수 있다. 그에 따르면 제3의 길을 비판하는 논지의 공통점은 정치는 결코 '이것과 저것의 정치'가 될 수 없다는 것이며, 항상 '이것 아니면 저것의 정치'만이 존재한다. 즉 '친기업적인 것'은 '반노동자적인 것'을 의미해야 하고, 공공서비스에 대한 찬성은 곧 반개혁적인 것을 의미해야 하는 것이 제3의 길에 대한 좌파적 반대자의 공통된 논리라는 것이다.(Mulgan 1999, 90)

실제로 제3의 길 비판자들이 '이것 아니면 저것의 정치'만을 주장하는 지 여부에 대한 사실 확인은 차치하고, 일단 사회과학에서나 일상에서나 '흑백논리'는 정당하지 못한 것은 분명한 사실이다. 그러나 제3의 길이 소위 '이것과 저것의 정치'의 입장을 취한다고 해서 개념적 모호성이라는 혐의가 면해질 수 있는 것은 아니다. 오히려 '이것과 저것의 정치'는 개념적 모호성을 가리는 단순한 '레토릭'으로 작용할 가능성이 있다. '이것'과 '저것'이 구조적으로 분리되어 대립하고 있어서 양자 사이의 구분이 필요한 상황인데도 불구하고 '이것과 저것의 정치'를 내세워서 양자의 차이를 묵인하는 것이야말로 개념적 모호성을 야기하는 전형적인 방법이기 때문이다. 따라서 멀건이 비판하고 있는 제3의 길 비판자인 홀(Stuart Hall)의 다음과 같은 주장은 정당성을 획득할 수 있다.

> 제3의 길은 …… 보다 평등한 부의 분배와 보다 평등한 삶의 기회 분배를 가로막는 구조적인 이해관계들이 존재할 수 있다는 사실을 인정하기를 거부한다. …… 장황한 수사법으로 통치하려는 시도 …… '어려운 선택'에 대한 항상적인 거부와 한 쌍을 이루는 '어려운 선택'에 관한 지속적인 과대선전 등은 모두 동일한 현상의 주요한 일면들이다. 그것은 …… 블레어 프로젝트의 핵심을 이루고 있다.(Hall 1999, 58, 74)

1) 평등의 재구성

이제 '제3의 길'의 민주성에 대한 구체적인 평가를 시작하겠다. 이것은 앞서 제시한 세 가지 평가기준 즉 '평등의 재구성에 대한 태도', '시장경제의 제어에 대한 태도', '분배자로서 국가에 대한 태도'를 중심으로 진행될 것이다. 먼저 '평등의 재구성에 대한 태도'이다.

'제3의 길'은 사회민주주의에 대한 전면적인 개혁을 주장한다. 소위 '일하는 복지'(welfare-to-work)로 표현되는 재분배정책의 개혁, 분배중심의 복지정책에 대한 전면적인 수정이 구식 사회민주주의의 개혁을 위하여 제3의 길이 제시하는 핵심적 처방이다.

기든스는 구식 사회민주주의의 '대수술'을 위한 기초적인 작업으로서 평등과 불평등에 대한 개념을 재구성하였다. 그는 우선 평등을 단지 기회의 균등, 혹은 능력지배라고 인식하는 신자유주의 모델을 비판하였다. 그(1998, 160-162)에 따르면 신자유주의가 평등과 완전히 무관하지는 않겠지만, 신자유주의가 상정하는 완전한 능력지배 사회는 실현할 수 없으며 자기 모순적인 관념이다. 또한 이러한 사회가 실현된다고 하더라도 이것은 심각한 불평등을 야기하여 결국 사회의 결속을 심각하게 위협한다.

이러한 관점에서 기든스는 평등을 '포용'(inclusion)으로, 불평등을 '배제'(exclusion)로 각각 규정하였다. 그에 따르면 '포용'은 가장 넓은 의미에서 '시민권'을 가리키는 개념이다. 즉 '포용'은 사회의 모든 구성원이 형식적으로뿐만 아니라 실제의 삶에서도 필요한 정치적인 권리 및 의무를 가진다는 것을 지칭하는 개념이다. 또한 이것은 기회와 공적 영역에 대한 참여를 지칭하는 개념이기도 하다.

한편 '배제'는 불평등의 정도에 관한 것이라기보다는 집단들을 사회의 주류로부터 격리시키는 역할을 하는 메커니즘으로 정의할 수 있는 개념이다. 기든스(1998, 162-163)에 따르면 현대사회에서는 주로 두 가지 형태의 배제가 두드러지게 나타나게 된다. 첫째, '밑바닥 층의 강제적인 배제'로서 '밑바닥 층'은 사회가 제공하는 기회의 주류로부터 차단되어 있다. 현대사회에서 두드러지게 나타나는 배제의 또 두 번째 유형은 '엘리트의 반란'으로 부를 수 있는 '상층부에서의 자발적인 배제'이다. 이것은 좀더 부유한 집단이 스스로 공공제도에서 이탈하는 것을 의미한다.

사회민주주의의 가치를 존중하는 기든스의 관심은 물론 '포용적인 사회'의 건설에 있다. 그는 노동계급의 수적 감소, 소수민족의 문제, 문화적 배제의 문제와 같은 사회의 변화에 따른 새로운 현상에 관심을 보이면서, 노동계급을 '포용'할 수 있는 새로운 사회모델이 제시되어야 한다고 주장하였다. 이러한 관점에서 기든스는 '경제 자유주의'와 '시민 자유주의'를 구분(Kaus 1992)하면서, 배제 메커니즘과 관련된 경제적 불평등을 줄이기 위한 노력을 포기해서는 안 된다고 주장하였다.(Giddens 1998, 166) 이상의 논의를 바탕으로 기든스는 포용적인 사회의 조건을 '포용으로서의 평등', '제한적인 능력지배', '공적 영역(시민 자유주의)의 부흥', '노동 사회를 넘어서', '적극적인 복지', '사회투자국가'(social investment state)로 제시하였다.

한편 그는 포용적인 사회의 건설을 위해서는 '적극적인 복지'를 통하여 복지국가를 재편해야 한다는 점을 재차 강조하였다. 기든스는 최초에 사회주의의 위협을 제거하기 위하여 만들어졌던 복지국가라는 쟁점만큼 최근에 좌파와 우파를 양극화시킨 사안은 없었다는 점을 지적하면서, 우파가 제기하는 복지국가의 문제점을 상당 부분 인정하였다.

기든스(1998, 162-163)에 따르면 구식 사회민주주의는 주로 '자원의 공유'를 목표로 하는 분배정책을 지향하였다. 그러나 이러한 '하향식 복지국가'는 개인의 자유를 제한하고 '도덕적 해이'를 유발하는 역기능이 있는데, 복지는 본질적으로 경제적인 개념이 아니고 심리적인 개념이기 때문에 '인적 자본'(human capital)에 대한 투자를 통한 '가능성의 재분배'가 이루어지는 방향으로 사회민주주의의 재분배 정책이 전면적으로 수정되어야 한다. 이러한 관점에서 그는 '복지다원주의'를 주장하였다. 이것은 복지정책의 시행자가 국가로 일원화될 필요는 없다는 것을 의미하며, '복지국가'는 '복지사회'로 대체되어야 한다는 것이다.

동일한 맥락에서 기든스는 주로 노령인구 문제와 실업 문제에 초점을 맞추면서, 구식 복지국가 대신에 '사회투자국가'를 강조하였다. 그에 따르면 포용적인 사회가 되기 위해서는 노령인구는 '문제'가 아니라 '자원'으로 인식해야 한다. 노령은 '책임이 없고 권리만 있는 시기'가 아니기에, 노령인구를 '사회적 다수'로부터 분리해서는 안 되며 고정된 정년퇴직 연령은 폐지되는 방향으로 개선되어야 한다는 것이다. 실업문제에 있어서도 기든스는 구식 사회민주주의의 방법을 비판하였다. 즉 그는 국가는 구식 사회민주주의국가와 같이 완전고용을 목표로 해서는 안 된다고 주장하였다. 그에 따르면 높은 실업률은 무제한적으로 지속되는 후한 실업급여, 그리고 배제현상으로서 노동시장 하층의 빈약한 학력과 관련이 있다.

따라서 복지지출은 가능한 한 '사후 보상'에서 인적 자원에 대한 '사전 투자'로 전환될 필요가 있다. 이러한 기든스의 견해는 "가능한 한 인적 자원에 대한 투자로 전환되어야 한다. 도덕적 해이가 야기되는 곳에서 급여 제도는 개혁되어야만 한다. 그리고 가능하면 유인책을 통해서, 필요하다면 법적인 강제를 통해서, 좀더 능동적으로 위험을 수용하는 태도를 촉진시켜야 한다"(Giddens 1998, 184)는 내용으로 정리된다.

이처럼 제3의 길에서 복지는 '국가에 의한 수혜'에서 '개인의 사회 적응력'으로 규정되었다. '책임 없는 권리 없다'는 제3의 길의 모토에서도 나타나듯이, 쇄신된 사회민주주의에서 복지는 국가에 의한 '일방적인' 수혜의 확대를 의미하는 것이 아니라 위험을 관리하는 개인적 능력의 확대를 지향하게 되었다는 것이다. 이는 복지의 중추가 국가에서 개인으로 이전되었음을 의미한다. 복지에 대한 강조점이 '국가의 배려'에서 '개인의 능력'으로 변화함에 따라서, 개인 능력의 재고를 위한 교육, 교육을 통한 직업의 확보는 제3의 길 복지정책의 핵심적인 내용이 되었다.

이제 '복지와 고용정책'에서의 제3의 길은 "사회보장이 가능한 일자리를 만드는 길을 위해 개혁하는 것"(Blair 1999, 201)을 의미하게 되었다. 이러한 맥락에서 제3의 길의 복지정책은 개인의 사회적응력과 경쟁력, 주요하게는 취업 가능성을 높이는 교육과 훈련의 필요성을 강조하였다. '21세기형 복지국가'를 위한 개혁을 진행한다는 정부의 공식적인 문건에 나타난 '복지의 최고 형태는 직업'(http://www.wales.gov.uk/show.dbs)이라는 선언과 "제3의 길은 사람들이 직업으로 인도되도록 복지정책을 개혁하고자 한다"(Blair 1998a)는 주장은 이러한 시각을 충실하게 재현하고 있다. 이처럼 개인에게 기회와 직업을 동시에 제공하는 교육과 훈련은 사회민주주의 정치가들의 '새로운 주문'(呪文)이 되었으며, 영국 정부의 세 가지 주요 역점 사업도 '교육, 교육, 교육'(Giddens 1998, 169)이 되었다.

교육은 특별한 우선적 과제이다. 고등교육 기준은 국제경쟁력과 미래를 위한 '포함적 사회'(inclusive society)의 주요한 요소이다. 중요한 새로운 투자는 근본적인 학교개혁을 추구하고, 실패한 학교는 실행목표와 강력한 개입에 의해 지원을 받는다. 그리하여 미래의 모든 시민은 그들이 일하는 데 필요한 기본적인 기술을 보유하고 대다수의 인구는 더욱 고급수준의 자격을 획득한다.(Blair 1999, 201)

이상에서 제3의 길의 평등관을 살펴보았다. 제3의 길의 평등은 평등에 대한 '하나의 시각' 이상의 의미를 가진다. 우파와 비교할 때 좌파는 평등에 대하여 상대적으로 강한 신념을 보유하는 집단이며 제3의 길은 탈냉전 이후 '주류좌파'를 대표하는 담론이기 때문에, 제3의 길이 표방하는 평등은 좌파의 현재적 평등관을 확인하기 위한 일종의 '척도'(barometer)로 작용하기 때문이다.

이제 '평등의 재구성에 대한 태도'라는 기준을 중심으로, 제3의 길의 평등관을 검토하겠다. 제3의 길이 평균주의에 대하여 비판적인 관점을 유지하고 있다는 것은 분명하다. 제3의 길의 이론적 기반이 사회주의 체제와 구식 사회민주주의 체제에 대한 비판, 특히 국가에 의한 획일적인 복지정책에 대한 직접적인 비판의 맥락에서 구해지기 때문이다. 그러나 이러한 비판의 과정에서 제3의 길은 '너무 나가버렸다.' 제3의 길의 평등관의 문제는 좌파의 담론인 제3의 길이 오히려 평등의 위상을 지나치게 축소시키는 과정에서 주로 발생한다. 이 글에서는 첫째, '제3의' 길의 편향성, 둘째, '경쟁력으로 재편된 평등'을 중심으로 제3의 길의 평등관에 대한 비판적인 논의를 진행하겠다.

(1) '제3의' 길의 편향성

'제3의 길'은 '사회민주주의'라는 좌파의 전통과 '자유주의'라는 우파
의 전통 속에서 그 합리적 핵심을 발견하여 양자를 초월하는 민주적
사회모델을 제시하려는 좌파의 새로운 프로젝트이다. 따라서 제3의 길
의 평등관은 사회경제적으로 실질적인 평등을 지향하는 좌파의 평등
관을 통하여 우파적 평등관의 형식주의를 수정하는 동시에, 사회적 다
원성을 흡수하는 우파의 평등관을 통하여 좌파의 획일적 평등주의를
수정하는 새로운 개념으로 재구성되어야 할 것이다.

이러한 작업을 위해서 우선 전제되어야 할 것은 제3의 길의 평등관
은 실제로도 '제3의' 길의 평등관이어야 한다는 것이다. '제3의' 길의 평
등관은 '제1의' 길의 평등관과 '제2의' 길의 평등관이 성과와 한계를 비
판적으로 흡수하면서 이들과는 뚜렷하게 구별되는 '제3의' 위상을 가지
는 평등관이어야 하기 때문이다. 그러나 제3의 길은 '제3의' 평등관의
기본적인 조건을 제대로 충족하지 못하였다. 무엇보다도 제3의 길은 '제
3의' 길이어야 함에도 불구하고 지나칠 정도로 '제2의' 길인 '우파적 논
리'에 편향되어 있다.

제3의 길은 구식 사회민주주의와 신자유주의를 뛰어넘는 시도라는
의미에서 '제3의 길'이다. 이러한 기든스의 제3의 길은 일반적인 '중도노
선'과는 논리적으로 뚜렷하게 구별된다. 이와 관련하여 보비오는 '삼분
법'을 바탕으로 '포중률(包中律, included middle)로서의 중도파'와 '포
괄하는 중앙'(inclusive middle)을 구분하였다. 전자는 좌파도 우파도 아
닌 양자 사이의 '중간 영역'을 의미하고, 후사는 좌파정치와 우파정치를
초월하여 이들 사이의 타협이 아니라 양자를 모두 대체하는 새로운 내
용을 의미한다. 이에 따르면 형식적으로는 동일하게 제3의 길 노선이라

고 하더라도 '포중률'의 제3의 길과 '포괄하는 중앙'의 제3의 길은 전혀 다른 의미의 '제3의' 길이다. 즉 전자는 '위치적으로 중간'이라는 상대적으로 단순한 의미를 나타낸다면, 후자 즉 '포괄하는 중앙'으로서의 제3의 길은 형식적으로는 중도이지만 내용적으로는 '매개된 제3항'이 아니라 좌파와 우파를 포괄하여 새로운 이념을 제시하려는 '초월적인 제3항'을 의미하게 된다.[7] (Bobbio 1998, 37 - 42)

기든스의 제3의 길은 '포중률'이 아니라 '포괄하는 중앙'이라는 틀거리로 이해해야 할 것이다. 그의 주장처럼 자신의 제3의 길은 구식 사회민주주의와 신자유주의 사이의 '중도'를 추구하는 수동적인 개념이 아니라, 양자를 종합하고 포괄하여 이를 초월하려는 능동적이고 공격적인 프로젝트이기 때문이다. 따라서 '포괄하는 중앙'으로서의 기든스의 제3의 길이 정당성을 획득하려면, 이것이 초월하고자 하는 구식 사회민주주의와 신자유주의에 대하여 공정하고 타당한 접근이 전제되어야 한다.

그러나 기든스는 구식 사회민주주의와 신자유주의에 대한 공정하고 타당한 접근의 가능성을 처음부터 배제하는 듯하다. 그는 이제 자본주의를 대신할 대안은 없다고 선언하면서, 처음부터 자본주의의 현실적인 운동논리인 신자유주의에 보다 넓은 공간을 제공하였기 때문이다. 동시에 적어도 '경제관리체제'로서 사회주의의 소멸을 선언(Giddens 1998, 33)하여, 구식 사회민주주의의 입지를 결정적으로 축소시켰기 때문이다.[8]

---

7) 보비오의 이 저서는 1994년에 초판되었다. 따라서 보비오의 '포괄하는 중앙'은 기든스의 제3의 길을 지목하는 것은 아니다.
8) 이로써 유럽의 좌파는 사회주의에서 벗어나지 못했던 한계를 극복하여, 유럽의 좌파정당이 더욱더 미국의 상황과 유사하게 되었다.(Lipset 2001, 146 -147)

이 과정에서 기든스의 제3의 길은 구식 사회민주주의의 논리를 일정하게 왜곡시켰다. 예를 들어 기든스는 구좌파의 노선에 따르면 실업문제 등에 관하여 정부가 모든 일을 처리해야 한다고 주장하였다.(Giddens & 한상진 1998, 268) 그러나 '구좌파＝스탈린주의적 국가주의'라는 비현실적인 등식이 성립한다손 치더라도, 이것은 구식 사회민주주의에 대한 일정한 왜곡이다. "아마도 지금까지 그 같은 시스템은 한 번도 없었을 것"(Hobsbawm 1999, 41)이라는 견해가 현실적으로 더욱 설득력이 있기 때문이다.[9]

기든스는 '포괄하는 중앙'으로서 제3의 길의 논리를 보다 원활하게 전개하기 위하여 구식 사회민주주의를 스탈린주의적 국가주의와 거의 동일시하는 듯하다. 그렇다면 그가 이미 소멸되었다고 선언하였던 '경제관리체제로서 사회주의'의 범주에 공산주의뿐만 아니라 구식 사회민주주의도 포함되어 버린다. 한편 다음과 같은 제3의 길 지지자들의 주장은 제3의 길의 논리를 보다 정당화하기 위하여 시나브로 구식 사회민주주의와 공산주의적 국가주의와 동일시한다는 점에서 기든스의 논리와 유사하다. "근본적인 시장 불신 속에서 소득 재분배의 재원으로 사회복지를 최대로 확장함으로써 시장 기능을 위축시키는, 심지어 대체하려는 경향을 보였던 구좌파노선"(황태연 1999, 176), "결론적으로 제3의 길은 극단적인 국가주의와 무정부적 자본주의를 초월하는 새로운 정치실험으로서, 대다수의 나라에서 그 아이디어와 정책의 적용이 가능하다고 말할 수 있다."(김윤태 1999b, 192)

---

9) '만능정부'의 비현실성에 대한 견해는 '인간관계'를 강조하는 소위 '아시아적 가치'파의 "정부가 모든 상황에서 개인을 부양할 수 있다고 믿는 사람은 아무도 없습니다. 정부조차도 믿지 않습니다. 종말의 위기에서, 지진이나 폭풍 같은 재해에서도 당신을 보살펴 줄 것은 바로 당신의 인간관계"(리콴유 & 쟈기리이 2001, 27)라는 주장에서도 발견된다.

이처럼 기든스의 제3의 길은 '사회주의에 대한 청산주의적 태도'와 '자본주의에 대한 초역사적 실체성의 부여'라는 비역사적 관점을 가지고 있다.(최갑수 1999, 142-143) 문제는 이러한 구식 사회민주주의의 논리에 대한 왜곡이 평등론에서 일정한 편향으로 나타난다는 점이다. 즉 '제1의 길'인 구식 사회민주주의의 축소와 '제2의 길'인 신자유주의에 대한 강화는 '제3의 길'의 내용적 편향으로 현실화되고, 여기에 기초하는 '제3'의 평등론은 필연적으로 '제2의 길'로의 편향을 회피하기 어려울 것이다.

(2) 개인능력의 문제로 전환된 불평등

제3의 길에서 나타나는 편향은 '포용'으로 정의되는 제3의 길의 평등의 논리에도 직접적인 영향을 미쳤다. 결과적으로 제3의 길은 평등의 실질성에 대한 강조를 통해서 우파의 형식주의적 평등관을 수정하고, 사회적 다원성을 매개로 좌파의 획일주의적 평등관을 수정하여 '제3의' 질감을 가지는 새로운 평등관을 제시하는 데 일정부분 실패하였다. 보다 정확하게 말하면 제3의 길은 구좌파의 오류를 극복한다는 명분을 통해서 좌파가 지향하는 평등의 가치 대부분을 우파진영으로 '투항'시켰다.10) 제3의 길의 평등관은 '좌파의 마이크'를 빌린 '우파의 음성'이라는 것이다.

무엇보다도 제3의 길은 평등의 위상을 현저하게 약화시키는데, 제3

---

10) 이와 관련하여 "기든스의 '제3의 길'은 영국 노동당이 신자유주의로 변신하기 위해 사용한 '레토릭'일 뿐이다. 영국의 '제3의 길'도 두 가지를 혼합하겠다는 얘기가 아니다. 토니 블레어가 국민을 설득하려고 사용한 수사에 불과하다"(육성철 2001)는 우파논객인 유석춘의 직설적인 견해를 참고할 만하다.

의 길에서 평등은 '다양성'에 밀리는 부차적인 개념으로 설정된다. 이
와 관련하여 "평등, 다원주의, 그리고 경제의 역동성이 항상 병립 가
능하다고 여기는 것은 소용없는 일이다. …… 과거에 종종 불평등에
집착했던 강박 관념으로부터 벗어나야 한다. 평등은 다양성에 기여해
야 하지, 그것에 방해가 되어서는 안 된다"(Giddens, 1998, 158-159)
는 기든스의 주장은 제3의 길의 평등론과 관련하여 많은 점을 시사하
고 있다.

　제3의 길의 평등론은 제3의 길이 제시하는 평등인 '포용으로서의
평등'에 대한 체계적인 분석을 통해서 보다 구체적으로 접근할 수 있
다. 여기서는 평등이라는 문제의 발생과 해결방안에 대한 제3의 길의
모색이 '사회구조'라는 수준에서 이루어지기보다는 '사적 개인'의 수준
에서 이루어지고 있다는 점에 주목하면서 논의를 진행하겠다.

　'포용으로서의 평등'의 논리는 다음과 같다. '사후적인 재화의 재분
배'는 개인의 자유를 축소시키고 도덕적 해이를 유발하며, 그 결과로
사회 전반의 역동성은 상당히 저하된다. 이제 사회적 투자는 '사전에
가능성을 양성'하는 방향인 '교육'에 집중되어야 한다. 교육을 통해서
사회가 요구하는 개인의 능력과 경쟁력을 키우고 이를 통해서 변화된
개인을 사회가 적극적으로 '포용'하여, 사회적인 수준에서는 생산력과
역동성의 확대를 개인적인 수준에서는 보다 많은 자유를 확보할 수
있다.

　이러한 제3의 길의 프로그램을 통하여 "축적과 정당화 간의 상쇄 논
리에 대한 좌우의 진단을 거부하고 오히려 양자의 상호보완성 혹은 불가
피한 관련성에 대한 집요한 추구"(고세훈 1999, 35)로 정의할 수 있는
사회민주주의는 성공적으로 개혁될 수 있다. 또는 '권력의 쟁취'와 '평등
의 확보', 그리고 '경제적 능률의 증진'이라는 서로 상충되는 세 가지 과

제 사이의 조화를 동시에 추구하려는 사회민주주의의 딜레마(박호성 19 94, 399)는 이러한 제3의 길의 프로그램을 통하여 특별한 마찰이 없이 순조롭게 달성될 수 있다.

이처럼 제3의 길은 평등을 획일적으로 적용하지 않으며, 또한 평등이라는 이름으로 획일적 평균을 추구하지도 않는다. 제3의 길은 '교육을 통한 성장'과 이를 통한 '사회에의 포용'이라는 가능성을 개인에게 제시할 뿐이지, 이를 개인에게 강요하지도 않는다. 또한 이러한 가능성을 거부하는 개인들을 굳이 강제로 이끌려고도 하지 않는다. 제3의 길이 관심을 가지고 있는 영역은 '과정에 대한 투자'이지 '결과의 분배'가 아니기 때문이다.

이 글은 사회적 경쟁력과 역동성을 고려하지 않는 맹목적 평등에의 추구야말로 평등의 실현을 위한 사회적 자원의 '물질적 토대'를 황폐화시켜서 오히려 평등 그 자체의 실현을 저해할 것이라는 제3의 길의 진단에 대해서 동의한다. 그러나 평등의 문제를 단순히 개인적 결단과 선택의 문제로 치환하면서, '차이'(difference)가 아닌 '차별'(discrimination)을 정정하기 위한 마지막 수단인 '자원의 재분배'를 배제하는 평등론을 소위 좌파가 제시하는 평등의 논리라고 인정하기는 어렵다.

'제3의 평등'으로 제시되는 '포용'이라는 개념부터가 문제의 소지를 가지고 있다. 제3의 길의 포용이라는 개념은 사회적인 배제를 강제하는 사회구조적 불평등의 작용에 대하여 형식적으로는 인정하는 태도를 취한다. 그러나 이것은 현실적으로는 개인적인 능력과 경쟁력의 확대를 통하여 사회적인 생산력과 역동성의 확장에 기여할 수 있는 부류만을 '선별적으로 포용'한다는 것을 의미한다. 따라서 이것은 사회적으로 배제될 수밖에 없는 '무능한 부류'를 당연히 배제하겠다는 것을 의미한다.

'신빈곤의 정치경제학'이라는 관점에서 접근하면, 평등을 이야기하는 동시에 상당한 불평등을 묵인하는 '포용의 평등론'의 문제점을 보다 구체적으로 확인할 수 있다. 현실적으로 발생하고 있는 빈곤의 문제 혹은 배제의 문제가 단순히 개인의 결단이나 성실함의 수준에서 해결할 수 있는 문제로 인식되는 것이 아니라 자본주의의 발전과정에서 필연적으로 발생하는 사회구조적인 문제로 인식된다면, 따라서 '개인적인 결단과 성실함'만으로는 불평등의 문제를 제대로 해결할 수 없다는 점이 분명해진다면, '포용의 평등론'이 가지는 논리적 약점은 보다 명백해질 것이다.

제3의 길의 '포용으로서 평등'은 20세기 후반 이후 변화된 환경에 의해서 구조적으로 일정하게 재생산되는 '무능력한 부류' 즉 '일하는 빈곤층'을 포함한 '신빈곤층'에 대한 사회적 보호정책을 거의 제시하지 않았다. 과거의 절대적인 빈곤과는 달리 '신빈곤'은 사회적인 풍요 속에서 규정되는 보편적인 삶의 방식을 향유하지 못하고 자아해체적인 삶의 상태를 살아가려는 새로운 사회병리현상을 가리키는 개념이다. 또한 이것은 지배적인 삶의 질서와 방식으로부터 소외되고 배제된 상태에서 경험하게 되는 '일상적인 결핍과 부족'을 의미하는 포괄적인 빈곤상태를 나타내는 개념이기도 하다.(조명래 1997. 221-224)

이제 이러한 신빈곤의 발생 원인에 대한 검토를 통하여, '포용의 평등론'이 내포하고 있는 논리적·현실적 모순에 구체적으로 접근하겠다. 1980년대 이후 현재까지 두드러지게 나타나고 있는 신빈곤은 제3의 길의 주장과는 상당히 다른 관점에서 그 원인을 발견할 수 있다. 즉 노동자의 도덕적인 해이나 구식 복지제도의 비민주성에서 신빈곤의 원인이 발견되는 것이 아니라, 1980년대부터 본격적으로 전개되고 있는 산업구조의 고도화와 자본주의의 신자유주의적인 재편과정에서 신빈곤이라는 새로운 사회현상의 구조적인 원인을 찾을 수 있다는 것이다.

산업구조의 고도화와 자본주의의 신자유주의적인 재편은 '노동과정의 고도화' 다시 말해서 자동화, 합리화, 외부화, 분절화 등을 강제하는 요인으로 작용하였으며, 이를 통하여 노동자집단은 '다기능 핵심노동자 집단'과 '탈기술화된 주변노동자 집단'으로 양분되는 과정에 놓이게 되었다. 노동자집단의 내부적 분절은 주변노동자 집단에게 고용의 불안정, 저임금, 상대적 박탈감 등을 강제하는 요인으로 작용하였으며, 이로 인하여 주변노동자 집단[11]의 사회적인 지위는 더욱 불안정한 상태에 놓이게 되었다.(조명래 1997, 226)

결국 이들의 대다수는 더욱 전문화·지식화되는 사회에서 상대적으로 우월한 집단과의 경제적·심리적인 격차를 감당하지 못하게 되면서 미래의 삶에 대한 전망을 포기하는 신빈곤의 대열에 합류하게 된다. 고도화된 정보사회의 현실은 과거 빈곤층이 꿈꾸었던 '입지전'에 대한 희망마저 포기하도록 만들었다. 한편 이들은 보통 '정치적 타락'의 길을 걷게 되는데, 이와 관련하여 현재 독일 극우주의자들의 주된 선동 대상이 신자유주의적 구조조정을 통해서 '다이어트'에 성공한 자본주의의 직접적인 희생자들인 직업적 전망이 어두운 젊은 남성, 노동자 또는 실직 위기에 놓인 자(주정립 2000, 149)라는 사실을 지적할 필요가 있을 것이다.

신빈곤이라는 새로운 배제집단이 출현한 현실의 근저에는 개인의

---

11) 현재 주변노동자 문제의 핵심은 '비정규직 노동자'라는 이슈를 중심으로 형성되고 있다. 한국은 1998년에 처음으로 비정규직 노동자의 비율이 전체 노동자의 절반을 초과한 이후 2001년 4월 1일 현재 전체 노동자 중 비정규직 노동자가 차지하는 비율이 OECD 참가국 중 1위를 차지하였다.(조선일보 01/04/05)

도덕적 결단이나 성실함만으로는 극복할 수 없는 자본주의적 발전논리의 구조적인 요인이 내재되어 있으며, 따라서 신빈곤층의 순환적인 재생산은 일정 부분 필연적이라고 인식할 필요가 있다. 물론 교육이나 훈련을 통해서 '선택된 소수'의 신분상승이 이러한 악순환을 일정하게 순화시키겠지만, 이러한 '부분적인 수정'이 자본주의적 발전논리의 내재적인 구조 그 자체를 변형시킬 수는 없을 것이다.

현재의 자본주의가 아무리 고도화되더라도 비숙련 노동자를 포함한 주변노동자에 대한 수요가 완전히 근절될 가능성은 상당히 희박하다. 또한 소위 '복지사회'의 성공적인 교육투자에 의하여 국민 모두가 숙련 노동자가 될 수 있다고 가정하더라도 현실적으로 이들 모두 고용할 수 있는 경제구조는 만들어질 수 없다. 따라서 '일하는 빈곤층'뿐만 아니라 '완전한 백수'를 포함하는 신빈곤층의 '안정적인 재생산'은 어느 정도 필연적인 것으로 보아야 한다.

한편 '정보사회(information society)론'이라는 '낙관적 전망'을 통하여 '이데올로기의 종언'을 선언하였던 벨(Daniel Bell)도 후기산업사회에서의 '구조적 실업의 필연적인 발생 가능성'을 적극적으로 인정하였다. 그(1993, 196-197)는 지식과 정보가 사회의 중심적 가치가 되는 탈산업사회에서 미국과 같은 선진적인 영역은 네 가지 단계의 계급체계가 형성될 것이라고 전망하였다. 첫째, 조직에 고용된 전문직, 기술직, 관리직의 계급 - 민간사업, 정부, 연구기관, 사회 콤플렉스(social complex, 병원이나 사회복지 시설), 대학, 문화조직에 고용되어 있는 사람들, 둘째, 조직에 고용된 "반숙련직" 화이트칼라 계급으로, 항공회사, 제지산업, 부동산업, 보험업, 은행업 등에서 사무, 세일즈, 시비스에 종사하는 사람들, 셋째, 숙련노동자 계급 - 공장기술자, 수리공 및 보수관리 노동자, 기계공, 넷째, 주로 반숙련 및 미숙련 노동자계급이 그것이다.

여기서 벨은 반숙련 및 미숙련 노동자계급 등은 사회에서 노동할 수 있는 기회는 점점 감소되고 있다는 점을 지적하였다. 그에 따르면 각 나라마다 각 계급의 비율을 정확하게 측정하기는 힘들겠지만 이러한 '사회적 척도의 반대쪽 끝'에는 교육을 받지 못했거나 생산적 기술을 소유하지 못한 사람들이 점점 더 직업을 찾기가 어려워지는 구조적 실업 상태에 놓이게 된다는 것이다.

이러한 현실을 고려하면 '좌파 지향성'을 공언하는 제3의 길의 평등론은 고도로 분절적이고 경쟁 중심적인 사회에서 개인의 무능력 때문에 '탈사회'를 강요당하거나, 이러한 과정을 통해서 이미 삶에 대한 기본적인 '책임의식'조차 상실해버린 '홈리스'(homeless)와 같은 배제된 집단에게도 '포용'을 위한 부양정책을 적극적으로 마련해야 한다. 사회정의와 해방의 정치라는 가치를 지향하는 '중도좌파'로서 제3의 길 스스로의 주장처럼 '포용으로서의 평등'이 형식적 평등을 포함하여 실질적·사회적 수준에서의 평등을 동시에 고려하고 있다면, 적어도 이 정도 수준의 정책적 고려는 자신의 평등론에 반드시 포함시켜야 하기 때문이다.

따라서 "우리는 비숙련 개인들에게 저임금, 불안정, 실업의 생활을 하도록 운명을 지을 것"(Hombach & Mandelson 1999, 248)이라는 영국의 '제3의 길'과 독일의 '신중도'의 '합의된 주장'은 스스로를 좌파라고 자처하며, 또한 사회민주주의자라고 주장하는 집단들이 제시하는 '처방전'이라고 하기에는 다소 부족한 부분이 없지 않다. 오히려 이것은 자본주의의 경제구조에서 기인하는 다양한 문제에 대한 해결을 국가를 포함한 외부적 집단의 간섭이 없이 '자유로운 개인'의 몫으로 전가하려는 신자유주의적 논리와 유사하다는 느낌을 받는다.

제3의 길이 표방하는 여타의 프로그램과 비교하면, 새로운 사회적 환경에 적응하려는 제3의 길의 복지프로그램은 상대적으로 일관되고 구체적인 내용을 담고 있는 것이 사실이다. 그러나 제3의 길의 복지개혁은 '포용으로서 평등'의 확산을 결정적으로 저해하는 신자유주의를 포함한 자본주의 저변의 '구조에의 도전'으로 연결되지 못하고 주로 개인 경쟁력강화의 논리로 귀결되고 있다.

한편 개인경쟁력의 강화는 결국 국가경쟁력의 강화로 연결된다는 사실을 감안하면, 제3의 길의 평등론은 현존하는 신자유주의 경기규칙에 편승하고 조장하면서 그 내부에서 우위를 점하려는 영국을 포함한 서유럽 '좌파국가'들의 '세계화 시대의 신(新)국부론'(이병천·백영현 1999, 48)을 위장하는 '레토릭'으로 보일 수도 있다. 이와 관련하여 제3의 길의 '동지'인 클린턴(Bill Clinton)이 제3의 길을 노골적으로 견제한 사실은 매우 시사적이다. 클린턴은 '21세기 진보적 통치'를 주제로 이탈리아 피렌체에서 주최된 세미나에서 세계인구의 절반이 하루 2달러 이하의 비용으로 연명하고 있는 사실을 지적하면서, 사회주의적인 이상과 시장경쟁의 가치를 아우르자는 제3의 길에 관련된 논의는 '탁상공론'(academic)에 가깝다(동아일보 99/11/22)는 비판을 통하여 영국(을 포함한 서유럽 좌파국가들)의 제3의 길을 평가 절하하였다.

이상에서 제3의 길의 평등론을 비판적인 관점에서 검토하였다. 결론적으로 평가하면, '제2의 길'에의 지향성이 강하게 나타나는 제3의 길의 평등론은 '좌파적 평등론'으로도 '제3의 평등론'으로도 부족한 부분이 있다. 제3의 길이 집권한 이후 영국의 현실은 이를 반영하고 있다.

실제로 제3의 길의 '종주국'인 영국의 현실은 '포용사회'의 청사진과는 거리가 있다. 2001년 총선 결과 하원에서 압도적으로 승리하여 창당 100년 만에 처음으로 연속 2기 집권에 성공한 신노동당의 영국은 유럽 선진국 중 빈부의 격차가 가장 심각한 나라이다. 영국은 빈곤층이 전체 인구의 25%에 달하고 있으며, 특히 아동층의 빈곤은 더욱 심각하여 30% 정도의 아동이 궁핍에 시달리고 있다.(홍세화 1999, 122) 한편 1999년 4월 블레어에 의해서 '최저임금보장제도'가 도입되었지만, 이를 통하여 책정된 최저임금은 프랑스보다 10% 정도 낮은 수준이다. 영국의 생활비가 프랑스보다 20% 정도 높은 실정을 감안하면, 영국의 최저임금은 유럽 선진국들에 비해서 매우 빈약한 수준이다.

제3의 길에서 '포용사회'를 위한 키워드로서 새삼 강조하고 있는 것이 다름 아닌 교육임에도 불구하고, 2001년 현재 영국에서는 약 4만 명의 교사부족사태가 발생하여 학생들이 직접 '교사구하기 운동'을 전개하는 사태가 발생한 것은 일종의 '역설'이다. 제3의 길의 새로운 '주술'임에도 불구하고 영국의 국민들 대부분은 처우가 좋지 않은 교사 직업을 외면하고 있기 때문이다. 또한 영국에서는 '국민보건처'(NHS)에 속하는 복지병원에서 무료수술을 받기 위해 기다리는 환자가 항시 100만 명에 이르고 있으며, 이 중 대다수는 수술을 받을 때까지 7개월 이상을 기다려야 하고 세 사람 중 한 사람은 1년 6개월을 대기하여야 수술을 받을 수 있다.[12]

그렇다고 최근 영국의 경제성장률이 특별히 높은 것도 아니다. 신노동당 집권 이후 영국의 경제성장률은 1997년에서 2000년 사이의 OECD 국가의 연평균 성장률인 3.3%에 미치지 못하는 2.6%를 기록하였다.(정성배 2001b) 이러한 상황에서 노동당 정부와 블레어 총리의

---

12) 1999년에 실시된 영국의 한 여론조사(Travis 1999)에 따르면, 현재의 의료 서비스가 한 해 전보다 더욱 악화되었다고 대답한 응답자의 숫자가 11% 정도 증가하였다. 한편 유현석(2001, 313)은 의료서비스에 대한 블레어의 정책이 '민간부문의 의존을 거부하는 좌파적 정책방향을 고수하고 있다'고 평가하고 있는데, 이와 같은 보다 구체적인 현실을 고려하면 그의 평가는 다소 과장된 면이 있다.

정책에 대한 신뢰는 지속적으로 하락하고 있으며,[13] 국민들은 영국이 여전히 빈익빈 부익부 사회이고 유럽 선진국 가운데 소득 불균형이 가장 크다는 이유로 블레어를 '대처의 충실한 후계자'라고 부르고 있다.(정성배 2001a) '제3의 길'임에도 불구하고 블레어의 노선은 사실상 '신대처주의'(Marqusee 1997)라는 것이다.

재차 강조하지만, 평등은 '개인의 문제'가 아니라 '구조의 문제'이다. '포용으로서 평등'은 바로 이러한 사실을 간과하였다. 따라서 사회주의 실험의 대실패 이후 현실적인 영향력을 가지고 있는 거의 유일한 좌파담론으로서 새로운 평등론을 구성하려는 제3의 길이 소위 '포용사회'를 주장하기 위해서 취해야 할 우선적인 그리고 불가피한 과제는 구식 사회민주주의의 재분배정책에 대한 '과다한 비판'과 이것과의 '성급한 결별'이 아닐 것이다. '정당한 경쟁'에 따른 불가피한 배제를 당연시하는 신자유주의적 발전전략에 대한 비판과 대안에 근거하여 포용의 사회적 외연을 확장하기 위한 다양한 정책을 발전시키고, 이를 통하여 신자유주의에 대응하는 좌파적 대안을 구체화하는 것이 사회민주주의의 혁신을 지향하는 자칭 '급진적 좌파'가 수행해야 할 보다 시급한 과제이기 때문이다.

2) 시장경제의 제어

'제3의 길'의 자본주의적 시장경제에 대한 입장은 제3의 길이 신자유

---

13) 2002년 4월의 조사에 의하면, 영국 국민의 80%가 노동당 집권 이후 지난 5년간 생활이 오히려 나빠졌거나 과거와 마찬가지라고 느끼고 있으며, 나아졌다고 생각하는 국민은 16%에 불과한 것으로 나타났다.(매일신문 02/05/01)

주의를 평가하는 관점을 통해서 부분적으로 확인할 수 있다. 신자유주의는 자본주의적 시장경제를 지배하는 논리이자 현실이기 때문이다. 신자유주의에 대한 제3의 길의 기본적인 입장은 비판적이다. 기든스는 신자유주의가 내부적으로 이미 모순관계에 있음을 지적하면서, 신자유주의의 '존재론적 모순'을 다음과 같이 지적하였다.

> 신자유주의는 도전받지 않고 있다기보다는 곤경에 빠져 있다. 그 이유를 아는 것이 중요하다. 그 주된 이유는 두 가지 구성 요소인 시장 근본주의와 보수주의가 긴장 관계에 있기 때문이다. 보수주의란 언제나 사회적·경제적 변화에 신중하고 실용적인 접근을 의미하였다. …… 자유시장 철학은 그것과는 상당히 다른 태도를 취한다. 그것은 미래에 대한 희망을 시장 세력의 해방에 의해 만들어지는, 끝없는 경제 성장에 걸고 있다. 한편으로는 자유시장에, 다른 한편으로는 전통적 가족과 민족에 헌신하는 것은 자기모순이다. …… 시장이란 시장 근본주의가 무관심하게 도외시해 버리는 바로 그 공동체적 형태에 의존하고 있다.(Giddens 1998, 48-49)

이외에도 기든스는 시장 근본주의에 기초하고 있는 신자유주의를 여러 각도에서 비판하였다. 예를 들어 '능력지배사회'에 대한 비판적인 입장이나, '시장은 통합시키는 것만큼 분열시킨다'와 같은 주장은 모두 신자유주의에 대한 비판의 연장선상에서 제기된 것이다. 그러나 구식 사회민주주의에 대한 비판보다 신자유주의에 대한 비판은 근본적이고 구체적이지 못한 것이 사실이다.

제3의 길의 신자유주의 비판은 '시장의 역동성'을 적극적으로 수용하는 관점에서 시장의 역기능을 최소화하자는 틀거리에서 진행되는 경향이 있다. 실제로도 구식 사회민주주의에 대한 비판과 비교하면, 신자유주의에 대한 제3의 길의 비판은 제3의 길 프로젝트의 논의과정에서 부분적으로 진행되었다. 다시 말해서 제3의 길은 신자유주의에 대한 체계적이고 종합적인 비판을 수행하지 않았다는 것이다.

여기에서는 제3의 길이 제시하는 '세계화'에 대한 내용을 비판적으로 분석함으로써, 제3의 길의 '시장경제의 제어에 대한 태도'를 구체적으로 검토하겠다. 상술한 '시장 근본주의'와 '시장'을 구분하는 논의를 통하여, 시장경제에 대한 제3의 길의 추상적인 관점을 확인할 수 있다. 그러나 '관념적 구상'이 아닌 보다 '현실적 계획'으로서 제3의 길의 시장관은 제3의 길의 세계화론을 통해서 간접적이지만 보다 구체적으로 접근할 수 있기 때문이다.

'제3의 길'의 핵심적 주장은 '세계화 시대에서 사회민주주의의 현대화'이다. 즉 세계화와 이에 따른 변화는 사회민주주의의 현대화를 '강제'하는 환경적인 요인이며, 제3의 길은 세계화라는 근본적인 변화에 적응하려는 사회민주주의 현대화 프로젝트이다. 기든스에 따르면 세계화는 변화를 추진하는 원동력이자 변화를 강제하는 핵심적인 요인이다. 그만큼 세계화는 '시대적 대세'라는 것인데, 이를 고려하면 '세계화'보다는 '세계성'(globality)이라는 개념이 더욱 타당할 수도 있겠다.[14] 이처럼 세계화는 학술적 저술이나 대중매체 어느 곳에서나 일반적으로 사용되고 있으며, 이제 "범세계화란 말을 언급하지 않고서는 어떤 정치 연설도 완벽하지 않고, 사업용 편람조차 받아들여지지 않는"(Giddens 1998, 67) 실정이다.

기든스는 세계화에 대한 두 가지 상반되는 정치적 입장을 구별하였

---

14) 폴리토(Antonio Polito)는 '세계화'라는 용어 대신에 '세계성'이라는 용어를 사용할 것을 제안하였다. 세계화는 이미 종결되었으며 그 결과가 돌이킬 수 없는 현실이기 때문에, 이것을 진행형인 '과정'으로서가 아니라 현재 완료형인 '현실'로서 파악하자는 것이 '세계성'의 핵심적인 내용이다.(Hobsbawm & Antonio Polito 2000, 85)

다. 하나는 주로 '구좌파'의 입장이다. 이에 의하면 세계화는 '신화'이거나 기껏해야 오랫동안 지속되어 온 추세의 연장일 뿐이다. 또 다른 하나는 주로 '신자유주의'의 입장이다. 이에 의하면 세계화는 '현실'이며 우리는 지금 국경이 없는 세계에 살고 있고 그 속에서 국민국가는 하나의 '허구'이다.(Giddens 1998, 68)

이와 관련하여 기든스는 일단 '엄연한 현실'로서 '경제 분야의 세계화'를 인정하면서, 구좌파의 입장에 비판적인 태도를 보였다. 구좌파의 주장과는 달리 '경제적 세계화'는 단순히 과거부터 있어 온 추세의 연장선 혹은 그것으로의 회귀가 아니며, 적어도 금융시장의 수준에서는 '완전히 세계화된 경제'가 존재하고 있다는 것이다. 그러나 기든스는 세계화를 경제적인 영역으로 국한시키는 것은 오류라고 주장하였다. 세계화는 "경제적인 상호의존에 관한 것일 뿐만 아니라, 우리의 생활에서 시간과 공간의 변형에 관한 것"(Giddens 1998, 70)이기 때문이다.

기든스에 따르면 세계화는 국민국가의 주권과 지위에 심각한 영향을 미치고 있다. 이는 복합적으로 현실화된다. 즉 세계화는 국민국가의 권력을 약화시키기도 하지만, 동시에 새로운 수요와 지방적 정체성을 다시금 일깨울 수 있는 새로운 가능성을 창출하면서 국민국가 사이의 경계를 가로지르는 새로운 경제적 · 문화적 지역들을 만들어 낸다. 이렇게 보면 세계화 시대에서 국민국가는 '허구'라는 신자유주의의 주장은 다소 일방적인 것이다. 실제로도 현실 사회주의 체제의 붕괴 이후 동유럽에서 국가의 권력은 보다 확장되기도 하였다.

세계화에 따른 국가 주권과 지위의 변화와 관련하여, 기든스는 국가 행위의 주안점이 '일방적 통치'에서 '협치(協治)적 관할'로 변화하고 있다는 주장을 제기하였다. 그는 세계화에 부응하는 초국가적 집단 및 결사들의 성장으로 인하여 "'통치'는 국가의 정부와 덜 동일시되고, 영향력의 범위가 넓어진다. '관할'이라는 말은 몇 가지 형태의 행정 또는 규제 능력을 지칭하기 위한, 보다 적절한 개념이 되고 있다"(Giddens 1998, 72)고 지적하였다.

기든스는 세계화라는 것이 '별로 애착이 가지 않는 용어'이지만 분명 거부할 수 없는 현실로 인식하였다. 그러면서 그는 "범세계화는 정치적·경제적인 영향들의 혼합에 의해 이루어지는 복합적 영역이다. 그것은 새로운 초국가적 체제와 세력을 창조하면서 동시에, 특히 선진국에서 일상생활을 변화시키고 있다. 그것은 단순한 현대 정책들의 배경 이상이다. 전체적으로 보면, 범세계화란 우리가 살고 있는 사회의 제도를 변화시키고 있다"고 분석하였다.(Giddens 1998, 73)

세계화에 대한 이러한 '이중적인 감정' 때문인지, 기든스의 세계화론은 다소 추상적이다. 기든스는 세계화에 대한 추상적인 개념화만 존재할 뿐, 이것이 야기한 현실에 대한 객관적 분석을 통한 세계화의 구체적인 재개념화를 제시하지 않았다. 이처럼 제3의 길의 세계화론은 세계화의 개념을 추상적인 수준에서 고정시킴으로써, 따라서 세계화의 '현실태'에 주목하지 않음으로써, 세계화라는 현실이 야기하는 '시장 근본주의'의 문제점에 대한 비판을 비껴가고 있다. 즉 기든스는 '시장 근본주의'와 '시장'을 구분하면서 '시장 물신숭배'의 신자유주의적 시장 근본주의의 문제점을 근본적으로 비판하였지만, 세계화의 현실에 대한 구체적인 접근을 회피함으로써 결과적으로는 '신자유주의적 세계화'가 야기한 시장 근본주의적 현실에 대한 비판을 건너뛰었다는 것이다.

세계화론을 통해서 살펴보면, 제3의 길의 시장관은 시장에 대한 '관념적 구상'은 제시하고 있지만 이에 대한 '현실적 계획'에 대해서는 상대적으로 말을 아끼고 있다. '시장 근본주의'와 '시장'의 구분에 기초하여 시장 근본주의에 대한 엄격한 규제가 '일종의 원칙'으로 제시되고는 있지만, 이것이 '신자유주의적 세계화' 혹은 '시장 근본주의적 세계화'라는 '세계화된 현실'을 제어하기 위한 '현실적 계획'으로 구체화되지 못하고 있기 때문이다.

이러한 문제는 세계화를 추상적인 개념 수준으로만 이해하려는 기든스의 인식론적 입장에서 기인한다고 볼 수 있다. 실제로도 기든스는 '불가항력적인 세계화라는 현실'이라는 구호를 반복하면서 이것을 '운명론'(fatalism)적으로 강조하고 있을 뿐, '어떤 세계화인가?'라는 보다 구체적인 문제와 '세계화된 현실'이 양산하는 수많은 문제에 대해서는 별 다른 언급을 하지 않았다. 이처럼 제3의 길에서 '신자유주의적 세계화'는 시장경제의 제어와 관련하여 보다 구체적으로 분석해야 할 대상이 아니라 운명적으로 주어진 '거역할 수 없는 환경'에 가까운 '어떤 것'이다.

제3의 길은 세계화를 가장 중요한 이론적인 요인으로 제시하고 있으면서도 막상 이것에 대한 구체적이고 다각적인 분석을 결여하고 있다. 따라서 제3의 길 반대자들의 비판이 주로 제3의 길의 '세계화론'에 집중되고 있는 것은 당연한 귀결이다. 제3의 길의 세계화론에 대한 비판은 '세계화＝피할 수 없는 운명'이라는 도식의 정당성 여부를 중심으로 전개되었다. 제3의 길에 대한 비판자인 마틴(Jacquies Martin)과 홀은 제3의 길에서 세계화는 "그 어떤 것도 세계화를 멈추게 할 수 없다는 관념"(Martin 1999, 15)에 굴복하면서 세계화를 마치 자기규제성을 가진 화해 불가능한 '자연의 힘'(force of nature)인 것처럼 다루고 있으며, "글로벌 경제를 기후와 같은 존재로 간주"(Hall 1999, 60)하고 있다고 비판하였다.

한편 홉스봄은 세계화 속에 신자유주의의 흔적을 지워버리는 기든스와는 달리 '세계화 이데올로기'와 '신자유주의적 이데올로기'를 구분하였다. 그에 따르면 세계화는 지리적·경제적·기후적·역사적으로 완전히 다른 지역을 하나로 묶는 것을 의미하는데, 이는 기본적으로 여러 가지 방법과 방향에서 진행될 수 있다.(Hobsbawm & Polito 2000, 86-96) 따라서 현재의 세계화가 신자유주의라는 시장 근본주의적 방법과 방향을 중심으로 진행된다면, 이것은 '신자유주의적 세계화'이지 '세계화' 그 자체는 아니다.

이러한 관점에서 그는 세계화는 피할 수 없는 운명의 진화과정을 통해서 전개되는 것이 아니라, '능동적인 정치권력'이 세계화 과정에 적극적으로 참여함으로써 진행될 수 있다는 점을 강조하였다.(Hobsbawm 1999, 30) 즉 신자유주의라는 시장 근본주의적 방법으로 진행되고 있는 현재의 세계화는 피할 수 없는 자연적 과정이 아니라, 선진국 정부가 자국의 이익을 위해서 이를 적극적으로 조장하면서 세계화를 전개하는 데 필요한 법적·제도적 장치를 국내외적으로 형성하고 있기 때문에 가능하다는 것이다. 이렇게 보면 운명론적인 제3의 길의 세계화론과는 달리, 세계화는 전적으로는 아니겠지만 상당 부분은 '인위적 행위'의 산물이라고 볼 수 있다.

제3의 길은 대안이 없기 때문에 앞으로 몇 십 년간은 세계적인 헤게모니를 유지할 것이라고 스스로의 지위를 규정하고 있다. 또한 제3의 길은 구식 사회민주주의뿐만 아니라 신자유주의도 초월하려는 '포괄하는 중도'의 프로젝트이기도 하다. 스스로 자처한 이러한 위상에 부합하기 위하여, 제3의 길은 '세계화라는 현실'이라는 상투어를 반복하면서 '세계화＝운명'이라는 도식을 강요하기 전에 신자유주의적인 방법을 중심으로 전개되는 세계화를 규제할 수 있는 이론적·제도적 장치를 제시해야 한다.

사회구성원은 세계화가 제공하는 가능성을 영위하기 이전에, 우선 신자유주의로 재편된 사회의 현실에 고통을 받게 된다. '중도좌파' 혹은 '급진적 중도'의 프로젝트로서 제3의 길은 세계화라는 추상적인 개념 속에 신자유주의라는 구체적인 현실을 지워버릴 것이 아니라, 오히려 세계화라는 '시대정신'의 호위를 받고 있는 신자유주의적 모순을 적시해야 할 것이다. 즉 스스로 제시한 '신자유주의 비판'의 관점에서, 제3의 길은 시장 근본주의의 제어와 관련한 구체적인 전략의 제시를 통하여 '세계화된 신자유주의'에 대한 적극적인 대응책을 모색해야 할 것이다.

'시장 근본주의, 혹은 신자유주의는 민주주의 발전을 위협하는 경계대상 제1호'라는 기든스 자신의 주장을 상기할 때, 세계화에 대한 그의 태도는 일종의 '직무유기'로 볼 수 있다. 따라서 제3의 길은 세계화가 '필연적인 운명'이기 때문에 이것의 '순기능'과 '가능성'에만 천착할 것이 아니라, 국제적 금융자본과 선진국 정부의 신자유주의적 시장정책이 만들어낸 '역사적인 현실'로서 현재의 '신자유주의적 세계화'에 대한 적절한 제어의 필요성과 방법을 보다 명시해야 할 것이다.

그렇다고 기든스가 시장 근본주의와 같은 세계화의 현실에 대하여 전적으로 침묵하는 것은 아니다. 이와 관련하여 그는 '세계주의적 민주주의'의 확보를 통하여 세계적 규모의 시장 근본주의의 폐해를 제어하자는 주장을 제기하였다. 여기서 그는 자신의 '적이 없는 국가' 개념을 설명할 때처럼 냉전체제의 붕괴에 따른 동서갈등의 의미가 축소되고 있다는 사실만을 반복하여 강조하고 있다. 그러면서 신자유주의적인 세계화가 야기한 국제사회의 양극화 문제, 즉 남반구와 북반구 국가 사이의 경제적·정치적 권리의 양극화 문제와 같은 정작 중요한 현실적인 문제는 회피하였다. 또한 그는 세계적 차원의 민주주의를 거론하면서도 국민국가 내부의 계급·계층 사이 위계와 차별의 심화라는 문제에 대해서도 역시 침묵하였다.(임현진·정일준 1999, 147-148)

따라서 이것은 재론의 여지가 없을 정도로 현실성을 결여한 주장이다. 사실 이론적인 '주장'이라기보다는 개인적인 '희망사항'에 가깝다.

제3의 길은 현재의 세계화는 현실 사회주의 진영이 붕괴되어 '자본의 자유'를 통제하는 유력한 정치적·이데올로기적·공간적 방벽이 사라지면서 더욱 가속화된 '자본의 세계화'와 그 궤적을 같이하고 있다는 사실에 보다 주목해야 할 것이다. 또한 '세계화된 정치적 심급'이 존재하지 않는 상태에서, '보이지 않는 주먹'(invisible fist)이라는 표현이 가능할 정도로 극단적인 힘의 논리에 의한 무한한 생존경쟁의 논리만이 지배하는 세계화의 현실에는 그나마 '보이지 않는 손'(invisible hand)이라는 '자생적 질서'도 존재하지 않는다(이병천·백영현 1999, 42-43)는 주장 역시 보다 적극적으로 고려해야 할 것이다. 그리고 제3의 길은 '세계주의적 민주화'로 향하는 세계화의 이면에는 미국의 군사적인 패권주의 정책이 동반(김진균 1999, 20-21)되고 있다는 현실도 함께 인식해야 할 것이다.

이상에서 제3의 길의 세계화론을 통하여 제3의 길의 시장관을 간접적으로 검토하였다. 세계화를 '운명'이나 '기후'로 절대화하는 제3의 길은 시장 근본주의에 가까운 신자유주의의 논리를 세계화라는 현실에서 구체적으로 분석하지 못함으로써, 결국 '민주주의의 경계대상 제1호'라고 규정한 신자유주의를 세계화라는 이름으로 정당화시켰다. 이러한 상황에서 '급진적 중도좌파'의 담론으로서 제3의 길은 시장 근본주의, 신자유주의로 향하는 시장경제의 '민주적 통제'를 위한 보다 구체적인 인식과 이에 근거한 현실적 전략의 제시라는 과제를 충분하게 달성하지 못하였다.

3) 분배자로서 국가

이제 '분배자로서 국가에 대한 태도'를 중심으로 '제3의 길'의 민주성을 평가하겠다. 제3의 길의 국가관의 민주성을 평가하기 위해서 '사회민주주의의 현대화'라는 제3의 길 프로젝트의 핵심적 전략을 재차 언급할 필요가 있다. 제3의 길은 구식 사회민주주의적 복지'국가'의 현대화 전략을 통해서 자신의 국가관을 나타내고 있기 때문이다. 따라서 이 글은 제3의 길이 '자원의 사후적 재분배'로 일관하는 '거대 국가'에 대한 비판을 통하여 제시하는 새로운 국가의 전망을 바탕으로 제3의 길의 국가관의 구체적인 내용을 평가하겠다. 이와 더불어 좌파담론인 제3의 길이 사회적 가치의 분배자로서 국가의 역할을 어떻게 재구성하고 있는지에 대해서 자세하게 분석하겠다.

(1) '사회민주주의의 현대화'와 복지국가의 변화

이를 위하여 우선 제3의 길이 개혁하고자 하는 구식 사회민주주의의 내용에 대해서 살펴보겠다. 전후 사회민주주의는 '계급독재'와 '시장독재' 사이의 양자택일이라는 극단적인 선택이 강요된 냉전의 상황에서 노동조합을 중심으로 프롤레타리아트의 조직력에 기초한 계급타협 전략을 추구하는 '제3의 길'을 주창하였다. 이러한 사회민주주의는 '시장과 평등', '효율과 정의', '축적과 정당화' 사이의 불가피한 상호보완성에 대한 믿음에 근거하는 체제이다. 즉 기본적으로 자본주의적인 계급모순을 인정하면서도, 경제적인 발전과 의회주의라는 제도를 기반으로 계급 사이의 타협을 추구하는 체제가 바로 사회민주주의이다.

사회민주주의는 프롤레타리아트를 위한 정치의 추구를 통하여 '시장독재의 정치'에서 비껴났으며, 한편으로는 "다수획득이라는 정치 논리에 계급적인 순수성을 종속시킨다는 결정을 내림으로써 자신을 공산당과 구분"(Esping-Anderson 1991, 375)하였다. 실제로 레닌에 의해서 '개량주의'라고 비판을 받았던[15] 서유럽의 사회민주주의는 폭력혁명을 거부하고 의회주의적인 발전을 인정하는 유사점에도 불구하고, 국가의 계급성을 인정하는 '유럽공산주의'(eurocommunism)와도 차별성을 가진다. 따라서 사회민주주의는 공산주의와 자본주의의 대립 속에서 의회주의와 시장경제를 수용하여 일당제와 계획경제의 공식을 따르는 공산주의와는 상이한 방법으로 사회적 약자인 '노동자계급의 정치'를 추구한 '역사적인 현상'(historical phenomenon)(Przeworski 1985)이라고 할 수 있다.

이처럼 사회민주주의는 한편으로는 의회주의와 시장경제를 수용하여 자본주의와 자유주의에 내장된 효율성의 묘를 살리고, 다른 한편으로는 노동자계급의 조직된 역량에 기초하여 평등이라는 사회정의를 추구한 계급타협체제이다. 여기서 중요한 것은 사회민주주의가 노동자계급의 조직된 역량에 기초하기에, 노동조합을 비롯한 조직된 노동자집단의 강력한 지지와 후원은 사회민주주의의 성공을 위한 가장 중요한 전제조건이라는 점이다.

사회민주주의 체제가 제대로 유지되기 위해서 사회민주주의 세력은 무엇보다도 선거와 같은 의회주의의 제도화된 '숫자의 정치'를 통하여 자본주의적 시장경제의 역기능을 제어하기 위한 정치권력을 획득 혹은 분점해야 한다. 즉 노동자계급의 조직된 지원을 받는 사회민주주의

---

15) 레닌은 서유럽의 '개량적 사회민주주의'와 확실하게 구분하기 위하여, 1918년 3월 제7차 낭대회에서 당명을 '사회민수노농당'에서 '공산당'으로 교체하였다.(정범구 1991, 78)

적 정치권력은 시장경제가 산출한 결과물의 '사후 재분배'를 비롯한 적극적인 복지정책을 통하여 노동자계급을 포함한 사회적 약자를 보호하고, 이러한 정치권력에 의해서 보호된 사회적 약자들은 다시 자신의 후견인인 사회민주주의적 정치권력에 대한 강력한 지지자가 된다는 것이다.

이제 이러한 '구식 사회민주주의'의 현대화를 추구하는 제3의 길의 국가관을 구체적으로 살펴보겠다. 제3의 길 정치의 기본적인 내용은 민주주의를 심화시키기 위한 국가와 정부의 개혁을 포함하고 있다.(Giddens 1998, 119) 기든스에 따르면 '적이 없는 민주국가'의 시대에서 국가는 민주주의를 발전시키기 위하여 세계화라는 새로운 환경에 적응해야 하며, 국가의 정당성과 권위는 새로운 토대 위에서 재구성되어야 한다.

이를 위하여 제3의 길은 다음의 내용을 강조하였다. 첫째, 국가는 권력의 탈중앙화를 요구하는 범세계화에 구조적으로 대응해야 한다. 둘째, 국가는 부패에 대항하는 새로운 안전장치의 도입뿐만 아니라 투명성과 개방성의 증대를 지향하는 공공 영역을 확장시켜야 한다. 셋째, 적이 존재하지 않는 국가는 정당성을 유지하거나 회복하기 위하여 정부의 행정효율을 높여야 하기에, 정부는 '적게 들여 많이 얻는다'는 생태학적 원칙에 따라서 재편되어야 한다. 넷째, 정보화 시대에서 국가는 전통적인 투표과정 이외의 직접민주주의적 제도의 실현 가능성과 필요성을 적극 수용해야 한다. 다섯째, 적이 없는 국가는 정당성을 인정받기 위해서 이전보다 훨씬 더 국가의 위험성 관리능력을 제고해야 한다. 여섯째, 국가는 민주주의의 민주화를 위하여 위로는 세계주의적 전망을 가져야 하고, 아래로는 시민사회의 부흥을 도모해야 한다.(Giddens 1998, 121-130)

한편 제3의 길 정치는 민주주의의 발전을 위하여 시민사회의 쇄신을 주장하였다. 이를 위한 구체적인 과제는 '정부와 시민사회의 동반자관계', '지방주도를 통한 공동체 쇄신', '제3부문의 관여', '지방 공공영역의 보호', '공동체에 기반을 둔 범죄예방', '민주적 가족' 등이다. 이 중에서 가족정책은 '새로운 정치'의 핵심적인 시금석이 된다. 가족은 시민사회의 기초적인 제도이기 때문이다. '민주적 가족'을 위하여 제3의 길 정치가 제시하는 과제는 '정서적·성적 평등', '관계에 있어서 상호권리와 책임', '공동 양육', '평생 양육계약', '아이들에 대한 타협적 권위', '부모에 대한 아이들의 책무', '사회적으로 통합된 가족' 등이다.(Giddens 1998, 131−153)

이상과 같은 제3의 길 정치의 국가와 관련된 논의의 내용은 세계화의 영향을 강조하고 있는 점, '민주적 가족'의 역할을 부각시키고 있는 점을 고려하더라도 현대 민주국가에서 공히 수용될 수 있는 정도의 평범한 내용으로 구성되어 있다. 이러한 '장광설'은 '신혼합경제'를 설명하는 과정에서 더욱 분명하게 나타났다. 기든스는 구식 사회민주주의는 경제적 보장과 재분배에 주된 관심을 기울이면서 '부의 창조'를 부차적인 것으로 만들었다고 주장하였다. 반면 그는 신자유주의는 경쟁력과 부의 산출을 보다 강조한다고 지적하면서, 제3의 길의 정치도 이러한 능력에 주목한다는 점을 부각시켰다.

제3의 길의 '신혼합경제'는 이러한 맥락에서 제기되었다. 이것은 정부에 종속적인 기존의 '구혼합경제'와는 달리 "공공 부문과 민간 부문 사이의 상승효과를 추구하며, 공익을 염두에 두고 시장의 역동성을 이용하고자 한다. 이것은 첫째, 국가와 지방수준뿐만 아니라 초국가적 수준에서도 규제와 탈규제 사이의 균형을 수반한다. 둘째, 사회생활의 경제적인 것과 비경제적인 것 사이의 균형을 포함"(Giddens 1998, 157

-158)한다.

이처럼 제3의 길이 제시하는 '신혼합경제'에서는 공공성과 시장 사이의 '균형'을 유지하는 국가의 역할이 부각되었다. 그러나 신자유주의의 경쟁력과 부의 산출 능력을 보다 강조하는 제3의 길은 사회의 구조적 불평등을 시정하기 위한 '분배자로서 국가'의 역할보다는 '시장의 보호자로서 국가'의 역할을 더욱 강조하였다. 이러한 관점에서 제3의 길의 정치는 '사후의 재분배'가 아니라 기업문화를 발전시키는 데 필요한 인적 자원을 개발하는 '가능성의 재분배'로 국가의 역할을 재규정하였다. 이를 통하여 경제적으로 비효율적이라고 규정된 기존의 구식 복지국가는 경제적 역동성을 재고하기 위하여 인적 자본에 투자하는 '사회투자 국가'로의 전환을 요구받았다.

한편 이러한 과정에서 '복지국가'는 "궁핍 대신에 자율성을, 질병이 아니라 활력적인 건강을, 무지 대신에 생활의 지속적인 일부로서의 교육을, 불결보다는 안녕을, 그리고 나태 대신에 진취성"(Giddens 1998, 189)을 보장하는 '복지사회'로 대체된다. 제3의 길에서 국가가 담당해 온 복지기능의 상당 부분이 '복지다원주의'를 명분으로 보다 효율적인 '시장적 사회'로 이전하게 된다는 것이다. 이는 복지도 효율적으로 관리되어야 한다는 논리라고 볼 수 있는데, '복지'가 빠짐으로써 발생하게 된 국가역할의 '공백'은 시장의 경제적 역동성을 유지하기 위한 프로그램으로 대체된다.

'복지다원주의'를 추구하는 제3의 길의 복지프로그램에서는 기존 국가의 역할에 비해서 상대적으로 기업이나 시민사회의 역할을 중요시한다. 지식기반 사회에 도전하는 '적극적 기업(가 정신)', 변화하는 세계에 적응하기 위하여 끊임없이 탐구하는 '적극적 개인', 이러한 기업을 위해 세금감면 등의 혜택을 마련하고 개인을 위해서 적합한 교육

프로그램을 꾸준히 개발하는 '적극적 국가', 이 3자의 적극적인 교류가 바로 제3의 길이 표방하는 '적극적 복지'의 밑그림이다. 여기에 '사후의 재분배'와 같은 구식 복지국가의 처방이 개입할 여지는 거의 없다.

한편 제3의 길의 '적극적 복지'는 1999년 6월에 발표된 "유럽의 사회민주주의자들을 위해 전진하는 제3의 길"이라는 영국과 독일 정부의 공동선언문 중 '정부의 역할'과 관련된 부분에서 다음과 같이 명시되었다. "역동적인 정부는 새롭게 고안된 역할을 통해 경제발전에서 중요한 역할을 수행한다." "현대적 사회민주주의자들은 중소기업의 옹호자가 되어야 한다."(Hombach & Mandelson 1999, 247, 250)

이상에서 '사회민주주의의 현대화' 전략을 중심으로 제3의 길의 국가관을 살펴보았다. 이를 정리하면, 제3의 길에서 국가는 복지정책의 주도자가 아니라 경제적 역동성을 유지하는 시장의 보호자로서 현실화된다. 제3의 길은 시장적 역동성을 저해하는 국가의 '일방적인 복지정책'을 비판하면서, 시장의 활성화를 통한 그리고 시장의 조절을 통한 복지의 재구성을 지향하기 때문이다. 이러한 과정에서 구조적 불평등을 시정하기 위한 사회적 가치의 분배자로서 '복지국가'는 해체되고, 사회적 가치의 생산력과 효율성의 관리자로서 '시장국가'의 성격이 부각되기에 이른다.

스스로 천명하고 있는 것처럼 기든스의 제3의 길은 '사회민주주의의 현대화와 재구성'을 위한 전략이다. 다시 말해서 제3의 길은 '사회민주주의의 사회민주주의화' 전략이다. 그러나 복지국가의 결정적 약화와 시장적 역동성에 기초하는 제3의 길의 사회민주주의의 현대화 전략은 '사회민주주의의 사회민주주의회'라기보다는 사실상 '사회민주주의의 신자유주의화'에 가깝다. 무엇보다도 제3의 길의 전략은 사회민주주의의 기본적인 가치이자 구조적 불평등을 시정하기 위한 강력한 무기인 '개입적 국가'의 '복지기능'을 대폭적으로 축소하여 이를 시장으로 이전하려고 시도하기 때문이다. 상황이 이러하기에, 제3의 길을 '바지를 입은 대처리즘' 혹은 "영국 좌파가 스스로 우경화됨으로써 만들어낸 타협안에 불과"(노대명 1999, 267)하다는 '가혹한 평가'가 전혀 불가능한 것만도 아니다.

이러한 맥락에서 우파 경향의 인사들이 제3의 길에 대하여 환영하는 것도 전적으로 어색한 상황만은 아니다. 다음은 독일의 '구식 사회민주주의자' 라퐁텐(Oskar Lafontaine)을 '유럽에서 가장 위험한 인물'이라고 주장하였던 영국의 우파 경향의 신문인 『The Sun』이 1997년 선거를 앞두고 '좌파'인 블레어의 노동당을 지지하면서 내놓은 변이다. "우리가 왼쪽으로 간 게 아니라, 토니 블레어가 우리 쪽으로 온 것이다."(홍세화 1999, 123)

프랑스의 우파들은 제3의 길에 대하여 더욱 호의적이었다. 이와 관련하여 프랑스 우파의 정치적 수장인 시라크 전 대통령은 블레어의 생각이 우파의 자신보다 훨씬 개량적이어서 여러 번 놀랐다고 말하였다.(최연구 1999, 138) 또한 한국의 '전경련'에 해당하는 프랑스 기업가운동연합회(MEDEF)의 부회장인 드니 케슬레르는 기든스를 초청한 토론회에서 다음과 같이 말하였다. "나는 당신의 책에 매료되었습니다. …… 좌파가 아니기 때문이죠. 그런데, 제3의 길보다는 '인간의 얼굴을 한 자유주의'라든가, 혹은 '감정을 가진 시장' 같은 슬로건은 어떨까요?"(홍세화 1999, 121) 이처럼 제3의 길이 주장하는 '중도좌파'나 '급진적 중도'라는 것이 프랑스 기업가운동연합의 대표보다도 '왼쪽'은 아니었다.

제3의 길의 '쇄신된 사회민주주의'에 대하여 '인간화된 신자유주의', 혹은 '신자유주의 좌파'라는 평가를 내린다고 하더라도, 이것이 완전한

'어불성설'은 아닐 것 같다. 이러한 사태의 일차적인 이유는 구식 사회 민주주의를 평가하는 제3의 길의 태도에 있다. 즉 제3의 길은 명목으로는 구식 사회민주주의의 합리적인 지양을 주장하면서도 내용으로는 구식 사회민주주의를 단순히 '과도한 개입주의' 정도로 그 의미를 폄하하면서, 결과적으로 신자유주의로 향하였기 때문이다. 실제로도 구식 사회민주주의에 대한 제3의 길의 입장은 하이에크를 비롯한 소위 '신우파'(New Right)의 다음과 같은 복지국가 비판의 내용과 상당히 일치하고 있다.

첫째, 복지국가는 비경제적이다. 이것은 투자를 위한 자본의 인센티브와 일을 위한 노동의 인센티브를 동시에 제거하여 시장의 필수적인 규율과 인센티브를 왜곡시킨다. 둘째, 복지국가는 비생산적이다. 이것은 비생산적인 공공 관료주의의 급속한 성장을 유도하고 자본과 인적 자원을 생산적인 사적 영역으로부터 축출한다. 셋째, 복지국가는 비능률적이다. 이것은 복지사업을 독점하여 특수한 부분적 이해관계를 보호함으로써 서비스를 비능률적으로 배급한다. 넷째, 복지국가는 비효율적이다. 막대한 자원이 투여됨에도 불구하고 복지국가의 조치들은 빈곤과 박탈감을 제거하는 데 실패하고 있다. 다섯째, 복지국가는 전제적이다. 이것은 기껏해야 관료주의적 개입을 오히려 확대하고, 시민과 공동체에 대한 사회적 통제를 강화한다. 여섯째, 복지국가는 자유의 부정이다. 강제적인 서비스의 배급은 복지 부문에서 선택의 자유를 부인하는 반면에, '강탈적(confiscatory) 성격'이 강한 무거운 누진세를 부과한다.(Pierson 1991, 48)

(2) 노동당 개혁과 정부역할의 축소

최갑수(1999, 137)의 지적처럼 '사회민주주의의 사회민주주의화'를 주창하는 기든스의 제3의 길은 육체노동자의 숫자가 줄어들었고 시민들의 가치관이 물질주의에서 탈물질주의로 변화하였다고 강조하면서도, 사회민주주의 정치의 동력인 노동계급의 성격변화나 계급정치의 후퇴에 대해서는 '기이하게도' 아무런 언급을 하지 않았다. 어쩌면 사회민주주의적인 계급형성을 위한 기본적인 조건인 '노동의 탈상품화', '제도적인 연대의 확보', '주변세력의 흡수를 위한 적극적인 동맹전략'16)은 유연한 노동시장의 형성과 노동자의 경쟁력 강화에 주목하는 기든스의 관심사가 아니었을지도 모른다.

복지국가에 대한 축소과정은 블레어의 '현실정치'를 통해서도 확인할 수 있다. '현실정치'로서 블레어의 제3의 길이 정착되는 과정은 복지국가의 가치가 탈각되고 배제되는 과정과 거의 일치하기 때문이다. 1994년 노동당의 당수로 취임한 블레어는 자신의 정치이념을 '지속적인 수정주의'(permanent revisionism)라고 표현17)하면서 "구식의, 유권자와 단절된, 경제에 무능한, 노조가 지배하는, 극단적 좌파에 취약한" 노동당의 개혁을 천명하였다. 그 결과는 노동당이 1997년 5월 선거에서 압승을 거두어 18년 동안 지속된 보수당 통치를 종식시키는 것으로 나타났다.

이러한 블레어의 '정치적 순항'의 과정은 노동당 내부의 좌파집단과 지구당을 장악하고 있던 급진적인 간부진영의 세력이 약화된 시기와 일치하였다. 또한 보수당 정부에 의해서 마련된 일련의 반노조입법으

---

16) '노동의 탈상품화'를 비롯한 사회민주주의적인 계급형성의 기본적인 조건들에 대한 내용은 Esping-Anderson(1991, 31-32)을 참고.

17) 블레어는 2000년부터 '제3의 길' 대신에 주로 '신진보주의'(New Progressivism)라는 용어를 사용하였다. 그에 따르면 '신진보주의'의 핵심은 '사회정의와 균형을 이루는 진보, 사회민주주의적 가치를 버리지 않는 세계화'이다.(중앙일보 01/02/01)

로 노동자계급이 산업적·정치적으로 수세에 몰려서 노조운동의 당내 입지가 급속도로 위축되던 시기와도 일치하였다. 이는 노동자계급의 조직적 결합을 기초로 하여 효율성과 사회정의를 동시에 추구하는 사회민주주의적 복지국가의 정치적 기반이 심각한 위기에 처하게 되었음을 의미하는 것이기도 하다.

영국 노동당의 '구식 사회민주주의'로부터의 이탈은 블레어에 의해 처음 시작된 것은 아니다. 1970년대 중반 심각한 스태그플레이션(stagflation)의 발생 이후 '대처리즘'(Thatcherism)을 중심으로 한 신자유주의 세력이 정권을 장악하게 되면서, 노동당은 '통치력의 붕괴', '선거기반의 와해', '이념적 정향의 상실'이라는 '삼중고'에 시달리게 되었다. 이 과정에서 '케인즈주의'와 '사회복지', '협의주의'를 골자로 하는 노동당의 지배적 담론구조는 서서히 와해되기 시작하였으며, 이러한 위기에 제대로 대처하지 못한 노동당의 무기력은 당의 조직적 분열과 1983년 선거에서의 참패라는 결과로 나타났다.

1983년의 패배는 노동당 노선의 근본적인 변화를 촉발시켰다. 당시 당을 장악한 키노크(Neil Kinnock)는 당의 응집력과 기강을 강화하고 권위의 중앙집권화를 강력하게 추진하면서 느슨해진 당 조직을 정비하면서 당 노선의 전면적인 수정작업에 착수하였다. 그는 노동당의 강령에 남아 있던 '정통 사회주의'의 요소를 과감하게 완화하거나 철폐하였다. 키노크의 개혁은 1989년 당의 프로그램에서 케인즈주의를 공식적으로 삭제하고 신자유주의적 '공급중심의 경제학'(supply-side economics)을 적극적으로 수용하면서 그 절정에 이르렀다. 이를 통하여 정부는 사적 투자의 자율성 회복을 위한 보다 적극적인 역할을 요구받았다. 이러한 상황에서 '완전 고용'과 같은 사회민주주의 강령의 핵심적 요체들이 노동당의 강령에서 실질적으로 배제되었고, 적어도 '거시경제' 전략에서는 노동당과 보수당의 차이가 거의 사라지게 되었다. 이러한 사태는 다름 아닌 '전통적 노동당의 사멸'을 의미하였다.(김수진 1996, 249 - 251)

한편 노동당의 '총선 3연패'가 확정된 1987년, 갬블(A. Gamble)은 사회적인 흐름이 점점 보수당을 선호하는 지향으로 전개되는 가운데 노동당의 실질적인 기반은 쇠락하고 있는 몇몇 산업 지역에 국한되고 있다고 지적하면서 노동당은 보다 '우경화'되어야 한다고 주장하였다.

> 노동당이 명백한 사회주의적 정책을 표방하지 않는 폭넓은 개혁적 정 당으로 전환하도록 강제하는 힘들은 매우 강력한 것처럼 보인다. 즉 노 동당은 개인적인 시민권의 확대를 자신의 핵심적인 정책으로 설정하고 이미 대처정부가 성취한 많은 변화들을 인정하면서, 경제적인 정책으로 서 집단주의의 잔재를 좀더 약화시켜야 한다.(Gamble 1987, 15 - 16)

블레어의 노동당 개혁의 방향 역시 탈각된 사회민주주의 정치의 복원 을 꾀하는 것과는 거리가 멀었으며, 오히려 이것과는 반대방향으로 개 혁이 가속화되었다. 그의 개혁은 좌파정당으로서 노동당이 80년 정도 유지해 온 상징적인 강령인 '당헌 4조'(생산, 분배, 교환수단의 공공소 유를 당의 목표로 명시한 사회주의 조항)를 폐기하는 것으로 시작되 었다. 이후 블레어는 정치적인 성향이 일반 노조원보다 상대적으로 급 진적인 노조 간부들의 의견이 주로 반영되는 제도인 '블록투표'(특정 노조의 의사가 하나의 블록단위로서 노조지도부에 의해 행사되는 투 표행위)를 폐지하였다. 그리고 그는 당의 핵심적 정책기관과 지도부의 의원후보 선출과정에서 노조의 지분을 대폭적으로 삭제하였으며, 정치 자금을 중앙당에 집중시키는 조치를 단행하였다.

이러한 조치들은 사회민주주의 정당정치의 근간인 노조의 영향력을 축소시키는 결과를 낳았으며, 노동당이 '계급정당'에서 '대중정당'으로 전환하는 기반을 조성하였다.(고세훈 1998, 120-123; 김윤태 1999a, 22 9-234) 이러한 과정에서 이와 같은 블레어의 개혁 조치들은 19세기 독일사회민주당의 베른슈타인의 수정주의처럼 노동당의 강령과 실제 집행 사이에 존재하던 어색한 간극을 제거하는 역할을 하였다고 볼 수 있을 것이다.

집권 후에도 대처 정부에 의해서 마련된 '친자본적인 노동법'을 개정하지 않겠다고 선언한 블레어에 의해서 진행된 노동당 개혁은 18년 만의 재집권이라는 영광과 함께,[18] 당내에서 '구식 사회민주주의' 세력과 급진적인 노조의 영향력을 결정적으로 축소시키는 결과를 가져왔다. 이를 통하여 노동당은 사회민주주의라는 '명분'은 지속적으로 유지하였지만, 현실적으로는 전통적인 사회민주주의의 정치, 실질적인 복지국가와 결별의 수순을 밟았다ㄱ 볼 수 있다.[19]

블레어의 '탈사회민주주의적인 행보'는 '시장은 하나의 독자적인 가치가 아니라 사회적 이익을 위해서 사용되는 수단에 불과'하다는 지론을 가진 '보다 사회민주주의적인' 프랑스의 조스팽(Lionel Jospin) 전 총리가 행한 제3의 길에 대한 다음과 같은 우회적 비판을 통해서도 확인할 수 있다. "너의 제3의 길이 극단적인 자유주의와 (소련식) 국가사회주의의 사이에 있는 것이라면 나도 흥미 있다. 그러나 그것이

---

18) 선거결과만을 고려하면 "우리는 노동조합 지도자뿐만 아니라 기업 지도자로부터 지지를 받는 것을 자랑스럽게 생각한다"(Blair 1999, 201)는 블레어의 발언은 정당하다.
19) '선거정당'인 노동당이 보다 노골적으로 사회민주주의를 비판할 수 없는 가장 근본적인 원인은 영국에서 이미 '문화'로 정착된 '복지담론'을 명시적으로 비판하는 것이 '유권자'의 정서에 반하는 행동이 될 수 있다는 점에 있다. 이념대립에 의한 정치적 동원력이 현저하게 약화된 현재 유럽의 상황에서도 당파적 지지 동원의 수단으로 사회복지의 역할이 여전히 유효하기 때문이다. (Garrett 1998)

자유주의와 사회민주주의 사이에 있는 것이라면 나는 거기에 없을 것이다."(최연구 1999, 137)

VI. 결 론

　이 글은 '민주주의의 위기'에 대한 인식이 확산되고 있는 현실에서 상대적으로 민주주의적 가치에 보다 친화적인 경향이 있는 진보적 입장의 민주주의론의 현재적 의미를 분석하려는 목적에서, '시민사회론'과 '제3의 길'을 중심으로 탈냉전 이후 진보적 민주주의론의 논리를 비판적으로 검토하였다. 이를 위하여 이 글은 민주주의의 '추상적인 이념'인 동시에 '구체적인 현실'인 '자유'와 '평등'이라는 민주주의의 본원적 가치에 천착하여, 이것들의 현재적 지향점을 각각 '사회를 전유하는 자유'와 '균형으로서 평등'으로 설정하였다.

　한편 이 글은 이러한 자유와 평등의 현재적 지향점에 기초하여, 탈냉전 이후 진보적 민주주의론을 비판적으로 분석하기 위한 기준점을 설정하였다. 첫째, 평등과 관련하여 '평등의 재구성에 대한 태도', 둘째, 자유와 관련하여 '시장경제의 제어에 대한 태도'가 그것이다. 그리고 여기에 자유와 평등의 현재적 지향점과 밀접히 관련된 '국가의 역할'이라는 수준에서 다음의 기준점을 부가하였다. 셋째, 자유와 평등 사이의 상호침투와 안정적인 균형을 효과적으로 관리'하는 국가와 관련하여 사회적 가치의 효율적인 '분배자로서 국가에 대한 태도'가 그것이다.

　이상의 세 가지 기준을 중심으로 '시민사회론'과 '제3의 길'의 민주적 경향성을 분석한 결과를 정리하면 다음과 같다. 첫째, '평등의 재구성에 대한 태도'와 관련하여, 이상의 진보적 민주주의론은 전통적 좌파의 최대강령주의적 평등 혹은 평균주의적 평등을 비판하면서, 평등이라는 개념에 사회적 다원성의 가치를 적극적으로 수용하고 있다. 한편 이러한 과정에서 평등의 본원적 영역은 상당히 축소되었다. 먼저 '사회주의적 시민사회론'은 '국가', '시민사회', '경제'의 '영역분리론'에 근거하는 시민사회의 자율성과 다원성, 사회적 대립의 등가성에 대한 주장을 통하여 '경제결정론'에 내장된 평균주의적 함의를 비판하면서, 사회적 다원성을 중심으로 평등 개념을 재구성하였다. 그러나 이러한 평등관은 시민사회 내부의 계급적 분화라는 현실적 맥락을 간과함으로써, 결국 자본주의 사회의 구조적 불평등이라는 문제에 대하여 침묵하는 결과를 낳았다.

참여와 권리를 의미하는 '포용'으로 평등을 정의하는 '제3의 길'의 평등론도 '경제적 역동성'과 '다양성'에 대한 강조를 통하여 구좌파의 획일주의적 평등론을 비판하였다. 이러한 과정에서 '포용으로서의 평등'은 개인적 능력과 사회적 효율성을 적극적으로 강조하며 불평등의 문제를 주로 경쟁력의 관점에서 사고함으로써, 평등을 사회구조의 문제가 아닌 개인의 문제로 접근하는 신자유주의적 입장을 취하게 되었다.

둘째, '시장경제의 제어에 대한 태도'와 관련하여 이상의 진보적 민주주의론은 자본주의적 시장경제의 사회적 영향력의 확대가 가져오는 부정적인 효과를 정확하게 인식하지 못하고 있으며, 따라서 이에 대한 적극적인 제어전략을 모색하지 못하고 있다. 먼저 '사회주의적 시민사회론'은 '시장'을 '국가', '시민사회'와 상호 '비결정적인 영향'을 주고받는 독자적인 '경제 영역'으로 설정하고, 이러한 '경제 영역'에서 발생하는 계급적인 적대를 여타의 다양한 사회적 적대와 동일한 무게로 취급한다. 이러한 가운데 '사회주의적 시민사회론'은 자본주의적 시장경제의 '공격성'에 대한 사회적 저항의 '위계론적 우위성'뿐만 아니라, '영향론적 우위성'까지 부정하게 되었다.

'제3의 길'의 시장관은 이것의 세계화론을 통해서 간접적으로 확인할 수 있다. '제3의 길'에서 세계화는 '우리의 생활전반을 변화시키는 힘' 정도의 추상적인 개념으로 정의되는 동시에, 일종의 거역할 수 없는 '운명'으로 그 위상이 설정되었다. 이를 통하여 '제3의 길'은 의도적이든 비의도적이든 '제3의 길' 스스로가 강하게 비판하는 바로 그 '시장 근본주의'에 의해서 추동되는 '신자유주의적 세계화'라는 현실맥락을 간과함으로써, 이것에 대한 적극적인 제어조치를 모색하지 않았다.

셋째, '분배자로서 국가에 대한 태도'와 관련하여 이상의 진보적 민주주의론은 국가의 영역과 역할을 축소시키고 있다는 점에서 유사한 입장을 공유하고 있다. 먼저 '영역분리론'에 기초하여 시민사회 중심의 민주화 전략을 설정하는 '사회주의적 시민사회론'은 기본적으로 사회적 가치의 분배자로서 국가역할을 제한하고 있다. '국가＝억압, 시민사회＝해방'이라는 자유주의적 관점에 의거하는 시민사회 중심의 민주화 전략의 관점에서 보면, 분배자로서 국가역할은 시민사회에 대한 관료적 국가의 과도한 개입행위로 인식되기 때문이다.

'사회민주주의의 현대화'를 주창하는 '제3의 길'의 국가관은 '구식 사회민주주의 국가'의 핵심적인 기능인 사회적 가치의 '사후적 재분배'를 전면적으로 비판하면서, 시장적 역동성과 효율성을 유지하려는 국가의 '시장관리 기능'에 많은 관심을 보이고 있다. 이는 '가능성의 재분배', '적극적인 복지', '사회투자국가'와 같은 진략에서 잘 나타나고 있는데, 영국 노동당의 개혁과정은 '제3의 길'의 이러한 국가관을 좀더 구체적으로 나타내고 있다.

이상의 연구내용에 근거하여 탈냉전 이후 대표적인 진보적 민주주의론인 '시민사회론'과 '제3의 길'의 이론적 경향성을 한마디로 정리하면, 물론 양자 사이 정도의 차이는 있겠지만 결국 '시장의 확대와 국가의 축소를 통한 민주주의의 전반적인 후퇴'라고 표현할 수 있다. 실제로 이상의 민주주의론은 사회적 가치의 분배자로서 국가역할을 부정적인 것으로 평가하면서, 민주주의에 대한 시장경제의 공격성을 간과하거나 시장경제의 상대적 긍정성을 일방적으로 부각하는 전략을 통하여 결과적으로 시장적 논리의 사회적 확대를 묵인하고 있다.

'시장의 확대'와 '국가의 축소' 사이의 상호작용이 민주주의의 전반적인 후퇴를 가지고 올 것이라는 것은 자명한 사실이다. 상대적으로 민주주의적 가치에 보다 친화적인 진보적 민주주의론이 이러한 경향에 저항하기보다는 편승하는 모습을 보이고 있기에, 탈냉전 이후 민주주의에 대한 이론적인 전망은 더욱 낙관적이지 못한 실정이다. 현실적으로 '시장적 사회'는 사회구성원의 내면적인 의식과 외형적인 실천을 지배하는 유력한 '헤게모니담론'으로 존재하고 있다. NGO와 노동단체를 비롯한 저항세력들의 적지 않은 저항에도 불구하고 적어도 가까운 미래에 '시장헤게모니'를 대체할 수 있는 '민주적 대항헤게모니'가 형성될 가능성은 거의 불가능하다.

이상의 연구결과는 '신자유주의적 세계화'가 '시대정신'이 되고 있는 현재의 상황에서 '시장헤게모니'에 대항하는 '민주적 대항헤게모니'의 형성이 얼마나 어려운 것인가를 간접적으로 보여주는 것이기도 하다. 그러나 '민주적 대항헤게모니'의 실현 가능성이 다소 희박하더라도 시장이라는 '사적 동기'에 의해 잠식되고 있는 민주주의라는 '공공성'의 회복을 위한 부단한 노력이 가지는 사회적인 의미는 부정될 수 없으며, 또한 부정되어서도 안 될 것이다.

푸코는 '권력이 있는 곳에 저항이 있다'고 하였다. 역사는 이러한 주장을 증명하고 있다. 시장권력의 지배가 지속된다면 이것에 대한 계급적·비계급적 저항 역시 지속될 것이고, 이를 통하여 '문화사회'[1] (Gorz 1993)와 같이 새로운 전략과 전망을 가진 민주주의는 '서서히 그러나 확실하게' 자신의 모습을 드러낼 것이기 때문이다.

---

[1] 이동연(2001, 154)은 '문화사회'의 의미를 다음과 같이 설명하였다. "문화 사회라는 새로운 패러다임은 사회적 삶 속에서 문화적 삶을 어떻게 더 높이 확보할 것인가 하는 실전적 인식의 문제이기도 하면서, 사회적 삶 자체가 정치경제의 틀에서 문화의 틀로 변화하는 성격의 문제를 함께 가지고 있다. 그래서 문화사회로의 전환은 삶의 문화적 권리를 지속적으로 요구하는 과정, 정치·경제 민주주의에서 문화민주주의로 이행하는 과정, 궁극적으로는 '문화의 양질 전화'가 이루어지는 과정을 의미한다."

참고문헌

강내희. 1998. "노동거부의 사상 - 진보를 위한 하나의 전망"『문화과학』제1 6호.

강문구. 1995. "변혁 지향 시민사회운동의 가능성과 한계, 그리고 일 전망" 유팔무 · 김호기 편. 『시민사회와 시민운동』. 한울.

강정인. 1998. 『세계화, 정보화 그리고 민주주의』. 문학과 지성사.

강혜련. 1993. "그람시의 시민사회론과 사회주의 시민사회론의 비교"『연우 론집』제20호.

고세훈. 1998. "'제3의 길, 신자유주의와의 타협인가"『사회평론 길』11월호.

고세훈. 1999. "서유럽 사민주의의 대안과 선택"『경제와 사회』제42호.

권혁범 · 김호기. 2001. "기획대담: 질주하는 세계 - 세계화와 국민국가의 동 학과 미래" http://www.inews.org/Snews(검색일: 2001년 3월 9일).

김 균. 1996. "하이에크 자유주의론 재검토: 자생적 질서론을 중심으로" 『자유주의 비판』. 풀빛.

김광식. 1999. "한국형 〈제3의 길〉을 찾아서"『현대사상』제7호.

김석진. 1998. "세계화와 신자유주의 비판을 위하여" 김석진 · 박민수 편. 『세계화와 신자유주의 비판을 위하여』. 공감.

김성구. 1998. "자본의 세계화와 신자유주의적 공세" 김성구 · 김세균 외 『자본의 세계화와 신자유주의』. 문화과학사.

김세균. 1992. "그람시를 넘어서 나아가야 한다"『경제와 사회』겨울호.

김세균. 1995. "'시민사회론'의 이데올로기적 함의 비판" 유팔무 · 김호기 엮음. 『시민사회와 시민운동』. 한울.

김세균. 2001. "'민중사회'를 위하여"『동향과 전망』제49호.

김수진. 1996. "세계화와 유럽 사회민주주의의 쇠퇴" 한배호 편.『세계화와 민주주의』. 세종연구소.

김승현 외. 1999.『현대의 사회과학』. 박영사.

김영순. 1991. "어떤 민주주의인가: 마르크스주의에서의 민주주의 논쟁"『사회와 사상』제27호.

김영순. 1992. "왜 다시 그람시인가"『사회평론』제9호.

김영순 · 이용우. 1991.『국가이론』. 한길사.

김우태. 1992.『정치학원론』. 형설.

김윤태. 1999a. "복지국가와 사회정책"『동향과 전망』제40호.

김윤태. 1999b. "제3의 길과 한국사회" 김윤태 편저.『제3의 길: 토니 블레어와 영국의 선택』. 새로운 사람들.

김진균. 1999. "민주주의: 성찰적 전망"『문화과학』제18호.

김호기. 1993. "시민사회논쟁 어떻게 이해할 것인가"『월간 말』1월호.

김호기. 1995. "공공영역과 민주주의의 구조적 변동"『현대 자본주의와 한국사회』. 사회비평사.

김호기. 1995. "그람시적 시민사회론과 비판이론적 시민사회론"『현대 자본주의와 한국사회』. 사회비평사.

노대명. 1999. "제3의 길에 대한 비판적 논의를 위하여" Eric Hobsbawm 외 · 노대명 역.『제3의 길은 없다』. 당대.

리콴유 & 쟈카리아. 2001. "문화는 숙명이다" 이승환 외.『아시아적 가치』. 전통과 현대.

박기덕. 1996. "세계화와 한국의 민주주의" 한배호 편.『세계화와 민주주의』. 세종연구소.

박상식. 1995. "세계화란 무엇인가?"『한국정치학회보』제29권 제1호.

박상훈. 1996. "'문민'정치, 그 지배의 정치경제학"『정치비평』제1호.

박영수. 1992. "로자 룩셈부르크의 '레닌주의' 비판" 한국정치연구회 사상분과 편저.『현대민주주의론 Ⅰ』창작과 비평사.

박종철. 1992. "사회주의 체제의 붕괴에 대한 이론적 조명"『현대사회』제41호.

박형준. 1992. "민주주의의 몇 가지 쟁점들: 다원적 참여민주주의의 관점에서"『동향과 전망』겨울호.

박형준. 1992. "시민사회론의 복원과 비판적 재구성" 이병천·박형준 편저.
　　『마르크스주의의 위기와 포스트 마르크스주의 Ⅱ』. 의암출판.

박형준. 1998. "새로운 사회운동과 경실련 운동" 임희섭·양종희 편. 『한국
　　의 시민운동과 신사회운동』. 나남.

박호성 외. 1997. "좌담: '진보' 그 반성적 성찰과 2000년대 진보의 길" 『정
　　치비평』 제3호.

박호성. 1989. "독일사회민주당 수정주의 연구" 『역사비평』 봄호.

박호성. 1991. "마르크스주의·레닌주의·스탈린주의" 『사회평론』 제3호.

박호성. 1994. 『평등론』. 창작과 비평사.

배규한. 1999. "정보화와 사회구조의 변화" 김일철 외. 『한국사회의 구조론
　　적 이해: 숨겨진 원리. 드러난 변화』. 아르케.

배동인. 1992. "시민사회의 개념: 사상사적 접근" 한국사회학회·한국정치
　　학회. 『한국의 국가와 시민사회』. 한울.

백종국. 1995. "국제화 시대에 있어서 한국자본주의의 선택에 관한 문헌비평"
　　『한국정치학회보』 제29집 제2호.

변창구. 1999. "신자유주의적 세계화의 도전과 한국의 진로" 『대한정치학회
　　보』 제7집 제2호.

사에키 케이시·이은숙 역. 1996. 『이데올로기와 탈이데올로기』. 푸른숲.

사와 타카미츠·홍성태 역. 1996. 『자본주의의 재정의』. 푸른숲.

사회문화연구소 편. 1993. 『오늘의 사회학』. 사회문화연구소.

서관모. 1993. "국가, 시민사회, 이데올로기" 『이론』 제6호.

서규환. 1993. "'시민사회와 민주주의'에 관한 최근의 논쟁" 『이론』 제5호.

성기중·박형. 1999. "탈물질주의 - 진실인가, 허구인가?" 『대한정치학회보』
　　제7집 제2호.

세계화추진위원회. 1995. 『세계화의 비전과 전략』. 세계화추진위원회.

손호철. 1991a. "민주주의를 다시 생각한다" 『창작과 비평』 겨울호.

손호철. 1991b. "제3세계와 자유민주주의" 『사회평론』 6월호.

손호철. 1993. 『전환기의 한국정치』. 창작과 비평사.

손호철. 1995. "국가 - 시민사회론: 한국정치의 새 대안인가?" 『해방 50년의
　　한국정치』. 새길.

손호철. 2000. "한국의 신자유주의와 민주주의" 안병영·임혁백 편. 『세계화와 신자유주의: 이념·현실·대응』. 나남.

신광영. 1991. "시민사회와 사회운동" 『경제와 사회』 제12호.

신광영. 1995. "시민사회 개념과 시민사회 형성" 유팔무·김호기 엮음. 『시민사회와 시민운동』. 한울.

신문수. 1996. "알렉시스 드 토크빌: 자유와 평등의 변증법" 『사회비평』 제16호.

안병영. 2000. "세계화와 신자유주의-충격과 대응" 안병영·임혁백 편. 『세계화와 신자유주의-이념·현실·대응』. 나남.

안외순. 1999. "조선유학자의 민주주의에 대한 인식: 최한기를 중심으로" 『한국정치외교사학회 5월 월례발표회 논문집』.

양운덕. 1991. "탈구조주의 사회이론의 기초" 『시대와 철학』 제3호.

오건호. 1991. "마르크스주의와 실천운동의 결합을 위하여" 『사회평론』 제3호.

오세철. 1993. "국가·계급·시민사회" 『마르크스주의 조직의 정치경제학 그리고 한국사회의 변혁』. 현상과 인식.

유팔무. 1995. "한국의 시민사회론과 시민사회 분석을 위한 개념틀의 모색" 유팔무·김호기 엮음. 『시민사회와 시민운동』. 한울.

유현석. 2001. "토니 블레어의 '제3의 길': 개혁정책의 전개와 지지 동학 연구" 『한국정치학회보』 제35집 제1호.

유홍림. 2000. "논평" 안병영·임혁백 편. 『세계화와 신자유주의: 이념·현실·대응』. 나남.

육성철. 2001. "좌익인가, 우익인가" http://www.shindonga.donga.com(검색일: 2001년 4월 18일).

윤석구. 1990. "프롤레타리아 독재론의 전개와 사회주의의 역사적 위상변화" 『현실과 과학』 제5호.

윤평중. 1992. 『포스트 모더니즘의 철학과 포스트 마르크스주의』. 서광사.

윤혜준. 1996. "《자본론》과 자유 그리고 주체" 『사회비평』 제16호.

이나미. 2001. 『한국 자유주의의 기원』. 책세상.

이내영. 1990. "안토니오 그람시의 헤게모니 이론" 김학노·박형준 외. 『국가·계급·사회운동』. 한울.

이동연. 2001. "문화운동의 대안모색을 위한 인식적 지도그리기" 『경제와 사회』제50호.

이범준・신승권. 1990. 『정치학』. 박영사.

이병천. 1992. "민주주의론의 새로운 발전을 위하여" 이병천・박형준 편. 『마르크스주의의 위기와 포스트 마르크스주의 Ⅰ』. 의암출판.

이병천・백영현. 1999. "20세기 자본주의와 제3의 길의 전망"『문화과학』제18호.

이병희. 1997. "신세계질서의 형성: 냉전 이후 국제질서." 인곡 이우영 교수 정년퇴임기념논총 간행위원회. 『신세계질서론』. 대왕사.

이수훈. 1996. 『세계체제의 인간학: 당대 자본주의 문명과 그 이후』. 사회비평사.

이재현. 1996. "정치는 아무것도 할 수 없다"『사회평론 길』9월호.

이진경. 1992. "마르크스주의의 새로운 출발?"『세계의 문학』제64호.

이해영. 1992. "그람시의 '시민사회' 개념"『이론』제3호.

임현진・정일준. 1999. "한국의 발전경험과 '성찰적 근대화'"『경제와 사회』제41호.

임효선. 1990. "서구 민주주의의 새로운 고민" 차기벽 편저. 『정치와 정치사상』. 한길사.

전창환. 1996. "글로벌라이제이션과 자유주의" 김균 외. 『자유주의 비판』. 풀빛.

정범구. 1991. "서유럽의 공산당과 사회민주당"『사회평론』제1호.

정성배. 2001a. "'위험사회'와 신자유주의" http://www.hani.co.kr(검색일: 2001년 4월 25일).

정성배. 2001b. "험난한 블레어 '제3의 길'" http://www.hani.co.kr(검색일: 2001년 6월 30일).

정태석. 1999. "'제3의 길'의 탈맥락화"『경제와 사회』제42호.

정한성. 1985. 『헤겔의 시민사회와 그 지양에 관한 연구』. 경북대학교 석사학위논문.

조명래. 1997. "신빈곤에 관한 시론"『경제와 사회』제34호.

조희정・세신수. 1997. "'문명충돌론'의 정치학적 함의"『정치비평』제3호.

주성립. 2000. "유럽 극우수의-복지 쇼비니슴 보양에서 자라난 녹버섯"『말』제165호.

차하순. 1993. "역사주의사관" 차하순 편. 『사관이란 무엇인가』. 청람.

채장수. 1996. 『시민사회론의 현대적 재구성』. 경북대학교 석사학위논문.

채장수. 1999. "진보담론의 현재성과 한국"『한국동북아논총』제13집.

최갑수. 1999. "'제3의 길'의 정체"『문화과학』제17호.

최갑수. 2001. "'공산당선언'의 현재적 의미" http://www.jbreview.jinbo.net
(검색일: 2001년 12월 20일).

최연구. 1999. "서유럽 사회민주주의의 득세와 전망"『역사비평』제47호.

최장집. 1993.『한국 민주주의의 이론』. 한길사.

편집부 편. 1987.『철학사전』. 친구.

한상진·박찬욱. 1998. "『제3의 길』을 어떻게 읽을 것인가" Anthony Gidde
ns·한상진·박찬욱 역.『제3의 길』. 생각의 나무.

한흥식. 1985. "헤겔의 시민사회론에 관한 고찰"『사대논문집』제11집.

함재봉. 1995. "국가-시민사회 관계에 관한 정치사상적 기반과 개념" 안병
준 외.『국가·시민사회·정치민주화』. 한울.

홍세화. 1999. "프랑스에서 본『제3의 길』"『인물과 사상』제5호.

황태연. 1996.『지배와 이성』. 창작과 비평사.

황태연. 1999. "서구 신중도 좌파와 〈제3의 길〉"『현대사상』제7호.

Allix. R. A.·박정자 역. 1995.『미셸 푸코』. 국제.

Althusser. Louis·이진수 역. 1991. "이데올로기와 이데올로기적 국가장치"
『레닌과 철학』. 백의.

Anderson. Perry. 1976. "The Antinomies of Antonio Gramsci" *New Left
Review* no. 100.

Arato. A. & Cohen. Jean. 1992. *Civil Society and Political Theory*. Camb
ridge: MIT press.

Arato. A. & Cohen. Jean·한상진 편저. 1991. "새로운 정치와 시민사회의
재구성"『마르크스주의와 민주주의』. 사회문화연구소.

Arato. A.·한국정치연구회 정치이론분과 엮음. 1993. "시민사회: 존 킨에
대한 답변"『국가와 시민사회』. 녹두.

Balibar. Etienne·최인락 역. 1990.『민주주의와 독재』. 연구사.

Barker. Ernest. eds. 1958. *The Politics of Aristotle*. New York: Oxford U
niversity Press.

Beck. Ulich · 이병천 · 박형준 편저. 1993. "위험사회"『후기자본주의와 사회운동의 전망』. 의암출판.

Beetham. David · 강정인 · 김세걸 편. 1994. "자유주의적 민주주의와 민주화의 한계"『현대 민주주의론의 경향과 쟁점』. 문학과 지성사.

Bell. Daniel · 서규환 역. 1993. "후기산업사회의 자유주의"『정보화 사회와 문화의 미래』. 디자인하우스.

Berlin. Isaiha. 1969. *Four Essays on Liberty*. London and New York: Oxford University Press.

Bernstein. Eduard · 하기락 역. 1991.『마르크스주의의 수정』. 형설.

Blair. Tony. 1998a. "Interview" *Guardian* Feb. 7.

Blair. Tony. 1998b. "Third Way. Better Way" *Washington Post* Sep. 27.

Blair. Tony · 김윤태 편저. 1999. "제3의 길"『제3의 길: 토니 블레어와 영국의 선택』. 새로운 사람들.

Boardman. Robert. 1994. *Postsocialist World Orde*. London: St. Martin's Press.

Bobbio. Norberto. 1989. "The Upturned Utopia" *New Left Rieview* no. 177.

Bobbio. Norberto · 박순열 역. 1998.『제3의 길은 가능한가』. 새물결.

Bobbio. Norberto · 이병천 · 박형준 편저. 1992a. "친애하는 바달로니에게: 두 가지 점만 질문하자"『마르크스주의의 위기와 포스트 마르크스주의 I』. 의암출판.

Bobbio. Norberto · 황주홍 역. 1992b.『자유주의와 민주주의』. 문학과 지성사.

Bobbio. Norberto. 1992c. "오늘날의 그람시" S. Muffe. eds. · 장상철 · 이기웅 역.『그람시와 마르크스주의 이론』. 녹두.

Brezezinski. Zbigniew · 명순희 역. 1988.『대실패: 20세기 공산주의의 출현과 종말』. 을유문화사.

Callinicos. Alex · 이원형 역. 2001. "저자 서문" Alex Callinicos & Chris Harman.『노동자 계급에게 안녕을 말할 때인가』. 책갈피.

Callinicos. Alex · 정성진. 1999. "신자유주의라는 야만을 넘어서"『창작과 비평』제106호.

Connolly. William E. 1983. "Essentialy Contested Concepts" *The Terms of*

Political Discourse. Princeton. NJ: Princeton University Press.

Conpers. Moris · 편집부 역. 1989. 『마르크스 레닌주의 원전학습 지침서』. 새물결.

Criox. Geoffrey de Ste. 1981. *The Class Struggle in the Ancient Greek World.* London.

Dahl. Robert Alan. 1989. *Democracy and Its Critics.* New Haven: Yale University Press.

Engels. Friedrich · 임지현 · 이종훈 공역. 1987. "프리드리히 엥겔스의 서문" Karl Marx. 『프랑스혁명사 3부작』. 소나무.

Esping–Anderson. Costa · 이성형 편. 1991. "사회민주주의: 이론과 실천" 『사회민주주의 연구1』. 새물결.

Evans. Peter. "The State as Problem and Solution" Stephan Haggard et al. eds. 1992. *The Politics of Economic Adjustment.* Princeton. NJ: Princeton University Press.

Fiori. G. 1970. *Antonio Gramsci: Life of a Revolutionary.* London: New Left Books.

Frankel. Boris. 1983. *Beyond the State?: dominant theories and socialist strategies.* London: Macmillan Press.

Friedman. M. 1962. *Capitalism and Freedom.* Chicago: University of Chicago Press.

Friedrich. C. J. · 서정갑 역. 1981. 『정치사상강좌』. 법문사.

Fukuyama. Francis. 1993. *The End of History and The Lastman.* New York: An Avon Book.

Gamble. A. 1987. "Crawling from the Wreckage" *Marxism Today* July.

Garrett. Geoffrey. 1998. *Partisan Politics in the Global Economy.* New York: Cambridge University Press.

Giddens. Anthony & 한상진. 1998. "저자와의 대담" Anthony Giddens · 한상진 · 박찬욱 역. 『제3의 길』. 생각의 나무.

Giddens. Anthony · 김미숙 외 역. 1996. 『현대 사회학』. 을유문화사.

Giddens. Anthony · 김현옥 역. 1997. 『좌파와 우파를 넘어서』. 한울.

Giddens. Anthony · 한상진 · 박찬욱 역. 1998. 『제3의 길』. 생각의 나무.

Gorz. Andre · 이병천 · 박형준 편저. 1993. "노동사회에서 '문화사회'로의 이행: 노동시간의 단축 – 쟁점과 정책"『후기자본주의와 사회운동의 전망』. 의암출판.

Gouldner. Alvin W. 1980. *The Two Marxism*. New York: The Seabury Press.

Gramsci. Antonio · Quintin Hoare and Geoffrey Nowell Smith eds. & tran. 1978. *Selections from Prison Notebook*. New York: International Publishers.

Habermas. J. "The Public Sphere: An Encyclopedia Article" S. E. Bronner. & D. M. Kellner. eds. 1989. *Critical Theory and Society: A Reader*. New York & London: Routledge.

Habermas. J. · 장은주 역. 1995. "역사유물론의 재구성"『의사소통행위이론』. 관악사.

Hall. Stuart · 노대명 역. 1999. "무엇이 변했는가" Eric Hobsbawm 외. 『제3의 길은 없다』. 당대.

Hann. Erich. 1997. "다원성과 총체성의 변증법: 다원주의 이데올로기 비판"『이론』제16호.

Held. David. 1987. *Models of Democracy*. Cambridge: Polity Press.

Held. David. 1991. "민주주의론의 현대적 분화: 제3의 길을 향해"『사회와 사상』제27호.

Held. David. 1995. *Democracy and the Global Order: From the Modern State to Cosmopolitan Governance*. London: Polity Press.

Hobsbawm. Eric & Polito. Antonio · 강주헌 역. 2000. 『새로운 세기와의 대화』. 끌레오.

Hobsbawm. Eric · 노대명 역. 1999. "신자유주의의 죽음" Eric Hobsbawm 외. 『제3의 길은 없다』. 당대.

Hombach. Bodo & Mandelson. Peter · 김윤태 편저. 1999. "유럽: 제3의 길 / 신중도"『제3의 길: 토니 블레어와 영국의 선택』. 새로운 사람들.

Hoover. Kenneth R. "Conservatism" Marry Hawkes · Maurice Kogan eds.

1992. *Encyclopedia of Government and Politics* vol. I. London: Ro
utledge.

Huntington. Samuel P. 1984. "Will More Countries Democratic?" *Political
Science Quarterly* 99－2.

Huntington. Samuel P. · 이희재 역. 1997. 『문명의 충돌』. 김영사.

Huntington. Samuel P. · 한국정치연구회 편저. 1992. "정치질서론: 근대화
와 정치적 불안정"『현대민주주의론 Ⅱ』. 창작과 비평사.

Hutton. Will. 1995. *The State We're in*. London: Jonathan Cape.

Inglehart. Ronald. 1971. "The Silent Revolution in Europe: International
Change in Post－Industrial Societies" *American Political Science
Review* vol. 65.

Jessop. Bob. 1982. *The Capitalist State*. New York: New York University
Press.

Jones. G. S. 1984. "Working－Class Culture and Working－Class Politics"
Languages of Class. London: Routledge.

Kaus. Mickey. 1992. *The End of Equality*. New York: Basic Books.

Keane. John. 1988. *Democracy and Civil Society*. London: Verso.

Keane. John · 한국정치연구회 정치이론분과 엮음. 1993. "독재와 민주주의: 17
50~1850년 국가와 시민사회 구분의 기원과 발전"『국가와 시민사회』.
녹두.

Keane. John · 한상진 편저. 1991. "시민사회와 국가행위의 한계"『마르크
스주의와 민주주의』. 사회문화연구소.

Kelloc. Paul · 이원형 역. 2001. "과연 노동자 계급에게 안녕을 말할 때인
가?" Alex Callinicos & Chris Harman. 『노동자 계급에게 안녕을
말할 때인가』. 책갈피.

Lakoff. Sanford A. 1964. *Euqality in Political Philosophy*. Cambridge: Ha
rvard University Press.

Lauer. Robert H. · 정근식 · 김해식 역. 1987. 『사회변동의 이론과 전망』. 한울.

Lenin. V. I. 1964. "The Dual Power" *Collected Works* vol. 45. London:
Lawrence and Wishart.

Lenin. V. I. 1978. *The State and Revolution: Marxist teaching about the t heory of the state and the tasks of the proletariat in the revolution.* Westport. Conn: Greenwood Press.

Lenin. V. I. · 김민호 역. 1988a. 『무엇을 할 것인가: 우리 운동의 긴급한 문제』. 백두.

Lenin. V. I. · 허교진 역. 1988b. 『프롤레타리아혁명과 배신자 카우츠키』. 소나무.

Levin. M. 1989. *Marx, Engels and Liberal Democracy.* London: McMillan Press.

Lipset. Martin. editor in chief. 1995. *The Encyclopedia of Democracy* vol. Ⅲ. London: Routledge.

Lipset. Seymour Martin · 이성봉 역. 2001. "유럽 좌파의 미국화" 『계간 사상』 겨울호.

Littler. C. R. 1982. *The Development of the Labour Process in Capitalist Societies.* London: Heinemann.

Louis Althusser. 1990. 고길환 · 이화숙 역. 『마르크스를 위하여』. 백의.

Louis Althusser. 1992. "마침내 마르크스주의의 위기가!" 이병천 · 박형준 편저. 『마르크스주의의 위기와 포스트 마르크스주의 Ⅰ』. 의암출판.

Louis Althusser. 1992. "제한된 이론으로서의 마르크스주의" 이병천 · 박형준 편저. 『마르크스주의의 위기와 포스트 마르크스주의 Ⅰ』. 의암출판.

Luxemburg. Rosa · 박영옥 역. 1988. 『러시아혁명, 레닌주의냐 마르크스주의냐』. 두레.

Macpherson. C. B. 1973. *Democratic Theory: Essays in Retrieval.* Oxford: Clarendon Press.

Macridis. C. Roy. 1986. *Contemporary Political Ideologies: Movement and Regimes.* Glenview: Scott. Foresman and Company.

Marqusee. Mike. 1997. "New Labour and its Discontents" *New Left Review.* no. 224.

Martin. Jacquies · 노대명 역. 1999. "제3의 길을 해부하면서" Eric Hobsbawm 외. 『제3의 길은 없다』. 당대.

Marx. Karl. & Engels. Friedrich. 1970. *The German Ideology.* New Yor k: International Publishers.

Marx. Karl. "Theses on Feuerbach" David Mclellan. eds. 1977. *Selected Writings*. New York: Oxford University Press.

Marx. Karl · 허교진 편역. 1987. "프랑스에서의 계급투쟁" 『프랑스혁명사 3부작』. 소나무.

Marx. Karl · 홍영두 역. 1988. 『헤겔 법철학 비판』. 아침.

Meccany. J. 1992. "공산주의 이후의 마르크스주의 철학" 『창작과 비평』 봄호.

Mills. C. Wright · 진덕규 역. 1994. 『파워 엘리트』. 한길사.

Mulgan. Geoff · 노대명 역. 1999. "그래도 제3의 길은!" Eric Hobsbawm 외. 『제3의 길은 없다』. 당대.

Neumann. Franz. 1959. *The Democratic and the Authoritarian State*. Free Press of Glencoe.

Nozick. Robert. 1983. 『아나키에서 유토피아로: 자유주의 국가의 철학적 기초』. 문학과 지성사.

Ossowski. Stanislaw · 한상진 편. 1984. "개념의 역사와 다양성" 한상진 편. 『계급 이론과 계층 이론』. 문학과 지성사.

Petras. James. 2000. "제국주의에 봉사하는 NGO" http://www.jinbo.net/~pssp(검색일: 2000년 4월 26일).

Pierson. Christopher. 1991. *Beyond the Welfare State?: The New Political Economy of Welfare*. Pennsylvania: The Pennsylvania State University Press.

Plant. R. 1977. "Hegel and Political Economy - II" *New Left Review* no. 104.

Plattner. F. Maec. 1993. "The Democratic Moment" in Diamond & Plattner(ed.). *The Global Resurgence of Democracy*. Baltimore: Johns Hopkins University Press.

Przeworski. Adam. 1985. "Social Democracy as a Historical Phenomenon" *Capitalism and Social Democracy*. Cambridge: Cambridge University Press.

Rejai. M. 1967. *Democracy: The Contemporary Theories*. New York: Atherton Press.

Rosenau. James. 1990. *Turblenece in World Politics: A Theory of Chang e and Continuity.* New York: Harvester.

Rousseau. Jean‒Jacques. "A Discourse on the Origin of Inequality" trans. by G. D. H. Cole. 1982. *The Social Contract and the Discourses.* Everyman's Library.

Rousseau. Jean‒Jacques · 이가형 역. 1983. "사회계약론" Jean‒Jacques Rousseau 외. 『사회계약론, 상식, 인권론』. 을유문화사.

Rueschemeyer. Dietrich. & Stephens. Evelyne Huber. and Stephens. John D. 1992. *Capitalist Development and Democracy.* Chicago: University of Chicago Press.

Sabine. George · 강정인 · 김세걸 편. 1994. "민주주의의 두 전통" 『현대 민주주의론의 경향과 쟁점』. 문학과 지성사.

Sargent. Lyman Tower. 1990. *Contemporary Political Ideologies: A Comparative Analysis.* California: Brooks/Cole Publishing Company.

Sartori. Giovanni · 이행 역. 1992. 『민주주의 이론의 재조명 I』. 인간사랑.

Sartori. Giovanni · 이행 역. 1992. 『민주주의 이론의 재조명 II』. 인간사랑.

Shumpeter. Joseph A. · 한국정치연구회 사상분과 편저. 1992. "경쟁을 통한 엘리트 지배로서의 민주주의" 『현대민주주의론 I』. 창작과 비평사.

Skinner. Quentin · 이광래 외 역. 1995. "거대이론에의 복귀" Quentin Skinner eds. 『현대사상의 대이동』. 강원대학교 출판부.

Texier. J. · 장상철 · 이기웅 역. 1992. "그람시, 상부구조의 이론가" S. Muffe eds. 『그람시와 마르크스주의 이론』. 녹두.

Therborn. G. 1977. "The Rule of Capital and the Rise of Democracy" *New Left Review* no. 103.

Thomson. John B. 1995. *The Media and Modernity.* Cambridge: Polity Press.

Tocqueville. Alexis de. tr. by G. Lawrence. G. and ed. by J. P. Mayer. 1969. *Democracy in America.* Garden City: Anchor.

Toffler. Alvin. 1990. *Power Shift.* New York: Bantam Books.

Travis, Alan, 1999, "Labour Failing to Convince Voters on NHS" *Guardian* Sep. 27.

Turner. Bryan. S. 1986. *Equality*. London/New York: Ellis Horwood Limi
ted/Tavistock Publications.

Urry. J. 1981. *The Anatomy of Capitalist Societys: The Economy. Civil
Society and the State*. New York: Macmillan.

Vakaloulis. Michel · 김석진 · 박민수 편역. 1998. "'포스트'모던 자본주의와
새로운 정치화에 관한 테제" 『세계화와 신자유주의 비판을 위하여』.
공감.

Wallerstein. Immanuel · 강문구 역. 1996. 『자유주의 이후』. 당대.

Warren. Mark. 1992. "Democratic Theory and Self-Transformation" *Am
erican Political Science Review* no. 1(March).

Webster's Ninth New Collegiate Dictionary. 1985. Massachusetts: Merria
m-Webster INC.

Wilson. Frank L. · 안승국 외 편역. 1995. "유럽 민주주의의 위기에 관한
재성찰" 『민주주의론 강의 2』. 인간사랑.

『동아일보』
『매일신문』
『영남일보』
『일요신문』
『일요신문』
『조선일보』
『중앙멀티미디어백과 '99 CD-ROM』
『중앙일보』
『한겨레신문』

http://www.chosun.com
http://www.chosun.com
http://www.chosun.com
http://www.wales.gov.uk/show.dbs

· 저자 ·

채장수
(蔡長秀)

· 약 력 ·

경북대학교 사회과학대학 정치외교학과 졸업
경북대학교 대학원 정치학과 졸업(정치학 박사)
한국정치학회, 대한정치학회, 한국동북아학회 정회원
가야대학교, 경북대학교, 상주대학교, 육군3사관학교 등에서 강의
학술진흥재단 기초연구지원 연구원(2002-2005, 2007-현재)

· 주요논저 ·

「1980년대 한국 학생운동의 자주노선」(2007)
「80년대 대구지역 학생운동에서 '이념'의 전개」(2006)
「80년대 대구지역 학생운동의 문화적 상황」(공저, 2005)
「한국 좌파집단의 인식과 지향」(2004)
「2·28 대구민주운동의 의미론」(2004)
「한국사회에서 좌파 개념의 설정」(2003)
「'제3의 길'에서 평등의 의미」(2002)
「기술결정론적 전자민주주의론과 평등」(2002)
「'제3의 길'에 대한 비판적 분석」(2000)
「진보담론의 현재성과 한국」(1999)
『지배의 정치, 저항의 정치』(공저, 2007)
『근현대 대구경북지역 사회변동과 사회운동 Ⅰ·Ⅱ·Ⅲ』(공저, 2005)
『대구지역 학생운동의 발생과 전개』(공저, 2006)

딸냉전과 진보적 민주주의론:
'시민사회론'과 '제3의 길'

· 초판 인쇄   2007년 8월 20일
· 초판 발행   2007년 8월 20일
· 지 은 이   채장수
· 펴 낸 이   채종준
· 펴 낸 곳   한국학술정보㈜
           경기도 파주시 교하읍 문발리 526-2
           파주출판문화정보산업단지
           전화 031) 908-3181(대표) · 팩스 031) 908-3189
           홈페이지 http://www.kstudy.com
           e-mail(출판사업부) publish@kstudy.com
· 등   록   제일산-115호(2000. 6. 19)
· 가   격   27,000원

ISBN   978-89-534-7151-1 93340 (Paper Book)
       978-89-534-7152-8 98340 (e-Book)